将军令

张锐强 著

湖南人民出版社·长沙

图书在版编目（CIP）数据

将军令／张锐强著. --长沙：湖南人民出版社，2025.3
ISBN 978-7-5561-3305-5

Ⅰ. ①将… Ⅱ. ①张… Ⅲ. ①将军—列传—中国 Ⅳ. ①K825.2

中国国家版本馆CIP数据核字（2023）第160804号

将军令
JIANGJUNLING

著　　者：张锐强
出 版 人：张勤繁
选题策划：长沙经笥文化
责任编辑：张玉洁
产品经理：杨诗文
责任校对：夏丽芬
特邀编辑：章　程　吴　静　杨诗瑶
封面设计：东合社—安　宁

出版发行：湖南人民出版社［http://www.hnppp.com］
地　　址：长沙市营盘东路3号　邮　编：410005　电　话：0731-82683357

印　　刷：长沙鸿发印务实业有限公司
版　　次：2025年3月第1版　　　　　印　　次：2025年3月第1次印刷
开　　本：880 mm×1230 mm　1/32　印　　张：11.375
字　　数：180千字
书　　号：ISBN 978-7-5561-3305-5
定　　价：52.00元

营销电话：0731-82221529（如发现印装质量问题请与出版社调换）

目 录

代序

　　资金有时间价值，故而借钱应当支付利息——或者执行合法的官方利率，或者遵照灰色的民间高息，两者的差别是社会信任程度的折射。这是人所共知的常识、社会通行的规则。

　　资金有时间价值，人与事当然更有。绍兴三十一年（1161）冬天，虞允文奉命到采石矶犒师，而那"师"（即败军）已经乱作一团。前任主帅王权战败解职，后任主帅李显忠尚未到任，败军群龙无首，而金兵马上就要渡江了。虞允文的上司、同知枢密院事叶义问已经逃离指挥岗位，而虞允文的任务只是犒师，并非督战。一般而言，犒师只需要面对主帅，并不是整支部队，而当时李显忠的就任还遥遥无期，虞允文完全可以发表一番慷慨激昂的演说后返回建康交差，或者前往芜湖催促李显忠就任，但他非要留下来组织抗敌。

一介书生，素不知兵，手下士气低迷，强敌又磨刀霍霍，虞允文当时的选择怎么说都是巨大的冒险：万一战败，即便侥幸活命，回去也可能被追责。毫不夸张地说，他的冒险（或曰担当）是为南宋政权续命。彼时的长江看似无甚战略意义，可一旦失守就会引起民众恐慌，形成类似群体性踩踏的灾难。

虞允文这个书生意气乃至带有一点书呆子气的举动很是紧要，集中于一个时间节点，历史压强巨大，就像于谦领导的北京保卫战，此为事件的时间价值；有些选择的历史压强很小，但受惠（其实也是受压）面积巨大，主要表现就是时间特别长，要蔓延于一线乃至一生，这个时间价值主要就体现在人上，比如钱镠：他坚持不称帝，一直臣服于中原。

在钱镠尊奉中原正朔的同时，牛鬼蛇神纷纷粉墨登场，四川、淮南、岭南、福建等地统治者纷纷称帝，且国号大得吓人：蜀、吴、汉、闽。虽则如此，牢牢占据两浙的钱镠依旧心如止水。肯定有无数人轻视小看，骂他胸无大志、缺乏气魄、不敢"亮剑"，但他们忘了（或者说根本不懂），"亮剑"要面对的未必都是外在敌，更多的时候还是心中贼。用今天的话说，就是"刀口向内"。

钱镠此人的时间价值巨大，宋高宗赵构体会最深，而江南百姓乃至中国历史也当感念。江南今日之富庶繁荣，多多少少受益于钱镠自保而不扩张的恩德，否则战端频开，人财物不知要靡费多少。

时间价值的俗称就是关键时刻。无论怎么表达，都是历史角度，难免有事后诸葛亮的嫌疑，因那些错误的选择都被生存者偏差过滤。读史多年，我发现最大的历史教训就是人们从来不能吸取历史教训，否则也不会有两千年间翻烙饼似的朝代更替。皇帝无法改变朝代更替，根由都在于贪婪与恐惧，而贪婪与恐惧不过是一枚硬币的正反两面，近看有分别，略微抽身端详，就知道其实是一码事。

简而言之，追求人和事的时间价值，就是要竭尽全力，在历史上把自己卖个好价钱。只此一生，必须努力。如何不做事后诸葛亮？答案是尊重基本规律：作战跟打架一个道理，要想击倒对手，拳头不仅要打出去，还得及时收回来。收回得越紧越快，出击就越有力。《将军令》《英雄劫》这两本书中涉及的有重要历史贡献的名将中，陈汤、王玄策是典型的攻击型选手，一个矫诏出兵，一个擅自借兵；有些则是成功的防御型选手，比如吴玠，牢牢守住蜀口，长江上游因而安全；比如李光弼，坚守太原与河阳，挡住安史叛军。韩信的攻击得心应手，但不懂收缩，终于败亡。

文武之道，一张一弛，本来说的是文王和武王的执政方略不同，但换成文化与武化也能成立。无论写作还是作战，都得一张一弛，不是吗？

国际局势正值山雨欲来之时，我理解的坚持战略定力，就是要懂得即便对于武化，也得张弛有度。该攻击就地动山摇，无坚不摧；该防守就潜龙在渊，稳如泰山。具体到个体的人生选择，既要大胆，又得小心，走好每一步。你当前的处境，都是十年前选择的结果，而要想结出十年后的善果，只有居敬持志、朝乾夕惕、破心中贼。此为这两本书的志望与意义。读者诸君，吾辈共勉如何？

承蒙浙江省作家协会会刊《江南》和广东省作家协会会刊《作品》不弃，以专栏的形式刊发了这两本书中的大部分文章，零星篇什见于《读库》《黄河》和《山西文学》等刊物，在此一并致谢。当然，还要向湖南人民出版社献上一束战地黄花——这说的真是鲜花，而非子弹壳。

是为序。

韩信：胜在战场败在朝堂

导读：韩信是武将，但他一生制造了无数个成语，生动着中国历史。一饭千金，胯下之辱，暗度陈仓，拔旗易帜，背水一战，四面楚歌，十面埋伏，多多益善，钟室之祸，推陈出新……

一饭千金，胯下之辱，暗度陈仓，拔旗易帜，背水一战，四面楚歌，十面埋伏，多多益善，钟室之祸，推陈出新……所有这些成语，都指向一个名字——韩信。

韩信的将才与军功，世人皆知。但他在文化上的贡献，丝毫不逊于军事。如果没有这些成语，以及掩藏在成语背后的悲欢离合与慷慨激昂，中国文化又怎能不因此而失色？

从来没见过一位将帅身上能集中如此之多的成语。而且，这里不只列出了由他担任主角、直接制造的成语。如果算上韩信在其中扮演配角的成语，那么还有很多：独当一面，妇人之仁，解衣推食，传檄而定，略不世出，功高震主，秋毫无犯，言听计从……

韩信真是个不折不扣的成语制造者。当然，这一切都离不开司马迁的生花妙笔。不过作家再有天才，终归需要写作资源的激发。韩信的事迹碰上司马迁的才思，可谓绝妙，由此成就文化佳话。所以明代散文家、唐宋派主将茅坤曾经将韩信与司马迁并举："予览观古兵家流，当以韩信为最。破魏以木罂，破赵以立汉赤帜，破齐以囊沙，彼皆从天而下，而未尝与敌人血战者。予故曰：古今来，太史公，文仙也；李白，诗仙也；屈原，辞赋仙也；刘阮，酒仙也；而韩信，兵仙也，然哉！"

探究名将之死的文章，开始于成语，似乎有点跑题，那我们就转变方向。

韩信之死，起源于谋反。他的谋反，有主观故意，也有精心策划；尽管没有客观行为，但按照当时的法律，灭门处死的结局并不过分，可谓罪有应得。然而千百年来，每当人们念起这个名字，总会感慨万千：其名字事迹的背景与底色，涂满世人的同情。

反贼怎会有如此强大的人格魅力？第一，他有超凡脱俗之才，经天纬地之功；第二，他的谋反情有可原，是不得已而为之。换句话说，如果不是功高震主、才高众忌，他完全不必、不能也不会出此下策。

如果不信，请往下看。

胯下之辱

秦汉之交的历史舞台上有两个韩信，都比较有名。你读《史记》，如果按图索骥，从第九十三卷《韩信卢绾列传》里寻找本文主角的事迹，那可就失之毫厘，谬以千里。你应该找的，是第九十二卷——《淮阴侯列传》。

本文的主角韩信是淮阴人。那时的淮阴，治所在今天江苏淮安市淮阴区的码头镇。韩信出身贫穷，家无余财，偏偏他又是个小混混（"贫无行"），估计就是大错不犯、小错不断，三天两头进局子，却去不了法院的例子。因此他没法充当小吏，在衙门栖身。从政不行，从商如何？他也没有这方面的本事。没办法，那就只好受穷，到处混饭吃，结果弄得人人都不待见。

秦朝的官制，县以下设乡，由一名德高望重的老人负责，号称"三老"。三老主管教化，包括调解邻里纠纷。人口五千以上，郡指派有秩一名；不足五千，则由县里指派啬夫一名，管理税收、决断、诉讼。乡以下每十里置一亭，共十亭，各设亭长一名。需要指出的是，上述职务都不是官职，而是吏职，是不入流的"官"。其中三老连吏职都不算，国家不提供俸禄，相当于荣衔。当然，三老在乡里影响甚大。亭长则相当于今天的村干部，既是吏职，也是徭役。

韩信的故事，就开始于这样一个村干部——下乡南昌亭长。他可怜韩信，就招韩信为门客。这个门客可比不了孟尝君、信陵君、平原君的门客。一个服徭役的村干部，既不能卖土地，又不能开矿山，"灰色收入"有限，当然也就没有那等财力，让他们食有鱼、出有车，于是也就仅仅给韩信提供了一日三餐。

男人是个耙耙，女人是个匣匣；不怕耙耙没齿，就怕匣匮没底。亭长收入有限，他老婆的手自然就要紧点。几个月之后，她对韩信吃白食的行为容忍到了极限，于是每天早早地开饭，等韩信到饭点过来，人家已经收拾好碗盘，打理好厨房卫生。韩信也是聪明人，随即拂袖离去。

那种感觉，我倒是略知一二。初中毕业时，我们一帮相好的同学，四处结伙拜访，登门做客，像过蝗虫一般。有一回，我们在一个同学家待得实在太久，每顿饭桌上的菜渐次减少，直到只有一盘剩菜。见我们还不滚蛋，其母大怒，骂他儿子懒惰，每日只知闲玩，不帮忙干活。此言一出，我们立即作鸟兽散。

怒气可以暂时为颜面遮羞，却无法阻挡饥饿。怎么办呢？淮阴淮阴，淮河之阴。城北的淮河，少不了要滋养百姓。所谓靠山吃山，靠水吃水，于是韩信拾起钓竿，钓鱼充饥。那个时代，百姓身负沉重的税赋，想来日子都不好过，大鱼小鱼纷纷被投进无数空荡荡的腹腔，韩信因此收获甚少。正值青壮年的韩信饭量大如牛，那点可怜的鱼虾，连牙缝都塞不满。

韩信在河里钓鱼，也有很多女人在河边洗衣服。其中有个女人，所谓"漂母"，心生恻隐，每天带饭给他吃，一连几十天。韩信非常感动。因为每天来洗衣服的女人，都是大户人家的用人老妈子之类，白养一张嘴，并不容易，于是他许诺道："将来我一定会重重报答你！"没想到这番感恩之语，并没有引起漂母的好感。她大怒道："你一个大男人，养活不了自己，我看着可怜才帮助你，难道还图报吗？"

这番相当于当头棒喝的话，对韩信却是个激励。

这个高大的男人腹内空荡，但外形雄壮，长剑总在身边，有点虎落平川的意思。这一点能博得亭长和漂母的怜悯，却让另外一些人生厌。市场中有个无赖，就看韩信很不顺眼。他对同伴议论道："这人白长那么高，虽然带着剑，却是个懦弱的软蛋。"于是上前挡住韩信的道路，说："你要有种就刺死我，否则就从我胯下钻过去！"

英雄落魄，秦琼卖马，杨志卖刀。秦琼卖马遇上单雄信慷慨解囊，杨志卖刀却碰到无赖牛二胡搅蛮缠。此时站在韩信跟前的，就是牛二那样的家伙。然而韩信究竟不是杨志。他没有愤然拔剑，他的命运因此与杨志截然不同。他看看那个小无赖，再看看围观的闲人，慢慢伏下身躯，从无赖的胯间爬过去，受到无数的哄笑。

京剧《沙家浜》里，胡传魁这个人物不靠谱，但唱词靠谱——因为有汪曾祺那样一流的文人执笔——比如这句："乱世英雄起四方。"这话简直就是真理。放到秦末，尤其贴切。陈胜、吴广起兵大泽乡后，各地势力纷纷响应。项梁、项羽在会稽（今浙江绍兴）杀掉郡守，渡淮北上，韩信也加入了这股洪流。然而韩信根本没能入项梁的眼。转投项羽后，韩信的处境也差不多：被任命为郎中，每天给项羽鞍前马后执戟。这是个无足轻重的官职，相当于仪仗或侍卫。虽然紧靠领导，却像个跑龙套的。他多次建言献策，项羽都不理不睬。

这于韩信而言，其实也是胯下之辱。此处不留爷，自有留爷处。刘邦被贬到汉中时，韩信再度另寻良木，前去投奔，结果被任命为连敖，职责是接待和外联。依旧不得重用。不受重用就不受重用吧，慢慢等待时机。然而英雄出世，注定要遭受挫折。韩信在刘邦那里险些丢了性命：有一回别人犯法，牵连到他。按照当时的陋规，他也是死罪。一同犯事的十三个倒霉鬼相继受死，雪亮的屠刀马上要划过韩信的脖子。最后时刻，他抬头环顾四周，正好看到夏侯婴经过，于是奋力大喊："汉王不是想争夺天下吗，怎么还要杀掉壮士？！"

夏侯婴是谁？刘邦当亭长时，他在沛县当县吏，是刘邦正经的上级。后来刘邦起事，他前往追随，被封为太仆，负责管理御马和马政，平常要给刘邦驾车。春秋时期，给君王驾车的，都是正经的贵族，地位相当显赫，太仆受提拔重用而独当一面，是常例而非新闻。

夏侯婴在刘邦跟前很是得宠。怎么说呢，至少是资历最老的战友吧。他听到韩信说的话，感觉很是惊奇，于是就停下来跟韩信聊了两句。

这一聊不要紧，韩信的命运彻底转变。

成功者都是做好准备，随时引弓待发的人。韩信的见识和口才，很快就将夏侯婴征服。他挽救韩信于屠刀之下，郑重推荐给刘邦。可是刘邦呢，依然没当回事。不过老战友的面子到底得买，他随意提拔了韩信一下，任命他为治粟都尉，负责管理粮仓。军粮当然重要，管理粮仓的工作，不能说无足轻重，但终究还是差点意思，远非韩信的志向所在。

怎么办呢？

是金子也未必在哪里都能发光，因为很多时候，光芒会被灰尘蒙住。真正能成为英雄者，是那些竭力从灰尘的间隙中放出光芒的人，比如韩信。在那样的条件下，他依然在努力发挥聪明才智，以便引起刘邦的注意。

韩信的这个聪明才智，就是"推陈出新"。

刘邦当时的总部在汉中，封地还包括巴蜀。三国时，汉中被刘备占领，所以被称为蜀地。这里气温较高，军粮容易变质。韩信向刘邦建议，仓库再开一道后门：前门进新粮，后门出陈粮，加快周转，降低霉变损耗。

这无疑是科学管理的一个创举。尽管可能与今人"宁吃好桃一口，不吃烂桃一筐"的健康理念相违背，但在当时，或者扩大到战时，其价值无法估量。因为边际效应只是经济学原理，基础在于可以替代，米不行有面，中国没有外国有；而战时缺粮，只能通过政治军事的手段予以解决，再伟大的经济学原理也不适用。

远的不说，就说几十年前的长平之战吧。赵军缺粮，举国惊慌。赵王因此心神不定，急战导致惨败。那个时候，军粮是无价之宝，赵国出再高的价钱，齐国也不会卖。说明不存在边际效应，没有别的东西可以替代。

然而，这还是没能引起刘邦的注意。

登坛拜将

韩信升任治粟都尉，级别提高了若干，俸禄增加了若干，但他的激情无法同步增长。好在刘邦的相国萧何，非常推崇他。他与韩信多次沟通交流后认为，这是个难得的奇才，刘邦若想争天下，非此人不可，于是不停地向刘邦推荐韩信。

萧何也是刘邦在沛县起兵时的老战友，深得刘邦信任，但是这回，刘邦对他的意见并不重视。韩信期待的重用，总是且待明日。大约刘邦也受过能将稻草说成金条的股评家之害。汉军将士多是关东人，在汉中生活很不习惯，逃亡成风。忽然有一天，韩信也扛起了包袱卷儿。他身背宝剑，跨上战马，不辞而别。

萧何身为相国，即便不是韩信的顶头上司，也是上上级。他听说之后，顾不上报告刘邦，立即夺马追赶。此时天色已晚，萧何骑着快马，匆匆跑出城门时，也来不及跟守城的军士交代。由于当时的地形和道路的限制，大家的逃跑路线只能向北，以便穿越秦岭进入关中，韩信也是如此。他神情落寞地跑啊跑啊，跑到今天的陕西留坝县时，却被一条溪水挡住去路，只得暂时停下。这就为萧何争取了时间。

韩信停步处，在今天留坝县的马道镇。如今那里立着一块石碑，刻有"萧何追韩信处"六个大字，是汉中市的市级文物保护单位。留坝县治下，还有一个留侯镇，都带着浓厚的历史气息。挡住韩信的那条溪水，今天叫西沟，当时名寒溪。

也是奇怪，平常寒溪水浅，人马能涉水而过，那天水位突然上涨，渡不过去。因此留下了这样一句俗话：

不是寒溪一夜涨，哪得汉朝四百年？

留坝县在汉中北边八十公里以外。如今寒溪夜涨已经被开发成旅游资源。按照当时的交通条件，从汉中过来至少需要一天。萧何追上韩信后，苦劝他留下。这件事的经过，曾被周信芳先生搬上舞台，创演了麒派戏《追韩信》。其中的唱词，约略可见当时的情形：

将军千不念，万不念，请念你我一见如故……三生有幸，天降下擎天柱保定乾坤。全凭着韬和略将我点醒，我也曾连三本保荐于汉君。他说你出身微贱不肯重用，那时节，怒恼将军，跨下战马，身背宝剑，出了东门。我萧何闻此言雷轰头顶，顾不得山又高、水又深、山高水深、路途遥远、忍饥挨饿，来寻将军。望将军你还念我萧何的情分，望将军，且息怒、暂吞声，你莫发雷霆，随我萧何转回程，大丈夫要三思而行！

唱词不算出众，但唱腔韵味十足。不过，打动韩信的并非这些，而是萧何月下追赶挽留的情分。韩信于是掉转马头，跟随萧何，再回汉中。据说他身上还带着张良的角书与宝剑，有正式的推荐信，只是他心高气傲，似乎觉得拿出这些东西，有走后门之嫌，英雄不齿，因此就一直藏着掖着，根本没提起。萧何听说这事，信心越发高涨，拉着韩信回到汉中。

萧何离开汉中时未跟人有所交代，其他人都误认为萧何逃亡。刘邦听说后，如同失去左膀右臂，又痛又怒。等见到萧何归来，刘邦心里虽然惊喜，但脸上依然带着怒气，劈头盖脸地质问他为什么逃跑。意思是：别人逃跑，我无所谓。可你是沛县起兵的老人，怎么能忍心抛下我？萧何说："我没有逃跑，我是去追韩信。"刘邦当然不肯相信，说："军官先后跑了好几十人，你都不去追，偏偏要去追韩信，可能吗？你撒谎！"萧何说："那些军官都很容易得到，韩信这样的人才普天下再也找不出第二个。大王假如只想做汉中王，当然用不上他；如果打算争天下，那就非韩信不可。您掂量着办吧。"刘邦说："这是什么话，我当然想回东边去，老闷在这个鬼地方算怎么回事！"萧何说："大王如果决计打回老家去，能够重用韩信，他就会留下来；假如不能重用，那他终究还是会跑掉。"

刘邦略一思忖，说："看在你的面子上，我就提拔他做个将军！"萧何看着刘邦，摇摇头。刘邦咬咬牙，说："那就让他当大将！"萧何这才微笑点头。

刘邦马上就准备召见韩信，但萧何不同意。他需要强烈的仪式感，激发韩信的干劲，唤醒刘邦与全军将士的庄严郑重，于是说道："您向来傲慢无礼，今天任命大将，也像呼唤小孩子一样，难怪韩信要走。大王如果诚心重用他，就该择个良辰吉日，自己事先沐浴斋戒，筑好高坛，按照任命大将的正规礼仪办理！"

刘邦这家伙，从小不努力学习，更不热爱劳动，确实傲慢无礼。对待儒生尤其如此，动不动就抓人家的帽子（所谓"儒冠"）当尿壶用。幸亏萧何是首批追随他参加革命的老同志，幸亏当时还是创业阶段，所以萧何敢于如此直言；刘邦呢，反正三十六拜都拜过，也就不在乎这最后一哆嗦，因此全盘接受萧何的建议。

曹参、樊哙、灌婴、周勃等一干战将听说之后，心里暗暗高兴。他们都以为，幸运之星将会降落到自己头上。然而到了那一天，被刘邦恭恭敬敬地请上坛台的，却是此前名不见经传且寸功未立的韩信。

全军将士都是同样的感觉——震惊。

登台拜将、授予大将军的印信和佩剑后，刘邦随即向韩信询问定国安邦的良策。韩信没有立即回答，反问道："同您东向而争天下的只有项羽。请大王自己估量估量，论勇猛仁慈和强悍，您跟项羽谁更强？"这话很不给领导面子，简直就是哪壶不开提哪壶。刘邦沉默良久，只得承认自愧不如。韩信赶紧上前再拜，帮他挽回颜面："我完全赞同大王的看法。我曾经侍奉过项羽，很熟悉他的为人。他一声怒喝千军胆寒，却不能放手任用贤良，这只不过是匹夫之勇。他待人恭敬慈爱，言语温和，士兵生病，他会同情落泪，把饮食分给他们。可是等到部下有功应当封爵，他把官印揣在手里，直到磨光棱角还不舍得给人家，这是妇人之仁。他虽然独霸天下，迫使诸侯称臣，却不居关中而定都彭城，并且违背义帝的约定，滥封亲信，诸侯不平。他将义帝驱逐到江南，诸侯们也纷纷效法，回去驱逐原来的君王而自立。楚军所过之处，生灵涂炭，天怒人怨，百姓只是屈服于他的淫威。大王若能反其道而行之，任用勇武之人，何愁项羽不破！重重封赏功臣，何愁他们不臣服！率领一心想打回老家去的士兵，何愁敌军不灭！况且分占秦国的雍王章邯、翟王董翳和塞王司马欣本来都是秦国将领，指挥秦军多年，战死和逃亡的人不计其数，还欺骗部下投降项羽，等到了新安，二十多万士兵被活埋，他们三人却封了王，秦人对他们恨之入骨。您入武关时，秋毫无犯，废除苛令，约法三章，百姓都想拥戴您在关中为王。根据当初诸侯的约定，您也理应在关中称王，这一点世人皆知。可如今项羽把您贬到了汉中。如果您起兵，关中人心所向，必然传檄而定！"

这番话高屋建瓴，详细分析了天下大势，以及刘项二人的优劣，切中要害。刘邦只觉相见恨晚，从此对韩信言听计从，立即按照他的计划，部署军队，准备进攻。

然而韩信话里表达的一个核心观念，类似今天的股权激励，却为他自己的悲剧性命运，拉开了帷幕。

暗度陈仓

张良父祖两代，连续五朝在韩国任宰相。张良年轻时，韩国为秦将内史腾所灭，他无法继承显赫的地位，因此决心灭秦，复兴韩国。为此，他招募大力士，准备用一百二十斤（合今天的三十公斤）重的大铁锤，刺杀秦始皇，地点选择在博浪沙（今河南原阳东北）。然而大力士的力气虽然足够大，但打得不够准，击中副车，让秦始皇逃过一劫。

张良见形势不妙，只能逃跑，最终逃到了下邳（今江苏邳州市）。项梁起兵时，他利用与项梁的老交情，说服他立贵族韩成为韩王，他也因此出任韩国的司徒，相当于相国。刘邦进兵关中时，张良以韩国司徒的身份前往刘邦军中，为刘邦出谋划策，使其顺利进入咸阳。

刘邦之所以能从鸿门宴脱险，完全得益于张良的妙计。后来项羽分封诸侯，刘邦被封为汉王，领巴、蜀二郡，他为表感谢，赠送张良金百镒、珠二斗。这些财宝张良分文未取，全部转赠项伯，让他在项羽跟前求情，又为刘邦争取到了汉中郡，定都南郑（今陕西汉中市）。

刘邦虽然怏怏不乐，但也只有尽快"之国"，到封地就任。否则项羽随时可能翻脸。当时他有十万人马，项羽只允许他带走三万。可是他的亲信和部下都不愿离开刘邦。楚国以及其余一些诸侯中，也有不少人敬慕刘邦，并愿意追随他。张良送刘邦南下，直到汉中。分手之前，他建议刘邦等全军通过之后，放火烧掉秦岭中的栈道。这样做有两个好处：既表示自己没有回师关中的念头，让项羽放心，也免得敌军沿栈道进攻。刘邦对张良感激不尽，自然无不从命。

由于张良跟刘邦关系匪浅，项羽不肯让韩王成"之国"，一直将他强留在身边，直到彭城（今江苏徐州）。张良回去后告诉项羽，刘邦已经烧毁栈道，绝无反心，倒是占据齐地（今山东大部）的田荣，有叛乱苗头。项羽听后果然上当，立即挥师北上，讨伐田荣。

刘邦得到消息，决心乘虚攻入关中。关中这个称呼，最早出现在战国时期。因为东有函谷关，西有大散关，北有萧关，南有武关，在四关之中，故而得名。四关环卫，再加上北边的黄土高原、南边的秦岭这两个天然屏障，地势险要，易守难攻。项羽特意将章邯、董翳和司马欣分封在秦国故地，希望他们能利用主场优势，完成监视牵制刘邦的战略任务。其中雍王章邯统辖咸阳以西，国都废丘（今陕西兴平东南。兴平乃三国名将马超老家），是阻止刘邦北进的主力；塞王司马欣统辖咸阳以东直到黄河，国都栎阳（今陕西富平东南）；翟王董翳统辖上郡，国都高奴（今陕西延安东北）。这两股力量，主要任务是配合章邯。

项羽这个分封，给历史创造出一个词语——"三秦"。那时的三秦，不包括陕南，以咸阳为界；而随着时间的推移，今天的三秦已经悄然改头换面，内涵全改，指的是陕北、关中和陕南。

之所以把章邯放到这个位置，也是项羽深思熟虑的结果，尽管最后还是失算。章邯是秦末大将，曾任少府，是秦朝的九卿之一，货真价实的高干。起义风起云涌，秦朝捉襟见肘。以蒙恬为代表的大批贤臣相继被无端杀害，章邯这个掌管山海池泽收入和皇室手工业制造的内府文臣，因此被推到了舞台中央。当时他正指挥将近八十万民夫，在骊山（今陕西临潼东南）修建皇陵，接到命令后，赶紧带领骊山刑徒和奴产子（奴隶的儿子，身份也是奴隶），东出函谷关，紧急灭火。

当时的起义军，基本还是乌合之众，既没经过严格训练，也不曾经受战争洗礼，因此章邯屡战屡胜，一直打到山东。起义武装的实际控制人项梁立牧羊人、楚怀王的孙子熊心为怀王，自号武信君，指挥所部连战连胜，先在雍丘（今河南杞县）大破秦军，杀了三川郡守、李斯的长子李由，随后又占领了当时的交通枢纽、经济名城定陶（今属山东），因此不免有些骄傲。宋义劝他说："骄兵必败。现在咱们士卒疲惫轻敌，而秦军又在不断增加，我很替您担心啊！"这是实话，但项梁没当回事。后来宋义奉命出使齐国，路遇齐国使臣，就对他说："您是要去拜会武信君吧？我看他必吃败仗，您慢点走也许能躲过灾祸，走快了难免会跟着倒霉！"

前208年九月，章邯得到大批援军，实力猛增，随即发动突袭，猛攻定陶。一仗下来，项梁战死，项羽和刘邦只好收集残部，退往彭城。

这是自陈胜吴广死后，秦军取得的最为重大的胜利。项梁的鲜血证明章邯并非无能之辈，所以项羽把重任托付给章邯，希望他尽地利之便，将刘邦牢牢压制在秦岭以南。

回过头来再说汉军。最便捷的栈道已经被烧毁，汉军又没有翅膀，难道能飞越秦岭不成？大将军韩信对此胸有成竹。他派樊哙、周勃等人，带领一万多人，大张旗鼓地修复栈道，作出要进兵褒斜道的姿态。栈道这玩意儿，要在悬崖上凿孔穿木，立柱铺梁，烧起来不过是一把火的事情，但要修复那就难了。章邯探听到这个动向，随即放松了警惕。道理很简单，不到猴年马月，栈道别想修好。

然而章邯没想到，其中隐藏着天大的阴谋：韩信决心潜出故道，东入散关。他命令曹参为先锋，消灭雍军的零星抵抗，一举拿下故道城，然后迅速推进到陈仓（今陕西宝鸡陈仓区）城下。

章邯闻听大惊失色。仓促之下来不及细想，赶紧提兵增援。他以轻车列阵，但被樊哙一阵猛冲，阵势大乱，溃不成军。

这场战争，还没开始就已经结束。章邯在谋划阶段就已经注定要落败。仓促接战的章邯不出意料地落败了。他立足未稳，只好指挥残兵，分别退到废丘、好畤（今陕西乾县东）。韩信判断，退往废丘的是雍军主力，退往好畤的只是章平带领的一部。章邯久经战场，足智多谋，废丘又是国都，城固难破。此时攻打，一时难下，若旷日持久，必将影响士气。于是决定先攻好畤，争取拔掉废丘的这个战略侧翼。

韩信随即指挥汉军主力围攻好畤，对废丘保留少量兵力警戒。董翳和司马欣得到消息，赶紧派兵增援，三秦联军随即沿渭水西进。敌变我变，韩信也调整部署，带领主力阻击三秦联军，双方在壤乡（今陕西武功东南）相遇。经过激战，汉军大胜，章邯无奈，只好再度龟缩进废丘。

韩信随即调兵遣将，四面开花。司马欣和董翳势单力薄，相继战败投降，只有章邯负隅顽抗，犹如汪洋大海中的一座孤岛。

大军久屯坚城，兵家所忌。韩信建议刘邦，率领主力迅速出关，扩大战果，自己带领有力一部，继续围困废丘，保证后方。到前205年六月，废丘攻防战已经历时十个多月，汉军的战略东进又遭遇重大挫折，刘邦几乎全军覆没，孤身逃回栎阳。时不我待，必须立即攻克废丘。韩信命令樊哙掘开渭河河堤，引水灌废丘。浑浊的河水汹涌而来，泥筑的城墙在大水的冲击浸泡下相继倾塌，汉军随后也声势汹涌地攻入城中。

无可奈何花落去，章邯只好自杀。三秦由此平定。

木桶渡河

韩信用木桶渡过的并非寒溪那样的小河，而是黄河。那时的黄河水深流急，奔腾呼啸，可不像今天动不动就断流。用木桶渡过那时的黄河，要冒相当大的风险。

这件事发生在前205年。当年四月，刘邦率领塞王司马欣、翟王董翳、河南王申阳、魏王豹、殷王司马卯等诸侯，合计五十六万大军，兵分三路，浩浩荡荡地出击彭城，打项羽的屁股。当时项羽正在齐地跟田荣较劲。经过外黄时，彭越又带着三万多人加盟，这样刘邦麾下就有接近六十万人马。然而人数虽多，却是乌合之众，再加上刘邦攻下彭城后，每天都忙着置酒高会、坐地分赃，结果被项羽的三万骑兵打得满地找牙。刘邦逃跑时慌不择路，为了减轻车重，竟然把一双儿女推下了车。若非夏侯婴不顾利剑威胁，再把他们抱上来，那俩可怜的孩子，指不定会有什么下场。

真正有福气者，不会托生于帝王之家。

车子跑得再快，也跑不过骑兵。刘邦和夏侯婴没办法，只好停车跟追兵搏斗，渐渐落了下风。刘邦的对手是项羽的部将丁固。可怜刘邦这个看不起读书人的村干部，年龄已经四十有二，哪里打得过丁固，只好告饶："咱俩都是好样的，为什么一定要互相为难呢？"此时刘老三已经不是村干部，而是汉王。丁固见他这样给面子，虚荣战胜职责，于是引兵而去，刘邦这才捡回一条小命。

丁固的结局极富戏剧性。

丁固这人功不高、官不大、名不扬，却有个名高天下的好外甥——季布。楚地流行着一个说法，"得黄金百斤，不如得季布一诺"，所谓"一诺千金"。季布号称霸王帐下五虎将之一（其余四位分别是钟离眛、虞子期、龙且、英布），给刘邦制造过无数的麻烦，所以战后刘邦悬赏千金以求其头。

后来考虑到季布事君忠诚且有才干，在夏侯婴的劝说下，刘邦没有杀掉他，反而予以重用。消息一传出，丁固以为有机可乘，立即屁颠屁颠地跑来求见刘邦，希望捞个一官半职。活命恩人驾到，刘邦应该如何接待呢？他老脸一沉，大声喝道："丁固身为项王的臣子却不忠诚。就是他们这些人，让项王失去了天下！"随即下令将丁固斩首示众："后世为人臣者，都要以丁固为戒！"

丁固已死，还说韩信。幸亏他匆匆收拢败兵，在荥阳一带建立起防线，方才挡住失败的潮水。此时各路诸侯纷纷倒戈，唯一跟随刘邦退兵的魏王豹，也以探望母亲的名义回了封地。魏国正好在荥阳侧后。如果魏王豹有异动，那刘邦以后的日子就不好过了，于是刘邦赶紧派郦食其前去游说，让魏王豹站稳立场，别跟项羽穿一条裤子。刘邦答应事成之后，在魏地给郦食其万户食邑。

这个郦食其也不是一般人。他是陈留郡高阳乡（今河南杞县西南）人，从小就离不开酒壶，长期混迹于酒肆中，自称高阳酒徒。

刘邦刚刚起兵经过陈留时，有天晚上正在洗脚，忽报乡里有位儒生求见。刘邦向来看不起儒生，曾经拿儒生的帽子当尿壶以示羞辱，这时一听报告，立即轻蔑地说："我以天下大事为重，哪有时间跟儒生闲扯！"郦食其瞪大眼睛，手持利剑，叱骂看门人道："你再进去通报，我是高阳酒徒，不是什么儒生！"这话对刘邦的脾气，他连脚都来不及擦，赶忙起身迎接，摆酒款待。

郦食其进来只是拱拱手："你不是想诛暴秦吗？对待长者为何如此傲慢？"刘邦这家伙虽然流氓，却聪明，很会见风使舵，当下立即谢罪。郦食其说："你是想助秦呢，还是要破秦？"刘邦说："当然要破秦，不知先生有何良策？"高阳酒徒随即慷慨激昂起来："你带领的乌合之众，还不到一万人，竟然要去攻打强秦，不是羊入虎口吗？陈留是天下要冲，四通八达。城中又有很多粮食。我认识县令，可以劝他投降，如不投降，你就举兵攻打，我做内应，大事必定可成！"

然而县令畏惧秦法的残暴，不敢贸然起事。当天晚上，郦食其率众杀死县令，将人头抛到城下。刘邦见大事已成，随即引兵攻城。县令已死，群龙无首，军士们无心再战，遂开城投降。就这样，刘邦获得了很多兵器和粮草，并且招募了一万多降卒乡勇，实力大增。

郦食其口才很好，说得魏王豹不断点头，但最终还是拒绝了。魏王豹说："人生一世，如同日影过壁，转瞬即逝。刘邦对待诸侯和群臣，没有一点上下的礼节，经常把我们像奴隶一样谩骂侮辱，我实在无法忍受，再也不想见到他！"

谈不拢，那就打吧。郦食其名义上是游说，其实也有刺探军情的任务。刘邦听说魏王豹用柏直为大将，很是高兴："乳臭未干的小儿，我用韩信为大将，他不是对手！谁统率骑兵？"郦食其说："冯敬！"刘邦说："他是秦将冯无择的儿子，人品不错，但无战斗经验，敌不过灌婴！从将领组成上看，我有把握击败他们！"

刘邦随即任命韩信为左丞相，率领曹参和灌婴，攻击魏军。韩信找郦食其了解敌情，随即有了对策。柏直判断，汉军会从最近的渡口临晋（今陕西大荔县东）渡河，于是就把主力布置在对岸的蒲坂（今山西永济县西），准备封锁渡口，布置阻击。韩信得知消息，不禁微微一笑，随即派出疑兵，在临晋大张旗鼓地收集渡船，作出准备从这里出击的姿态。消息传到对岸，柏直越发坚信自己的判断，逐渐放松了对其余地区的警惕。

韩信见魏军一直在蒲坂不动，随即指挥主力，星夜兼程，突然开到百里之外的夏阳（今陕西韩城，司马迁的老家），从民间大量搜集木桶，以此为工具渡过黄河，向魏都安邑（今山西夏县北部禹王城）发起猛攻。

魏军主力都在蒲坂，国都空虚，魏王豹如何抵挡得住？无奈之下，赶紧举起白旗。他见到刘邦态度很好，表示悔过，刘邦也就没杀他，派他和周苛等人一起镇守荥阳。后来刘邦逃走，强敌入寇，周苛对魏王豹放心不下，城破之前先杀了他。

背水一战

当时刘邦困守荥阳，年年难过年年过。韩信审慎分析当时的形势，提出了"北举燕、赵，东击齐，南绝楚之粮道，西与大王会于荥阳"的战略建议。从减轻荥阳前线的压力开始，最终达到对项羽实施战略包围的目标。刘邦正是焦头烂额之际，自然是从谏如流。他拨给韩信三万人马，以张耳为副手，北上平定燕赵。

由魏地向东，第一个敌人是代王陈馀。此人跟张耳颇有渊源，值得一说。

他们俩都是大梁（今河南开封）人。陈馀是魏地名士，张耳年轻时曾经是信陵君的门客。张耳年长，陈馀事以父辈之礼，两人关系相当密切，《史记》中的原话叫"刎颈之交"。陈胜起兵时，他们俩过去投奔，建议北上攻赵。陈胜遂派武臣为将军，陈馀和张耳为左右都尉，带领三千人马出击。区区三千人，面对赵国的广阔土地，当然是沧海一粟。可是他们非常幸运，遇见了著名的辩士蒯彻——为了避汉武帝刘彻的讳，史书上称他为蒯通。蒯通口才出众，一条舌头能抵千军万马，是个超级大忽悠。

蒯通与韩信最后的结局大有关联，所以不妨看看，他是如何动动嘴就拿下范阳的。

他找到范阳县令徐公，跟甘罗游说张唐一样，上来先是忽悠："我听说您命不久矣，私下里很怜悯，所以来吊丧探望。同时还祝贺您，因为我而获得重生。"徐公施礼再拜，询问原因。蒯通说："您当了十多年县令，杀死人家的父亲，让人家的儿子成了孤儿，砍去人家的脚，对人施以黥刑，受害者不计其数。大家之所以没杀您，是因为畏惧秦法的严酷。

如今天下大乱，人人都想杀掉您而成名，这就是我来吊丧的原因。为什么要祝贺您遇见我了呢？承蒙武信君武臣抬爱，派人问候我。我对他说，如果光靠强攻而占领城池，获得土地，那就危险了，但是我有办法不战而胜。他问怎么样才能做到，我说：'很简单。范阳县令徐公本来应该整顿人马操练士兵，积极备战，但他向来贪生怕死，肯定会第一个投降，你们大概会杀掉他。消息一传开，后面的城市必定要严防死守，仗就没法打了。不如厚待徐公，这样别人必然争相效法，因此千里之地，传檄可定！'"

武臣采纳蒯通的建议，范阳不战而下。他让徐公到附近的县城郊外游玩，动摇其军心士气，三十多座城池随即闻风而降。

随着形势的发展，各地武装纷纷称王，陈馀和张耳也拥戴武臣为赵王。赵王封张耳为右相，封陈馀为大将军。后来李良奉命攻打太原，在井陉口遭遇秦军堵截，一时不得过。秦二世派人下诏书诱降，李良不敢相信，就转回邯郸搬兵，半路上遇见武臣的姐姐带着一百多人在外游猎。李良误以为是赵王武臣，赶紧下跪行礼。武臣的姐姐醉了酒，又不认识李良，随便派了个随从来答谢他。李良大为恼怒，追上去杀掉武臣的姐姐，再纵兵入邯郸杀了武臣，然后投降章邯。

张耳的名字真没叫错。他的耳目甚多，因此逃过一劫，又拥戴赵歇为王，迁居信都（今河北邢台北）。此时邯郸已在章邯手下，赵歇与张耳逃入巨鹿（今河北平乡西南）后，被二十万秦军包围得水泄不通。赵歇四处求援，但各地诸侯的援兵畏敌如虎，无一敢动。其中最有代表性的，就是预见了项梁覆灭命运的宋义。怀王命宋义为上将军，以项羽为次将，范增为末将，带兵五万救援，宋义到达安阳（今属河南）后，拥兵不前，整整逗留了四十六天，最后被愤怒的项羽砍死。

这时陈馀在北部收拢常山一带的几万人，也在巨鹿外围。张耳多次催促行动，陈馀担心势单力薄，一直无所作为。张耳大怒，派张黡、陈泽出城责问道："过去咱们是刎颈之交，现在大王和我危在旦夕，您拥兵数万，却不肯相救，还算什么刎颈之交？您如果言而有信，为什么不立即进攻，慷慨赴死？何况还有一两成胜算！"陈馀说："贸然进攻并不能挽救赵国，不过是白白损失人马。我之所以没有赴死，是想最终打败暴秦，以此报答大王与张君。现在你们一定要我赴死，如同把肉投给饿虎，有何意义？"张黡、陈泽说："事情紧急，应当抱着一同赴死的决心来建立信任，哪里还有时间考虑那么多！"陈馀说："我可不想这样毫无意义地白白送死。"说完拨出五千兵马，让他们俩前去试探性攻击，结果全军覆没，无一生还。

后来项羽夺取兵权，击败秦军，俘虏王离，巨鹿之围这才得解。赵国虽然得保，但张耳心里的恶气还没发出来。想想也是，关系越密切，就越觉得受伤害。于公于私，这事都不能算完。张耳随即开始秋后算账，开城答谢诸侯时找到陈馀，责怪他不仁不义，见死不救，还向他追问使者张黡和陈泽的去向。张耳委屈，陈馀心虚之余多少也有点委屈。他说："张黡、陈泽以死相责，我只好给他们五千士兵，先做试探性攻击，结果一个都没回来！"张耳哪里肯信，以为是陈馀杀了他们，一再追问。陈馀情理有亏，无奈之下，只好摆出撂挑子的姿态，希望以此解围："想不到您心里这样怨恨我！您难道以为我贪恋大将军的职位吗？"说完解下印绶，掷还张耳。

这个局面张耳可没想到，因而不知所措，没有立即接受——这说明，他并没有跟陈馀彻底决裂的打算。陈馀呢，假装起身如厕，以便缓冲情绪。没想到这个小技巧误人误己。他一离开，幕僚立即对张耳说："天与不取，反受其咎。现在陈将军给您印绶，怎么不接受呢？"张耳如梦方醒，立即收了陈馀的兵权。陈馀从此无所事事，经常与军中最要好的数百人，在河上泽中渔猎，聊以度日。

好朋友就此决裂。这事因此成为典故，常入诗文被人吟咏。比如诗僧贯休笔下，就有"谁道黄金如粪土，张耳陈馀断消息"的句子，感叹其情谊无法经受利益的考验。

客观地说，此事陈馀责任更大。但他那样做并非毫无道理。只能说项羽的勇猛超乎常人。要知道当时逗留城外的，还有张耳更加亲近的人——他的儿子张敖，张敖从代地收罗了几万人马，但同样不敢行动。亲生儿子尚且如此，何况陈馀！

问题是陈馀后面的行动太过出格：项羽入关中后，封了十八个诸侯王，其中赵王歇改封为代王，都代（今河北蔚县）；

张耳为常山王，国都还在信都，只不过改了名字，叫襄国。这事谁都能接受，唯独陈馀不能。怎么说呢？我们能容许远方不认识的人当皇帝，却不能容许周围的熟人涨一级工资。

此时陈馀就犯了这样的常见病、多发病。因为他不曾追随项羽入关，所以只得了南皮三县为侯。他说："我跟张耳同样的资历，凭什么他当王，我为侯？"于是勾结齐王田荣，借兵攻打常山。张耳败逃，投奔刘邦，陈馀占领常山，拥立赵歇为赵王，自己为国相、代王。

韩信大军将到，陈馀赶紧派代国国相夏说组织防御。夏说将防线设置在阏与，当初赵奢一战成名的福地。

然而夏说不是赵奢，韩信才是。他没费多少力气，就击溃代军，俘虏夏说，然后乘胜推进；陈馀见势不妙，跑到赵国，以成安君的身份出任大将军，统兵二十万，防守井陉口。井陉口在哪里呢？就是今天河北石家庄鹿泉区西部的土门关，是太行山里八个著名的关隘之一，地势非常险要，西部只有一条狭窄的驿道通过太行山，两辆车或者两匹马都不能并行。

赵王歇当初是张耳拥立的，那二十万赵军中，想必也有张耳编练的士卒。如今要与自己编练的士卒刀兵相见，不知张耳是何心情？尤其是曾经为刎颈之交的陈馀，如今是敌方主将。

陈馀下令，将部队摆成进攻阵势。广武君李左车说："韩信横渡西河，俘虏魏王，抓住夏说，血洗阏与，又有张耳加盟，气势正盛，锐不可当。井陉口道路狭窄，战车不能并行，骑兵不能排成行列,行进的军队长达数百里,粮草必定远远地落在后面。请拨给我三万精兵,我从小路截断汉军辎重粮草,您深挖护寨壕沟,加高兵营围墙,坚守不出。韩信进不能战,退不得回,无粮可掠,不出十日,韩信、张耳的头颅,必定能悬在您的将旗之下!"

李左车乃名将李牧之孙。他足智多谋,有兵书《广武君略》流传后世,被民间封为雹神。而陈馀号称儒士书生,书似乎都读进了狗肚子。当初攻打张耳时没有想起"义"字——彼时不公在于项羽,有本事应该找他算账——这会儿倒想了起来。他坚持认为,正义之师不用奇谋诡计,所以坚决反对,对李左车说:"兵法上说,兵力十倍于敌就包围它,一倍于敌就与之交战。韩信兵力号称三万,真正能作战者不过数千。长途奔袭,连续作战,士卒疲惫,我们却避而不击,要是更强大的敌人前来,我们又将如何应对?消息传出,各路诸侯觉得我们软弱可欺,都会来攻打我们的!"

韩信探听得知陈馀未采用李左车的计谋,非常高兴。赵军本土作战,有主场之便,他得速战速决才行。于是立即引兵前行,离井陉口三十里扎营。此时两军之间隔着绵蔓水,就是今天的绵河。半夜里,韩信挑选两千轻骑,每人手执红旗一面,抄小路悄悄埋伏到山坡里,一旦发现陈馀大军出击,就迅速冲入赵营,拔掉赵国旗帜,插上汉军红旗。

黎明时分,韩信传下将令:"今天随便吃点早饭,等打败赵军之后全军会餐!"仗还没打,先说大话,谁都不敢相信。

在三百八十多年前的前589年六月十七日，齐晋两国在鞌（今济南西）爆发战争时，齐倾公也有类似的豪言壮语，要"灭此朝食"，即打败晋军回来再吃早饭，结果呢，自己险些当了俘虏。将近四百年后，关羽也表达了类似的决心，温酒斩华雄，算是实践了诺言，但此时韩信手下的将士，谁能知道后世的事？他们不敢相信，又不能拂主将的面子，只好假意点头，诺诺称是。

韩信召集将领分析敌情，做战前动员。他判断：赵军占据有利地形，在未见到自己的旗鼓之前，不会轻易出击，且他们会担心我军因地形过于险要而退兵。于是韩信派出万人的先头部队，渡过绵蔓水，背靠大河摆开阵势。这可是有进无退的绝阵，韩信等于自断后路。赵军一见哈哈大笑，汉军将士心里也不住地打鼓。

天刚亮，韩信打起大将军的旗号和仪仗，吹吹打打地进军井陉。按照惯例，大军出征，主将应当击鼓指挥。陈馀见了这个阵势，更加放心，赶紧领兵出击。燕赵多慷慨悲歌之士。赵武灵王的子孙，不乏血性和勇气。刚一接战，韩信对此就有了感受。他早已打好主意，于是将计就计，抛下鼓旗佯装败阵，退到河边的军阵之前。这一下，陈馀当然要乘胜追击。不但要追，还要押上全部的力量，以期绝杀韩信。

汉军已无退路，只有死战。赵军前军作战，后军忙着抢战利品，虽然人多势众，一时也无法取胜。正在相持之时，那两千名汉军轻骑以迅雷不及掩耳之势冲入赵军大营，拔掉赵军旗帜，竖起汉军红旗。一时间，两千面红旗迎风飘摆，猎猎作响，远远看去煞是打眼。赵军久战不胜，正想退回营垒，抬头一看，如同晴天霹雳，大惊失色。

"大营丢失了！""大王被俘了！""汉军打胜了！""我们失败了！"

汉军士兵们一阵哄叫，恐慌随即传染了每一个赵军士兵的神经。很快，陈馀阵势大乱，赵军四散奔逃。将军拔起宝剑，斩了好多士兵，但终究不能将恐慌者杀光。韩信趁势挥动令旗，指挥部队发起冲击。二十万赵军就像多米诺骨牌般接二连三地倒下。

韩信以奇谋而大获全胜，收兵之后，诸将纷纷前来祝贺。但是祝贺归祝贺，有个问题他们就是弄不明白：兵法上说得清清楚楚、明明白白，布阵应该"右倍山陵，前左水泽"，即右边和背后靠山，前边和左边临水，韩信背水列阵，却能获胜，道理何在？

听了这些疑问，韩信只是微微一笑："这一招兵法上也有，诸位没有察觉罢了。兵法上不是有这样的话吗，'陷之死地而后生，置之亡地而后存？'我并不是常年带兵养兵的士大夫，手下都是临时招募的士卒。如果不置之死地，他们不可能死战，早就逃跑了，还怎么打仗？"

天才就是天才，他们往往能从没有道理的地方找到道理，然后取胜。诸将纷纷自叹不如。经此一战，韩信的威名已如日中天。

"宜将剩勇追穷寇。"韩信趁着胜势在泜水（今河北泜河）斩杀陈馀，俘虏了赵王歇。他早有将令，不许杀李左车，能活捉者赏千金。号令一出，李左车很快就出现在韩信的眼前。韩信亲自为李左车松绑，然后请他向东而坐，自己执弟子礼，深深一拜，询问对策。

韩信刚刚取得大捷，为什么要如此礼遇败军之将？他要咨询的，又是什么策略？不会是"可怜夜半虚前席，不问苍生问鬼神"吧？

当然不是。

虚张声势

韩信惦记的，还是制订下一步作战计划——平齐灭燕。

然而李左车没有立即发表意见。他说："我听说'败军之将，不可以言勇，亡国之大夫，不可以图存'。我身为阶下囚，哪有资格跟您议论国家大事？"韩信说："百里奚在虞国时虞国灭亡，到秦国后却又让秦国称霸。这并非因为他在虞国时愚蠢，到秦国后变得聪敏，关键在于国君是否重用，是否采纳他的意见。如果陈馀采用您的计策，那现在当俘虏的就是我韩信。我诚心求教，请勿推辞。"李左车说："将军横渡西河，俘虏魏王豹，攻克阏与，抓住夏说，一举攻克井陉，不到一上午就打垮二十万赵军，活捉赵王歇，诛杀成安君，名闻海内，威震天下。您的威望如此之高，使敌国百姓放下工具，停止农活，吃好穿好，收拾整齐，只等您发布进军的命令。这些都是您的长处。然而连续作战，将士疲惫，难以继续用兵。您率领疲惫之师，久屯坚城之下，不可能一战而胜。一旦旷日持久，实情暴露，不但燕国不肯降服，齐国也必定拼死抵抗，以图自强。燕、齐长时间不肯降服，汉王和项羽又如何分出胜负呢？这都是您的短处。善于用兵者，当以己之长击人之短。将军不如按兵不动，休整士卒，安定赵地，抚恤遗孤，每日杀牛置酒，犒赏将士，作出即将攻燕的姿态，同时派遣辩士去燕国游说，充分展示您的优势，以武力相威胁，燕国一定不敢不从。等到燕国降服，齐国也必定望风披靡；就算燕国不肯投降，那时汉军也已经休整完毕，您指挥精锐士兵前去攻打，齐国就是有再高明的人，又如何能挽救危亡的命运？"

韩信大喜，全盘接受了李左车的计谋。燕王听到消息，果然臣服。韩信随即上书刘邦，请求立张耳为赵王，镇抚赵国，也获得首肯。

就在韩信和张耳一心安抚赵地、整训士卒、准备平定齐国的时候，荥阳前线吃紧，刘邦连吃败仗。韩信得到消息，匆匆安顿好后方，赶紧与张耳挥军南下修武，与荥阳互成犄角之势，以便保障河内（今河南黄河以北，京汉铁路以西地区）的安全。

忽然有一天，刘邦带着夏侯婴，悄悄离开荥阳，东渡黄河，直奔修武，住进驿站。次日一早，他以汉军使者的名义，飞驰入韩信军中，直奔其大营，收了他们的印绶，夺去兵权，抢走了这支军队。

此时张耳与韩信尚未起床。他们听到这个消息，大惊失色。随后，刘邦拜韩信为相国，让他带领曹参、灌婴等人，指挥赵国的剩余人马，攻项羽之必救——齐国，最大限度地转移项羽的注意力，减轻荥阳压力；命令张耳回赵国继续征召队伍，驰援荥阳前线。

刘邦这个举动，很令人费解。他那么鬼鬼祟祟的原因，史书上没有解释，但我们可以展开合理的推测。他行动如此诡秘，当然可以理解为事情紧急，来不及说明，但问题在于，他先是"至，宿传舍"。也就是说，刘邦先在驿站过了一夜，然后才以汉军使者的名义，突然驰入韩信军中。

一晚上的时间，多少事情说不明白？

唯一合理的解释是，刘邦对韩信有所提防，担心他不执行命令，推三阻四，所以霸王硬上弓，先来个既成事实再说。为了让韩信甘心卖命，刘邦又把韩信的官职升了半格，由左相升为相国，也就是所谓的右相。

这是韩信不祥命运的第一个伏笔。

沉沙决水

韩信对燕国虚张声势，没想到刘邦也给自己来了个虚张声势。不过端了人家的碗，就得听人家管。他二话没说，立即整顿人马，向齐国进发。

这时的齐王是田广。残暴的田荣与项羽作战失败，被国人杀死，他弟弟田横就立田广为王，自己任相国。田横的名字没有叫错，确实挺横，国家大事，都由他说了算。

这边呢，刘邦也是双管齐下，派韩信出兵的同时，又让高阳酒徒郦食其前去游说。

书生老去，机会方来。郦食其投奔刘邦时，已入暮年。上回没能说动魏王豹，与万户侯擦肩而过，今天这个机会，当然不能错失，于是立即收拾行李，坐上马车，朝齐国出发。

从某种意义上，齐国与刘邦互有恩情：刘邦能顺利平定关中，得益于田荣扯住项羽的后腿；田横之所以能守住城阳（今山东菏泽东北），保住齐国一脉不息，主要原因是刘邦攻下彭城，抄了项羽的后路。眼下韩信已经平定燕赵，兵锋所指，齐国胆寒，再加上郦食其的三寸不烂之舌，田广和田横很快就点头应允，臣服刘邦。华无伤和田解带领二十万齐军，本来奉命在历下（今山东济南）布防，警戒汉军，随即也因此放松了警惕。

此时韩信大军已经推进到了平原（今山东平原县南部。四百年后，刘备、关羽和张飞的脚步，也会踏到这里）。他正准备渡河东进，忽然接到齐王臣服的消息，准备停止行动。这时蒯通恰巧在平原。他立即找到韩信说："将军奉诏攻打齐国，而汉王只不过派密使说服齐国归顺，难道有诏令叫您停止进攻吗？况且郦食其不过是个说客，凭三寸之舌就降服齐国七十多个城邑，而您统率几万人马，一年多时间不过攻占赵国五十多座城池。身为大将数年，难道功劳还不比一介竖儒？"

郦食其游说之事，刘邦并未通知韩信。可以想见，他那不过是"有枣没枣先打一竹竿"的做法，并未寄予厚望。如今和谈初成，也未见刘邦明令表态。蒯通的激将法，因此取得了效果。韩信立即指挥所部强渡黄河，向东攻击前进，而此时齐国已决计降汉，戒备松懈，韩信乘机奇袭，一举击溃历下守军，兵锋直指齐都临淄（今山东临淄北）。

这一下齐国不干了，认为自己被郦食其忽悠了。一怒之下，他们将郦食其扔进了油锅。真是可惜了他那张嘴。这个悲惨的下场，总让我想起汉武帝时的一个人。据《汉武故事》记载，汉武帝有一回去郎官署，偶然看见一个须发皆白的郎官，衣服也不整齐，可见相当不如意。武帝非常奇怪，就问他："公何时为郎？何其老也？"意思是：你啥时候开始做的这个侍卫官，怎么这么老？老翁施礼答道："臣姓颜名驷，江都人也，以文帝时为郎。"武帝更加奇怪，又问："何其老而不遇也？"意思是：这么多年过去，你怎么一直没得到提拔呢？颜驷的回答无比苍凉："文帝好文而臣好武，景帝好老而臣尚少，陛下好少而臣已老：是以三世不遇。"武帝感其言，提拔颜驷为会稽都尉。

三世不遇，可谓凄惨。这个郦食其呢，年龄跟颜泗差不多，境遇比他更惨。好不容易得到任用，结果又落得如此下场。

与谭嗣同等并称为"清末四公子"的吴保初，写过这样的句子："谁为天下奇男子？臣本高阳旧酒徒。正则怀沙终为楚，子胥抉目欲存吴。"语多感慨。应该说，郦食其的惨死，是韩信身上一个难以抹去的污点。蒯通的理由根本站不住脚。和谈的基础是实力。郦食其能谈成，背后隐约有韩信背水一战、木桶渡河的威严。这一点刘邦应该清楚。战后论功行赏时诸将争功，刘邦独把萧何列为第一，封为酂侯（当时韩信、英布、彭越等早已封王），怎么能在这个小儿科的问题上犯糊涂？

　　停止用兵，利于苍生社稷。作为统帅，韩信岂能不知？他和蒯通的故意糊涂，暴露了当时的无情真相：战乱年代，或曰礼崩乐坏的年代，自私已经成为人类的本能。哪怕是韩信这样的天才，也会有拎不清的时候。

　　烹死郦食其后，齐国乱作一团，大家四散奔逃：齐王田广逃往高密（今山东高密西南）；相国田横逃往博阳（今山东泰安东南）；守相（代理相国或者有相国衔的将军）田光逃往城阳；将军田既率军败退至胶东。

　　韩信兵临城下，齐国还能重演田单复国的一幕吗？

　　这个问题困扰着刘邦，更困扰着项羽。项羽深知齐国的重要性。此地一失，自己断了右臂，侧后又多了一把刀。不行，必须马上出兵。接到齐国的求救信，他立即决定，派大将龙且提兵增援。

　　这边的韩信，攻破临淄之后，主力马不停蹄地向东追击，同时派灌婴的骑兵追击田横，将其击败，攻克博阳，田横只好败退赢下（今山东莱芜境内）；派左丞相曹参攻取济北郡各城，安定后方。

龙且大军号称二十万，从山东东南入境，向城阳和琅邪（今山东胶南琅邪台西北）进发，与齐王田广会合。韩信接到情报，立即调集灌婴、曹参等部，在潍河以西布防。

龙且是项羽帐下的五员猛将之一。他跟项羽是发小，情同手足，且作战勇敢，深得项羽信任，甚至将楚军的楼烦部队全部交给龙且指挥，正所谓"宝剑赠烈士，红粉送佳人"。楼烦人精于骑射，给赵国制造过许多麻烦，后来成了赵武灵王的老师，声名大振。当时刘邦和项羽都有招募楼烦勇士，组成特种部队。

然而勇猛是龙且的优点，也是他的弱点。

交战之前，有人对他说："汉军远离国土前来死战，锐不可当。而齐、楚两军在本土作战，士兵容易逃散。不如深沟高垒，以守为攻，同时招抚沦陷城邑，让他们知道齐王还在，且楚军前来援救。时间一长，汉军得不到粮食，不战自败！"

猛将猛将，不打如何体现"勇猛"二字？龙且不以为然地说："我很了解韩信，他不难对付。如果敌军不战而降，我又有什么功劳？击败他们，我们可以得到齐地的一半，为什么不打？"

这种见识的将军，可谓未战已败。龙且似乎根本没有认识到一个道理："不战而屈人之兵，善之善者也。"在他的脑海里，韩信还是那个胯下求生的胆小鬼，不堪一击。如果这是韩信初次带兵，也好理解；在韩信平定燕赵之后，龙且还戴这样过时的有色眼镜看韩信，只能说他见识短浅。

龙且不听劝阻，带领大军，浩浩荡荡地开到潍河东岸，摆开阵势，与汉军隔河对峙。

敌军势众，一时难下。如果不能分散其兵力，这个仗没法打。怎么办呢？天大的困难，也难不住韩信。他生来就是要解决困难的，所谓"天若无雪霜，青松不如草"。为了形成局部优势，他命令部队连夜赶制一万多个袋子，灌满沙土，堵住潍河上流。等水位下降，他带半数军队，涉水出击。正面作战是龙且的优势项目，当然不能放弃表演的机会，他立即出兵迎敌。韩信抵挡一阵，佯装败退，转身就跑。龙且大喜，说："怎么样？我就知道韩信是个胆小鬼！"随即指挥大军，渡河追击。

楚军还没走到一半，上游洪水突然汹涌而至，将他们拦腰截断。怎么回事呢？很简单，上游的汉军士兵扒开了沙袋。这样一来，楚军的兵力优势不再，韩信回头发动猛攻，灌婴的骑兵将龙且团团包围。龙且再勇猛，究竟大势已去，被斩于阵中，副将周兰当了俘虏。

龙且一死，剩下的楚军已名存实亡。军士们撒开大脚丫子开始逃跑。韩信率军渡河，追击到城阳，全歼齐楚联军。齐王田广在乱军中被杀，田横不得已逃到彭越那里，齐地全部平定。

这是前 203 年的事情。这一年，西方的罗马和迦太基也是激战正酣。迦太基局势不利，汉尼拔被召回。

蒯通说韩

封王是男儿一生不灭的梦想。对于韩信那样的天才，这种欲望自然更加强烈，否则他也不会有如此显著的成就。欲望的大小与成就的高低，绝对正相关。

北定燕赵，东平齐地，诸侯王的冠冕印信的幻影，在韩信眼前越来越真实。平定赵国后，他推荐张耳为赵王，刘邦应允采纳；如今难道不该自立为齐王吗？他派出使者，上书刘邦，要求封他为假齐王。信中说："齐人狡诈多变，反复无常，南边又跟楚接壤。如果不设置一个代理的齐王统治，恐怕局势难以安定！"

客观地说，韩信算得上顾大局识大体。为了工作，他先推荐张耳为赵王时就没有要求自立——张耳有统治基础嘛。然而使者到达荥阳时，刘邦刚刚吃了败仗，满肚子火气没处撒，正好找到突破口。他大骂道："前线形势如此紧张，他不快点来救援，竟然还有心情称王！"这时张良和陈平都在旁边。他们赶紧在刘邦脚上踩一下，轻声说道："如今形势不利，拒绝韩信恐生变故。不如将计就计，让他安心防守齐地！"

刘邦这个流氓，智商倒是不低，见风使舵是其强项。为了骗过使者，他的语气还是骂，但内容已经完全峰回路转："大丈夫定诸侯，即为真王耳，何以假为？"说完立即派张良过去，册封韩信为齐王，顺便调动部分齐军，增援荥阳。

这是韩信悲惨命运的第二个伏笔。

上市公司 CEO 渴望股权激励，但奈何控股大股东不愿意。大股东既要马儿跑，又要马儿少吃草。从此以后，刘邦对韩信的警觉越发强烈。

但悲哀的是，韩信对刘邦的感觉，正好相反。

接到龙且阵亡的消息，项羽再看地图，脖子后面不觉凉意顿生。他怎么也想不到，当初麾下那个名不见经传的执戟郎中，会有如此大的能量。

刘备三顾茅庐，诸葛亮为他制定大政方针，天下三分还只是个梦想。此刻项羽面对的是既成事实。当然，前提在于韩信是否愿意。那一刻，历史的砝码都掌握在他一个人手中：他向汉则楚灭，他顺楚则汉亡；他若中立，便是鼎足三分。用黄庭坚的话说："韩生高才跨一世，刘项存亡翻手耳。"

彼时刘项属于同一个阶层——弱势群体。

项羽没有那么天真，此时自然不再抱有收服韩信的奢望。只要韩信肯中立，他已经千恩万谢。当时的局势，刘邦战术吃紧，战略占优，项羽则相反，只开花不结果：打了不少胜仗，让刘邦狼狈不堪，但实际收获很少，已经陷入汉军的战略包围之中。

硬的不行，就来软的。项羽也派武涉为说客，前去给韩信做耐心细致的思想政治工作，劝他自立。

武涉的核心论点是："足下所以得须臾至今者，以项王尚存也。……项王今日亡，则次取足下。"意思是：你今天还有一口气，那是因为项羽存在；项羽若是今天死了，明天就会轮到你。

但韩信没有答应。他说："臣事项王，官不过郎中，位不过执戟，言不听，画不用，故倍楚而归汉。汉王授我上将军印，予我数万众，解衣衣我，推食食我，言听计用，故吾得以至于此。夫人深亲信我，我倍之不祥，虽死不易。"

惦记韩信的不仅有项羽，还有蒯通。

既然武涉已经碰壁，蒯通不再正面强攻，转而侧面迂回，要给韩信看相。

蒯通语气神秘，韩信若有所思。于是屏退左右，让他直言。蒯通便说："相君之面，不过封侯，又危不安。相君之背，贵乃不可言。"

良好的开端是成功的一半。这话听起来有点意思，韩信就让他继续说下去。蒯通的话跟武涉相比，没多少新鲜的，中心意思用十六个字足以概括："天与弗取，反受其咎；时至不行，反受其殃。"

韩信还是不敢忘记刘邦的厚遇。他说：坐人家车子的人，要分担人家的祸患；穿人家衣裳的人，心里要想着人家的忧患；吃人家食物的人，要为人家的事业效死，我怎么能见利忘义呢？"蒯通说："张耳、陈馀开始是刎颈之交，后来又怎么样了呢？你跟汉王，论交情不如张耳与陈馀，论忠诚不如文种、范蠡对待勾践，他们的下场，都是前车之鉴。而且我听说，如果一个人的勇武、谋略到了能威胁君主的地步，一定会有危险；功劳盖天下的人，反而得不到封赏。如今您的威势让君主不安，功绩更是到了不能封赏的地步，归附楚国，楚人不信任；归附汉国，汉人惊恐。除了自立，还能怎么办呢？"

功劳大到一定的程度，君王无法封赏，确实麻烦。盛极而衰，阴阳掉转，不过刹那之间。《国史补》中就有个"大恩难报，不如杀之"的故事，可以参看。

说的是唐朝的李勉为开封尉时，高抬贵手，放过一些囚犯。后来他罢了官，到河北游历，正好碰到其中一个"故囚"。这人对他非常热情，把他请到家中，要好好招待。安顿下恩人，"故囚"回头跟妻子商量："这人对我有再生之德，怎么报答呢？"妻子说："给他一千匹绢，怎么样？"他说："报答不了。"妻子说："那两千匹呢？"他又摇头道："还是太少。"妻子一咬牙说："大恩难报，不如杀之！"

真是天造地设的一对好夫妻，"故囚"竟然真的萌生杀意。幸亏家童听见，心中替李勉不平，悄悄告诉了他。李勉大惊，衣服都来不及穿好，匆匆披上便打马而逃。夜半时分人困马乏，这才找个旅店住下。店主很惊奇，问他道："此处有很多猛兽，为何连夜赶路？"李勉告知原委，还没说完，梁上忽然有人看着下边说："好险误杀好人！"说完随即离去。

黎明时分，李勉跟前忽然出现两颗血淋淋的人头，搭眼一瞧，正是那对好夫妻。

且说蒯通摇唇鼓舌，终于打动了韩信。韩信表示要考虑几天。然而考虑来考虑去，最终的回答还是一个字。

"不！"

绕了一大圈，还是回到了起点。

四面楚歌

韩信迎来人生最辉煌时刻的地点，也就是项羽陷入人生最悲惨的低谷的地点——垓下（今安徽固镇东北沱河南岸）。

没办法，历史经常如此，一个人的幸福，往往建立在别人的痛苦之上。

这是楚汉之间的战略决战。韩信负责统一指挥。他派曹参留守齐地，灌婴为先锋，迅速攻克彭城。此时彭越也从梁地下西南，汉将刘贾会同九江王英布自城父北上，刘邦率部出固陵向东，对楚军形成南、北、西三面合围的态势。项羽支持不住，一路败退，直至垓下。

当年十二月，汉军与楚军在垓下对决。韩信率军居中，将军孔聚为左翼、陈贺为右翼，刘邦率部跟进，周勃负责殿后。韩信身先士卒，首先进攻，但被项羽击退。韩信不急不躁，吩咐左、右翼继续攻击。汉军人多势众，楚军久战疲惫。韩信等的就是这样的机会。他立即挥动令旗，擂响战鼓，命令全军出击。这一下，楚军彻底溃败，被迫退入壁垒，被汉军重重包围，所谓十面埋伏。

项羽戎马一生，还是头一回遭遇这等困境。他从来都是一味进攻，直到把敌军击垮，但是现在，时移世易，局势突变，他也只能忍耐。

楚军屡战不胜，兵疲粮尽。为了瓦解楚军士气，韩信命汉军士卒学习楚地的曲调，夜里都唱这样的歌曲："人心都背楚，天下已属刘。韩信屯垓下，要斩霸王头。"

这场战役或许还催生了一种重要的民间工艺品——风筝，也就是所谓的"鸢"。据说韩信派人用牛皮制作风筝，上绑竹笛，升入空中，在夜风中发出阵阵悲鸣。唐朝赵昕的《息灯鹞文》，记载更加玄乎，说是张良曾经乘风筝升入半空："我闻淮阴巧制，事启汉邦。楚歌云上，或云子房。"宋朝高承的《事物纪原》有这样的内容："纸鸢，俗谓之风筝，古今相传，云是韩信所作。高祖之征陈豨也，信谋从中起，故作纸鸢，放之，以量未央宫之远近，欲以穿地隧入宫中也。"

以那时的工艺水平，能否制作出足以搭载人的风筝，待考；但说韩信要打地道战，多半是胡扯。他没有那么多人手。不过这无关本文主旨，还是请听飘散在凄凉月夜里的哀婉楚歌吧。听到楚歌的项羽大惊失色，以为楚地尽失，顿时斗志崩溃，最终大败而去，自刎乌江。

此时韩信麾下有接近三十万人马。项羽一死，这个数字顿时成为刘邦的心病。怎么办呢？这一点难不倒他。在修武他已经实习过一回，这次还是老办法：回军至定陶时，他再度突然驰入韩信军中，夺了他的兵权，随后在定陶的泗水北岸称帝，改封韩信为楚王，以下邳为都城。

韩信到楚国后，召见当年给他饭吃的"漂母"，赏赐千金。轮到南昌亭长时，只赏他一百钱，说："你是个小人，做好事有始无终。"这话没错，他若坚持，妻子岂敢那样无礼对待韩信？

这些都是恩人。仇人怎么处置呢，比如那个为难他的无赖？秦始皇进邯郸后，把当时的仇人全部活埋。韩信没有。他表现出了足够的王者风范，召见那人，封为中尉。为了照顾自己的颜面，他特意做了解释："这是位壮士。当年他侮辱我，我难道就不能杀了他吗？问题是杀了他也不会扬名，所以就忍了下来，这才成就了今天。"

项羽已去，下一个四面楚歌的人，就轮到了韩信。

他在楚王的位置上屁股还没坐热，前201年十月，项羽死去还不到一年，就有人控告韩信谋反。诸将争功欲用兵，刘邦无计问陈平。陈平这人，向来会出馊主意，建议刘邦假装去云梦泽狩猎，约诸侯到陈地集合。韩信不知就里，前去拜谒，结果被武士拿下，披枷戴锁，扔进副车。

韩信是明白人，叹道："真像人家说的，'狡兔死，良狗烹；高鸟尽，良弓藏；敌国破，谋臣亡'。天下已定，我本就该被烹杀！"刘邦不急不躁，笑眯眯地说："小兄弟，委屈你了。有人告你谋反！"

刘邦带着韩信，掉头向西。到了洛阳，就把他放掉，贬为淮阴侯。

名为放掉，其实是软禁，或者叫监视。君臣已经反目，韩信只好长期称病，不参加朝见或跟随出行，免得让刘邦碍眼。他待在家里，总是闷闷不乐，愤愤不平。有一天实在无聊，去樊哙家小坐，结果樊哙行跪拜大礼，恭迎恭送，说道："大王竟肯屈尊光临寒舍，微臣真是不胜荣幸！"韩信出了樊哙的家门，苍凉一笑："想不到，我韩信这辈子居然要跟樊哙这样的人同列！"

这话为韩信的悲惨结局埋下了第三个也是最后一个伏笔。

后来陈豨被封为巨鹿郡守，来向韩信辞行。韩信屏退左右，担心隔墙有耳，便拉着他的手来到院子里。韩信仰天长叹道："能跟你说点知心话吗？"陈豨干脆地说："一切听您吩咐！"韩信说："您镇守的巨鹿，是屯聚天下精兵之地。现在陛下还信任您，有人说您谋反，他肯定不信；但假如有人再告，他就会生疑；再告第三次，他定会怒兴王师，前去征讨。那时我在京城做内应，便可以图谋天下。"韩信的才能举世皆知，陈豨当然了解。两人于是就此结成了脆弱而松散的联盟。

前197年九月，陈豨果然起兵谋反，自立为代王。刘邦闻听消息，扬鞭打马，直奔东北而去。韩信当然还是没有随军行动。他悄悄派人与陈豨取得联系，打算夜里假传圣旨，释放囚徒和官奴，率领他们袭击吕后和太子。可巧，有位门客得罪了韩信，已被囚禁，他弟弟就向吕后告发韩信谋反的事。怎么办呢？吕后找萧何商量。萧何也有满肚子鬼主意，他假说陈豨已被杀死，诸侯群臣全部进宫朝贺，请韩信也赶紧表态。

这个消息当然是对韩信的重大打击。再说一旦起了反心，对进宫必定会有本能的疑惧。因此他不想去，但萧何对他到底有知遇之恩。萧何说："这样大是大非的问题，你就是身体再不舒服，也得硬挺着！"韩信不知是计，只好跟随萧何进宫。

但是这一去，就再也没能回来。

《史记·淮阴侯列传》里说："信入，吕后使武士缚信，斩之长乐钟室。"他的具体死法不清楚，有说法是勒死的，理由非常荒诞：刘邦曾经答应他，绝不让他有血光之灾。于是吕后那个心似蛇蝎的女人，正好杀人不见血。

这是前196年冬天的事情。此时项羽不过长了六岁的冥寿。

两个悬案

韩信死于吕后之手。当时刘邦统兵在外，并不知情。等他回到长安，听说韩信已死，且被夷灭三族，是什么反应呢？《史记》中的原话是，"且喜且怜之"。

由此引出第一个悬案：韩信之死与其谋反，究竟有多大程度的关联？我的答案是：毫无关联。即便没有这事，他也会因为别的原因，被刘邦或者吕后揪住小辫子杀掉。考虑到此后刘邦不过活了一年，他最后恐怕还是难逃吕后之手。

在那个众所周知的说法里，韩信似乎伤过刘邦的面子。与韩信闲谈议论将领们的才能时，刘邦问道："你看我能带多少兵？"韩信说："陛下能带十万。"这个说法并不亏待刘邦。彭城之战他统兵五六十万，却被项羽的三万骑兵打得丢盔卸甲。刘邦当然不服气，于是反问道："那你呢？"韩信的答案众所周知，所谓韩信将兵，多多益善。刘邦笑着说："那你怎么还被我抓住了呢？"韩信说："陛下不善于带兵，但善于带将。而且陛下可谓天授，不是人力能做到的。"

这个说法似乎伤了刘邦的自尊，但刘邦那样的流氓，素来不要面子，他要的是实惠。韩信刚到楚地时，出入皆动用军队护卫，威风八面，有人因此控告他谋反，但是并无实据。刘邦用陈平的诡计将他抓住后，不分青红皂白，就贬其为淮阴侯。论说这样大是大非的问题，又发生在这样一位有功于国的名将身上，怎么着也得弄个是非曲直出来，给天下人一个交代，但刘邦恰恰没有。

为什么？

这只能说明，韩信是否谋反并不重要，重要的是刘邦能否将他牢牢看住；假如韩信真有谋反的举动，刘邦又岂能容他？他当时就会被杀无赦斩立决，哪里还有什么淮阴侯可当？

刘邦曾经两次"驰入"韩信军中，突然剥夺其兵权。那时其实韩信已经在朝死亡的终点迈进。后来刘邦令韩信和彭越出兵，合击项羽，两人都按兵不动，尽管当时刘邦对两人毫无办法，但事后如何能释怀？天下平定之时，也就是秋后算账之时。

还是蒯通分析得透彻："戴震主之威，挟不赏之功"，危在旦夕。樊哙是吕后的妹夫，也是侯爷，却跪迎韩信，可见韩信的威望有多么高。这样的臣子，就像在枝头跳跃的小鸟，怎么可能不成为君王的目标？

司马迁这样感叹说："假令韩信学道谦让，不伐己功，不矜其能，则庶几哉，于汉家勋可以比周、召、太公之徒，后世血食矣。"除非韩信能效法张良，功成身退，或者像萧何一样，自污英名。可是那样的韩信，性格中就多了刘邦的流氓成分，而少了项羽的男人成分，我不喜欢。我很遗憾韩信在齐时没有自立，最终一统天下。项羽是土匪，动不动就煮人；刘邦是流氓，舍子卖父，傲慢无礼。他们俩哪个成功，都是坏榜样。只有韩信，负面新闻最少。

第二个悬案是，韩信究竟有没有逼死钟离眛？

这事《史记·淮阴侯列传》里言之凿凿，大体经过如下：

项羽兵败后，他手下的干将钟离眛与韩信关系很好，就前去投奔。刘邦向来忌恨钟离眛，听说他在楚国，当然不能坐视，赶紧命令韩信将他拿下。这时正好有人告韩信谋反，刘邦于是采纳陈平之计，前往陈地。韩信听说刘邦即将到达，打算起兵造反，但又认为自己无罪；想去谒见刘邦，又怕有危险。有人于是建议，杀掉钟离眛，提头见刘邦。韩信呢，问客杀鸡，把钟离眛叫来一同商议。钟离眛说："刘邦之所以不敢兴兵，就是因为我在这里。如果牺牲我来讨好他，我今天死，你必定明天亡。你这家伙，也不是个厚道人！"说完随即自杀，韩信带着他的首级，前去谒见刘邦，结果也被拿下。

仔细考证，这个说法根本不靠谱。

《史记·高祖本纪》的说法是："人有上变事告楚王信谋反，上问左右，左右争欲击之。用陈平计，乃伪游云梦，会诸侯于陈，楚王信迎，即因执之。"只字未提钟离眛。《史记·陈丞相世家》的记载，也与钟离眛无关："（刘邦）行未至陈，楚王信果郊迎道中。高帝豫具武士，见信至，即执缚之，载后车。"

由此可见，所谓的韩信谋反事件，与钟离眛毫无关系。至于钟离眛的死因，《史记·秦楚之际月表》则有明确说法：五年（前202年）九月，"王得故项羽将钟离眛，斩之以闻。"也就是说，刘邦是杀害钟离眛的刽子手，与韩信无关。否则这样的事情，身为汉臣的司马迁，怎敢不替高祖辩白，为尊者讳？

何况韩信也根本没有作案时间。《史记·秦楚之际月表》明确记载，刘邦杀钟离眛在汉五年九月，此时楚汉相争硝烟未尽，韩信是齐王还是楚王，都很难说。他所谓"谋反"的时间,《史记·淮阴侯列传》没有明确记载,但《资治通鉴·汉纪三》(卷十一)则记得清清楚楚,在汉六年(前201年)十月:"(六年)冬,十月,人有上书告楚王信反者。"此时钟离眜早已成为刘邦的刀下鬼,难道韩信还能从阴间请他还阳,再借他一回脑袋?

最关键的是,这个说法本身忽视了韩信的才情和智商。如果当时他计困途穷,没别的办法,如此卖友求荣、死马当活马医,还可以想象;而当时楚国完好无缺,楚军足可一战,他怎会出此下策?钟离眜的脑袋能不能挡住刘邦的屠刀,别人不知,他韩信岂能不知!

韩信不需要为钟离眜的死负责。他需要负责的,是郦食其的生命。

古往今来,韩信都是个屈死鬼的形象。有功而屈死,令人唏嘘感慨。所以前文中那个"大恩难报,不如杀之"的故事里,那对活宝夫妻一定要被毫无关联的刺客砍下脑袋,否则大家都不解气。韩信也许确有反心,但都是被逼无奈。否则千百年来的封建社会,那么多臣子文人,怎么敢诗赋咏叹?歌咏乱臣贼子,有多少颗脑袋,能当皇帝的尚方宝剑?

在韩信的故里,有关他的古迹甚多,而且都修建于封建时代。早在盛唐时代,淮安(当时叫楚州)就有淮侯祠。在唐朝诗人的整个方阵里,许浑此人不算突出,但一句"山雨欲来风满楼",却足以穿透时空,逆光而来。他吟淮安时,就留有"刘伶台下稻花晚,韩信庙前枫叶秋"的诗句可为例证。如今的韩侯祠依旧巍然耸立，殿门上面有红底金字的匾额——"勋冠三杰"，是对传主功业的基本评价。门前的对联，年复一年地应和着淮水的波涛，颂叹逝去的英雄：

　　莫数千里长淮，神留桑梓；
　　开四百年帝业，功冠萧曹。

（刊于《神剑》2022 年第 6 期）

霍去病：闪电少侠封狼居胥

总有一座山推动名将史册流芳，比如八公山之于谢玄；总有一位名将见证大山的辉煌伟岸，比如韩信之于太行。元狩六年（前117），当二十四岁的大司马、骠骑将军霍去病辞世，汉武帝下令将他的坟墓修成祁连山的形状，名将与名山彼此成全的佳话再度见于史册，后代传颂不衰。

　　人人都知道中国有几千年的文化，但很少有人知道，中国还有几千年的武治、武事。文化与武化互为表里。文化如同春雨，润物无声，缓慢悠长；武化如同烈火，瞬间灿烂，但很快就会熄灭。中国文化与武化其实是一体两面之事。文化冲突到极致会演变成武化，而武化结束之后，经历漫长的伤口愈合过程，即隐痛期，又复原为文化。武化隐而文化显，文化长而武化短。文化、武化发展多少年，民族交融也就有多少年。这个交融既有和平融合，也有厮杀血拼。而中原华夏政权与北方少数民族彼此武化或者试图武化数千年，以汉族为主体的中原王朝真正依靠自身力量获得完胜、将对手消灭，其实只有一次，那就是汉灭匈奴。唐灭突厥看似辉煌，但实际上靠的并非大唐的名将或者武力，而是突厥自身的内乱与衰落。与其说李世民灭了突厥，不如说他派兵收拾了突厥衰落分裂后的乱局。吐谷浑的覆灭也与之类似。当然，吐谷浑在大唐的西南，并非北方。

世上没有白来的捷报，胜利总是需要付出代价，这代价并非仅仅是无定河边的枯骨。汉武帝接手的是文景之治后的充盈国库，钱太多用不过来，穿铜钱的绳子纷纷朽烂。而他还没有灭掉匈奴，国库已经入不敷出。中国历史上的第一个车船使用税和财产税随即应运而生，当时叫算缗。起初算缗只是对在籍商人收取运输车税，十年后扩大为对全体商人和手工业者的全部财产征收，不仅仅限于车辆。盐铁和酒的国家垄断政策，也在此间确定。除此之外，他还发行了超大额的货币——皮币。目的只有一个字：钱。或者两个字：军费。

汉武帝穷兵黩武，将富得流油的国库打空，但开疆拓土的功绩不小。事实上千百年来，中国都在享受他身负骂名换来的红利：秦统一六国后的疆域其实依旧局促，西部边境大体是从银川、兰州、成都下拉到昆明，整个国家的形状像一只手掌。单手的人是残疾人，健全人都需要两只手。汉武帝在西北又安了一只手掌，地图连起来看，像个细腰葫芦。

黄河以西的甘肃西北直到新疆地区，合黎山（传说为古昆仑山。又名人祖山、要涂山）与祁连山一北一南围出一条狭长的平原，可生活，可交通，所谓"河西走廊"，也就是这个葫芦的细腰，或者说是条粗大的动脉血管，甚至脐带。但这只是大汉的感受。对于匈奴而言，河西走廊是其威胁中原的右臂：河西本是大月氏的栖息地，匈奴将大月氏赶走后，由浑邪王统治酒泉及周围地区，休屠王统治武威及周围地区，控制西域各国，南与羌人相接，从西面威胁汉朝。

斩断匈奴右臂、连通大汉脐带的决策者是汉武帝刘彻，执行者是谁呢？十九岁的冠军侯、骠骑将军霍去病。那是元狩二年（前121）的事情。两年前的剽姚校尉虽然顺利建功封侯，但那时他在舅舅卫青帐下听令，所部不过八百人。而今不同，他已是骠骑将军，独立成军，独立指挥，远征万里，出师河西。十九岁，今天在诸多父母眼中还是孩子，但两千年前的霍去病已经指挥一万士卒、两万战马，麾下不知有多少胡子拉碴的宿将老兵。

当年三月，自信满满的霍去病从陇西郡（治狄道，今甘肃临洮）出发，一人二马，翻越乌鳌山（当为今甘肃靖远县东南端的屈吴山），渡过黄河，将碰到的匈奴遬濮王斩首后，迅速渡过狐奴水（石羊河，亦称谷水，古休屠泽水系支流。河西走廊内流水系的第三大河）西进，六天转战千余里，踏破匈奴五王国。

对这些小的部落王国，霍去病既不恋战，也不像惯常那样掠夺财产子民作为战利品。并不是他不需要以此报功，而是他有更加远大的目标，或曰主要目标——浑邪王与休屠王。

霍去病轻装前进，进展神速，越过焉支山（大黄山。在甘肃永昌县西、山丹县东南）后，在皋兰山（张掖附近的合黎山，非兰州附近的皋兰山）捕捉到匈奴主力，与之展开决战。汉军虽然孤军深入，但彪悍之气不减，短兵相接，连战连捷，斩匈奴折兰王、卢胡王。浑邪王败走，其子与相国、都尉被俘，休屠部的祭天金人也被缴获。

这是一记成功的左勾拳。当年夏天，霍去病又使出"右勾拳"。原计划公孙敖要配合行动，但他迷失了方向，未能如期会合，霍去病毅然决定独自出征。他采用大纵深外线迂回的方式，由朔方郡（治朔方，今内蒙古杭锦旗北）出发，渡过黄河后向北越过贺兰山，穿越浩瀚的腾格里沙漠和巴丹吉林沙漠，抵达居延海。"居延"是匈奴语的音译，意思是"隐幽"。这是史籍中首次出现"居延"这个字眼，由此启发"单车欲问边，属国过居延"这样的名句。当时从居延海到张掖，可以行船。霍去病由此挥师向南，沿着弱水河谷推进。按照《山海经》的说法，昆仑之丘"其下有弱水之渊"。此后"弱水"也泛指遥远险恶、汪洋浩荡的江水河流，此处的弱水则是黑河自金塔县天仓到额济纳旗湖西新村段的别称，也就是额济纳河。黑河发源于祁连山，是中国第二大内陆河。沿岸水草丰茂，骑兵行军尤其方便。

抵达小月氏（今甘肃酒泉一带）后，霍去病再由西北转向东南，从黑河上游地区向浑邪王、休屠王的侧背发起猛攻。两次攻击路线正好形成一个圆形闭环，完全出乎匈奴人的意料。他们仓促应战，被杀得大败。三万多人被歼，五个王、五个王母被俘，另外还有单于阏氏、王子五十九人，相国、将军、当户、都尉六十三人。浑邪王、休屠王率残军逃走。

这两次大败让匈奴伊稚斜单于大为愤怒，有意追究浑邪王和休屠王的领导责任。怎么追究？杀头。二王为保性命，决定归降。此时他们手下尚有部众四万余人，号称十万。二王与汉军彼此攻杀多年，有血海深仇，匆促之间自然难以建立足够的信任。汉武帝怀疑他们有诈，随即派霍去病率领一万精锐骑兵前往接应。说是接应，和战却在转瞬之间，由霍去病临机决断。

已是秋高马肥的时节，霍去病挥师疾进。果然，受降过程并不顺利。汉军未到河西，休屠王突然变卦。浑邪王将他杀掉，收编了他的部众，但人心不稳。霍去病渡过黄河后，全军排列成威严的战斗阵势前进，浑邪王也列阵迎候。其部下一些小王裨将见汉军阵势严整，心存疑惧，企图逃走，引起骚动。霍去病当机立断，立即驰入匈奴阵中与浑邪王接上头，然后指挥部队将想要逃跑的八千多人全部擒杀。局面稳定下来后，他先遣使者护送浑邪王赶到长安面君，自己则指挥部队，监视押送匈奴余众缓缓向内地行进。匈奴部众都有大量的牛羊牲畜，它们的速度快不起来。

归降的浑邪王被封为万户侯，部众分别安置在秦长城以南、黄河以北陇西、北地（治马岭，今甘肃庆阳西北）、朔方等五郡，所谓五属国。作为政权的匈奴虽然最终消灭，但匈奴人的民族文化基因却成功地与汉族融和。今天的北方人跟南方人之所以有那么大的区别，就是因为汉唐时期北方长期接纳归附的少数民族。彼此血脉交融，禀赋必有不同。

作战的第一要义并非占领地盘，而是消灭敌人。匈奴人的势力全去，河西走廊为之一空。汉武帝随即下令移民实边，在二王的地盘上相继建立武威、酒泉、张掖和敦煌四郡，而陇西、北地、上郡（治肤施，今陕西榆林东南）的边防部队则顺势减半。这是华夏政权首次控制河西走廊，从此以后，祁连山成为汉唐的界山，连通西域。

骑　射

上面这些过程基本抄自史书。尽管史书明确记载的东西不容发挥，却依旧难掩道德瑕疵。我为什么要拉拉杂杂地写这么多？因为必须引出这些问题：霍去病孤军深入、长途奔袭，为什么能顺利建功？匈奴人是豆腐渣吗，那么好打？为什么年纪轻轻、素无行伍经验的霍去病，还有出身骑奴的卫青如此神勇？李广的资历比他们老、出身比他们高、名气比他们大、经验比他们多，灭掉匈奴的为什么不是他？

答案颇有些黑色幽默的意思：匈奴人并不好打。之所以溃败，是因为卫青、霍去病采取了全新的战术，匈奴人不适应。为什么灭掉匈奴的不是李广？因为他比卫青、霍去病更精于骑马射箭，单兵素质更强，以致对骑兵集团冲锋战术不够重视。

李广的骑射技艺用炉火纯青来形容都有些俗、都嫌不够。

论射箭，他可以跟匈奴箭法最好的骑士（所谓"射雕者"）单挑，并在一对多的情况下，将之一一击败，射死或者俘虏；论骑马，他被俘后能突然跳上敌人的战马，将原主推开并且夺下他的弓箭，成功逃亡。具体事例可以翻看史书，《史记》对此有生动详尽的描述。反观卫青、霍去病，则没有这样的单兵素质。之所以如此，很大程度上因为李广是陇西成纪（今甘肃静宁西南）人，自幼便生活在西北少数民族旁边，难免耳濡目染。关西出将，不是没有原因的。这个传统一直被历史所承认尊重。直到明末，崇祯九年（1636）还出台过这样的规定：鉴于时局危难，朝廷规定乡试、会试的第二、三场加入武经和书算内容。放榜之后，检试骑射，一共十箭。南方人必须两箭中靶，对西北人要求更高，得三箭。

当时人们怎么作战呢？估计不少人的印象还是这样：双方主将拍马向前，彼此通报姓名，然后挥舞兵器交战。等击败或者杀死敌手，再率领全军冲锋，锁定胜局。

这当然格外虚诞。而要为这种普遍的虚诞印象承担历史责任的，不只是民间的说书先生，还有包括司马迁、司马光在内的官方史家。他们身为文人，未经战阵，不懂甚至轻视军事，遗漏了无数的核心细节。正如费正清等海外汉学家编著的《古代中国的战争之道》中所说的："儒生掌握了军事史的书写，将军事史降低到寓言和传奇的层次。"

作战是大规模的群体行为，为提高效率、发挥优势、便于指挥，只能结阵。彼此都排好阵势，最终由一个阵势对另外一个阵势，而非数千人对数千人。就像足球比赛，是一支队伍对另一支队伍，不是十一人对另外十一人。阵势摆好，进攻者开始攻击，所谓"冲锋"。攻入其阵势（所谓"陷阵"）后，随即开始血拼。等对方阵势松动、战败后撤，再趁势掩杀。兵败如山倒，形容的便是阵势松动、后撤时的情形。一旦打到那个时刻，局面便很难挽回。

卫青、霍去病的时代马镫尚未发明，中原王朝的骑兵因而长期担任"打酱油"的角色。战国时代最伟大的兵书《六韬》，给骑兵的定位不过是"骑者，军之伺候也，所以踵败军，绝粮道，击便寇也"，利用快速机动的优势，执行侦察任务，或者追击败军、截断补给线，"一骑不能当步卒一人"。一人一马的骑兵组合，作战效能甚至还不如一个步兵。为什么？骑兵还得照顾马匹。故而在卫青、霍去病之前，中原王朝一直以步兵为主。偶有骑兵，抵达战场后也要下马步战。

为什么北方游牧民族特别难对付？因为他们在马上来去如风。具体到作战环节，面对中原步兵摆成的阵势，他们从不下马冲锋肉搏，而靠出色的箭法远距离杀伤：分波次骑马冲来射击，射完转身回去，换下一波。等步兵阵势松动溃退，再持刀剑等近战兵器追击。此时已经不是公平的作战，而是单方面的屠杀。除了用弓弩远距离杀伤，中原王朝的步兵拿他们毫无办法。即便想追赶厮杀，也力不从心。而游牧民族作战还有个特点，那就是"利则进，不利则退"。能占便宜时一哄而上视为勇敢，无便宜可占时一哄而散却不以为耻，视为天经地义。武化中间的文化决定性，由此可见一斑。

这样的对手肯定令中原王朝头疼。此前汉军并非没有名将，李广的名气一直震动匈奴，但一个人的长处往往也会成为其局限。具体到李广，他的骑射技艺超群，因而一直在努力发挥，不必也从来不会想到另辟蹊径。从史书的记载看，他几乎一直在利用骑射技艺，跟匈奴人正面作战，硬碰硬。这应该也是他一直没有足够的战果、无法封侯的具体原因。毕竟他能做到，他的部下却不可能全部做到。而卫青与霍去病骑射技艺平常，不过中人。既没有这样的光环，也就不会形成类似的阴影。他们之所以能在汉武帝开疆拓土的过程中屡立战功，是因为他们推行了两项创新：大规模使用骑兵和让骑兵集团冲锋。

创　新

史书有正面记载卫、霍两人的赫赫战功是骑兵集团冲锋战术的成果吗？当然没有。因相关史书几乎从不直接描述战争场面，大约是文人史官觉得这些细节无足轻重。但仔细爬梳史料，还是能找到足够的旁证。

比方元朔五年（前124）春，卫青指挥汉军对匈奴发起的第四次攻击。他亲率三万骑兵，乘夜绕过外围警戒，将右贤王部包围。暗夜作战，当然无法远距离放箭。汉军肯定是手持近战兵器突然杀到，跟匈奴人贴身缠斗，最终大胜。卫青由此跻身大将军行列。

如果说这还完全是推理的话，那么祁连山下的霍去病则能提供更加明确的证据。三年之后的元狩二年（前121）春，汉军对匈奴发起第七次攻击，即河西之战的第一阶段。这次作战的细节史书上依旧没有披露，但褒奖诏书是这样写的：

> 转战六日，过焉支山千有余里，合短兵，杀折兰王，斩卢胡王，诛全甲，执浑邪王子及相国、都尉，首虏八千余级，收休屠祭天金人，益封去病二千户。

"合短兵"的意思，就是贴身肉搏、白刃格斗。"杀""斩""诛"这三个动词也表明，使用的武器不是弓箭，而是短兵器。毫无疑问，其战术必定是冲锋陷阵，彼此肉搏。

战术的革新必然会导致兵器的改变。在此之前，骑兵的常用装备是弓箭与刀剑等短兵器。前者用于远程攻击，后者用于近身搏杀。卫青、霍去病指挥的骑兵集团冲锋，很可能使用的还是短兵器，但最终必须装备步兵冲锋时的标准配置长戟。东汉的画像石中，已有不少持长戟战弓箭的内容。山东孙家村画像石上，持长戟者身穿中原骑兵常用的铠甲，从背后刺中戴着草原民族常见的尖顶帽的弓箭手；山东孝堂山画像石上的战斗场面更为宏大，也更加直观地表明，是中原骑兵利用长戟跟游牧民族作战，因其中有"胡王"字样的旁注。

艺术创造从来都不是凭空想象，都有现实的生活背景。

可以肯定，东汉时代，骑兵持长戟冲锋的战术已经被汉军广泛采用。而其开创者，只能是前代名将卫青与霍去病。

这个创新令匈奴人崩溃，他们原先的优势彻底消失。尽管如此，他们还是不愿或者不敢正面接战。李广的经历可谓旁证。

河西之战的第二阶段，当年夏天霍去病再度出兵时，原计划除了公孙敖随行，博望侯张骞和郎中令李广也同时受命出击右北平（治平刚，今内蒙古宁城西南），牵制左贤王部。李广率领四千骑兵从右北平出塞后，很久未能等到张骞的一万人马，却跟左贤王的四万骑兵碰了头。兵力一比十，将士们心里不免打鼓。为安定军心，李广命令自己的儿子校尉李敢率军冲击敌阵。李敢随即带领几十名骑兵"直贯胡骑，出其左右而还"。

几十名骑兵就可以顺利地冲破匈奴的阵势，真的像李敢对父亲的高声汇报那样，"胡虏易与耳"（匈奴人很好对付）吗？当然不是。根本原因在于，匈奴骑兵不会或者不愿正面接战，无论发起冲锋还是接受敌军的冲锋。你冲锋，我就闪开。

在没有马镫的时代，骑兵冲锋肉搏几乎就是自杀式攻击。因为巨大的反作用力随时可能将你推下马去，葬身马蹄的海洋。中原王朝力行专制，帝王有生杀予夺大权，但北方游牧民族从来都不是。他们的可汗也好，单于也罢，都没有这样的威严与权力，逼迫部下改用这样的作战方式。这体现的依旧是文化在武化期间的决定性作用。

祁连山是匈奴人的称呼，汉人更习惯于称之为南山。如此雄伟漫长的一座山，如何截取其形状为霍去病修墓，是个无解的历史难题。但霍去病的荣耀毋庸置疑。对手的反应感受最为客观："亡我祁连山，使我六畜不蕃息。失我焉支山，使我妇女无颜色。"这是匈奴人的哀叹。作为祁连山的支脉，焉支山今天地理标注为大黄山，和祁连山一样都是匈奴语的音译：祁连为天，焉支（阏氏）为后。匈奴人不仅需要祁连山脚下的绝佳牧场繁育牲畜，还需要山上的木材制作弓箭。焉支山里应当也有生产古代化妆品的原料。如此沉重的打击，或曰如此辉煌的胜利，不仅仅依靠武力，还依靠创新。文化需要创新，武化更需要创新。祁连山下的霍去病，最大的贡献未必就是打通河西走廊、接通历史文化的脐带。他们发明发挥的全新的骑兵集团冲锋战术，给后世的影响虽然少有人注意，但其实影响巨大。今天的我们已经很难说清，这到底是文化，还是武化。

（刊于《青海湖》2021 年第 8 期）

陈汤：犯我大汉虽远必诛

若要列举中华民族的霸气语录，"明犯强汉者，虽远必诛"至少排名前三。不过跟多数国人的印象不同，这话并非出自汉武帝之口，其版权本来应当在西域都护甘延寿手中，但历史还是将这话归给了他的副手——西域副校尉陈汤。而陈汤固然因此史册流芳，同时又是确定无疑的贪污犯。

　　陈汤是山阳郡（治昌邑，今山东巨野东南）瑕丘县（今山东济宁兖州东北）人，字子公。他自幼喜爱读书，知识渊博，文章也写得漂亮。看得出来，他家世不错，有能力读书。在当时，书即厚重的竹简，读书是上等人家的特权。不过这种好日子并不长久，他年龄稍大便赶上家道中落，不得不四处借贷甚至乞讨。到处借钱的人，历朝历代都不会受欢迎，他在家乡的声望因而很是糟糕。在这种情况下，想在原地发达是不可能的，于是他决定当京漂儿，便去长安"捞世界"。他到底是有才华的，因而很快便谋得了太官献食丞的职位。太官属于少府，掌管皇帝膳食，献食丞为其属官。虽然卑微，但能给陈汤提供一份俸禄。

要想发达，得有贵人成全。没过几年，富平侯张勃便成了陈汤的朋友。在他的举荐下，陈汤有了升职的机会，但这时机非常不巧——其父此时去世。按照礼制，无论多大的官都得奔丧守孝。陈汤回家了吗？当然没有。机会来得如此不易，他实在舍不得放弃。最终结果是，不但他自己获罪下狱，带累张勃也被削夺了两百户食邑。

无法评价陈汤的这个行为。固然可以站在道德的制高点上言之凿凿地说他不重礼法而重利益，但很有可能是站着说话不腰疼。因我们无法确知其家庭状况。也许他的家庭比他自己，更需要这份提拔，以及随之增加的俸禄。但由此可以看出，陈汤行事不拘小节，不肯为陈规束缚。

渊博有才的人总能不断碰到机会。后来陈汤再度被举荐，终于当了郎官。这个"郎"，其实来源于"廊"。大家一定还记得，荆轲刺秦时，殿外的走廊中满是卫士，但无人敢进去帮忙。"廊中"慢慢成了"郎中"，以及各种郎官，就是后备干部的意思。陈汤主动请求出使外国。为什么？自从张骞"凿空西域"而被封侯，这条路线的热度显著提高，有志青年都想从中捞一票。数年之后，他终于如愿以偿，被任命为西域都护府副校尉，与西域都护、骑都尉甘延寿一起，前往西域。

西域都护府设置于汉宣帝神爵二年（前60），治所乌垒城（今新疆轮台东小野云沟附近）。都护是统领西域的最高军政长官，但不过秩比二千石。汉代官员俸禄钱谷各半，级别最高的为万石，其下有中二千石（中即满，俸禄每月一百八十斛）、真二千石（一百五十斛）、二千石（一百二十斛）、比二千石（百斛）。郡守的俸禄是二千石，故而二千石在汉魏南北朝时期成为郡守的代称。数字可能不够直观，那就不妨换算换算：一石一百二十汉斤，折合现在的六十斤，二千石就是十二万斤粮食，只不过是谷子或者小麦，如果要按照大米面粉计算，还得再打六折。

从官员设置看，在朝廷心目中，西域各国跟县差不多，因为都护一般戴着骑都尉的头衔，也就是郡都尉的级别，而郡都尉只不过是太守的副手。当然，比起匈奴还是要客气很多，此前匈奴管理西域的官员叫什么？僮仆都尉。

陈汤当时担任副校尉，是都护的副手，但彼此级别一样，都是比二千石。

汉武帝穷兵黩武，将文景之治的富裕国库打光打空，客观上也极大地削弱了匈奴。原本可以靠持续胜利掩盖的内部矛盾，国力衰弱后立即浮出水面。早在汉宣帝时代，匈奴已经内乱，五单于争夺大位，相互厮杀，最终呼韩邪单于胜出，将单于庭设在漠北，今蒙古国乌兰巴托附近。只是按下葫芦浮起瓢，没过多久，其兄呼屠吾斯又在东边自立为郅支单于。哥哥猛烈攻击，弟弟无力抵挡，郅支单于随即占领单于庭，成为北匈奴，而呼韩邪单于所部则被称为南匈奴。

草原如此广阔，自己竟不能立足。怎么办呢？呼韩邪单于决定采纳部下的建议，向南归汉。只有抱住大汉的大腿，才能保证自己的安全。于是他将自己的儿子右贤王送到长安入侍，实际就是充当人质，以此表达归附之诚。这一招他会，郅支单于也会，而汉朝对双方的人质全部接纳。

第一步棋没有效果，那就再走一步：呼韩邪单于请求亲自入京朝见皇帝。这当然是朝廷乐意见到的。而郅支单于将之解读为弟弟已经彻底败亡，投降汉朝，不会再回匈奴，于是放心地向西出兵，打算平定西部。在此期间，根据呼韩邪单于的请求，朝廷派兵护送他回到光禄塞下，同时还资助粮食。经过近十年的休养生息，呼韩邪单于声势复振，一路向北，重回王庭。郅支单于见状，决定留在西边。后来觉得自己的力量未必比得过弟弟，他后面毕竟有靠山，离得太近不安全，便继续向西迁移，接近乌孙，打算借助乌孙的力量平定匈奴内乱。

西域各国曾长期被匈奴控制。匈奴的僮仆都尉罢废以后，才有大汉的西域都护府。当时乌孙跟汉朝关系很好，不仅对郅支单于不予理会，还将他的使者杀掉，把首级送到西域都护府。郅支单于大怒，发兵击败乌孙，然后向北攻击乌揭（今额尔齐斯河上游地区），将之降伏，又西破坚昆（今俄罗斯境内叶尼塞河上游一带），北降丁零（今贝加尔湖以南地区），最终在坚昆定都。对西域用兵，已跟向汉军挑战差不多，郅支单于还围困羞辱汉朝的使者，埋怨朝廷不该厚此薄彼。

前 45 年是汉元帝初元四年。这一年里，王莽和赵飞燕、赵合德姐妹出生，长达四年的罗马内战结束。恺撒击败庞培后，带着埃及女王克娄巴特拉回到罗马，成为唯一的最高统治者。与此同时，郅支单于的使者也抵达了长安。郅支单于向朝廷进贡，请求让儿子回去，表示愿意内附朝廷。

这当然只是姿态。而尽管知道这只是对方的试应手，汉廷也只能答应下来。

汉初主张黄老之道，主要是久经战乱，与民休息。此后王道霸道混合一体，挂儒家名，行法家实。说到底是大秦余绪。汉元帝刘奭"柔仁好儒"，曾建议父亲多行宽仁，重用儒生，惹得汉宣帝颜色大变，斥责说："乱我家者，太子也！"还好，他没有废掉刘奭。刘奭即位以后，重用儒生，经学家匡衡因而当了宰相，贡禹则当了御史大夫。这两位都是创造过成语的名人，前者凿壁偷光，含义小学生都知道；后者贡禹弹冠，比喻乐意辅佐志同道合的人。"贡禹弹冠"说的是汉宣帝时，王吉和贡禹关系友善，贡禹多次被免职，王吉也很不得志。汉元帝即位后，王吉被召去当谏大夫，贡禹闻听很是高兴，就把自己的官帽取出，掸去灰尘，准备戴用。果然没多久他也被任命为谏大夫。只是从"贡禹弹冠"这个成语衍生出来的"弹冠相庆"，后来逐渐有了贬义。

当时朝廷决定派卫司马（即屯卫司马，屯田部队的指挥官，秩比千石）谷吉护送郅支单于的侍子回去。派人护送没问题，问题在于送多远。时任御史大夫的贡禹和时任博士的匡衡援引《春秋》大义，说是对夷狄的要求不能全部满足，得打点折扣。（按照《春秋》大义治国，援引《春秋》大义断狱，是当时流行的做法。）他们的观点是，郅支单于对教化的向往尚未被培养出来，他统治的地方又离大汉很远，因而把侍子送到边境地区即可，否则一定会给国家带来灾祸。而谷吉坚持认为，侍子被汉朝抚养十年，已有浓厚的恩情，如果只送到边境，等于抛弃人家，恩情断绝，怨恨产生。他坚持送到郅支单于的王庭，宁愿为国家承担其中的风险。

最终谷吉为自己的坚持付出了生命的代价。说不清郅支单于究竟是仇恨呼韩邪单于，还是仇恨大汉，反正他杀掉了谷吉。当时康居跟乌孙之间火星四溅，康居不敌，便向郅支单于求援，希望借助他的力量回击对手。郅支单于闻听大喜过望，立即直奔康居而去，可惜途中遭遇极端天气，人畜冻死大半，最终抵达时不过三千多人。

可尽管如此，郅支单于到底曾是大国单于，更兼有求于人，因而康居王对他很敬重，将女儿嫁给了他。郅支单于也投桃报李，两人互为翁婿。当时乌孙早已分裂为大小两部。双方联手回击，一度深入乌孙大昆弥的国都赤谷城（今吉尔吉斯斯坦伊塞克湖东南），杀人越货，抢夺牲畜。

在康居王的支持配合下，郅支单于在都赖水（今哈萨克斯坦境内塔拉斯河）畔新建了王庭，名曰郅支城，在今天哈萨克斯坦南部江布尔州的江布尔市（为纪念哈萨克族民间诗人江布尔而命名），曾被称为怛罗斯，大唐名将高仙芝与黑衣大食之间影响深远的激战，便爆发于附近。这次筑城在康居算得上规模宏大，每天用工五百人，历时两年才修成。

郅支单于站稳脚跟之后，不仅侵略乌孙，还逼迫大宛等国，甚至进而对康居无礼。他自认为没有受到足够的重视，将康居王的女儿以及别的显贵几百人相继杀死。汉朝三次派人索要谷吉的尸体，他都困辱使者，同时却又通过都护上书，说自己目前境遇困苦，愿意送去侍子，归顺朝廷，简直视大汉为玩物。

在这样的大背景下，九年之后的前36年，即汉元帝建昭三年，陈汤与甘延寿奉命到西域都护府履新。

甘延寿是北地郡郁郅县（今甘肃庆城）人。关东出相，关西出将，跟少数民族接壤的地区，人人习骑射，因而他年少时便擅长骑马射箭，后来以良家子的身份加入了羽林。函谷关以西的陇西、天水、安定、北地、上郡、西河六郡良家子，男的加入羽林，女的入宫服侍，是汉代的传统。之所以如此，无非是看重地方风土对人秉性的影响。为什么要强调良家子？因起初有资格从军的都是贵族。卿大夫为将帅，最低一级的士充当军兵。后来战争规模加大，战事频发，士兵不够用，刑徒罪犯也被发配充军。良家子一词，便是对这种现象的反动。秦汉都有七科谪戍的传统，只是七科的内容不尽相同。汉武帝划定的七科，包括吏有罪、亡命、赘婿、贾人、故有市籍、父母有市籍、大父母有市籍，即有罪的官吏、逃亡者、入赘女婿、商人，以及自己、父母或者祖父母曾有经商经历的人。让这些人到边疆从军，理由是他们都重利轻生，打仗不要命。

良家子指的是不在七科谪戍范围，同时又不是巫医百工家庭的人。他们拥有一定的资产，有能力受教育，懂得纲常伦理。羽林是汉武帝创立的禁卫军，最初是警卫建章宫的建章营骑。改名为羽林，取"国家羽翼，如林之盛"之意。人人都知道御林军这个说法，其实它从未存在过。这个俗称的来源，应当就是羽林。骑都尉起初便是羽林的指挥官，汉宣帝时代设置两名，一人掌羽林，一人出任西域都护。

甘延寿自幼能骑射，力气大，勇武过人，无论投掷还是越障，成绩都远远超过同伴，很快便被提拔成了郎官，逐渐升为辽东太守，因事被免官，后得推荐，在朝中担任郎中、谏大夫。他从小便表现出了将军气质，但陈汤不一样，陈汤是读书人出身，在此之前，一直是文官的形象。他沉着勇敢，素有谋略，每次经过城镇河山，都要登高望远一番。这可不是简单的登临赏景，而是观察地形，暗自在心里排兵布阵。之所以会这样，无非是因为"齐文武，不分途"的传统在他心里尚未断绝。

西域最初有五十国，后被兼并为三十六国。其中有居国，即定居而土著、有城郭的国家；也有行国，即逐水草而游牧无城郭的国家。有些国家规模极小，不过几百户。尽管匈奴从来都不在西域都护府的管辖范围之内，陈汤的第一个目标却还是郅支单于。为什么？因为西域的控制权是大汉以无数生命为代价，刚刚从匈奴手中夺回来的，可以说屁股还没坐热。而今郅支单于大有死灰复燃之势，如不迅速剿灭，让其坐大，局面不可想象。

抵达任所，详细了解当地情况后，陈汤便主动找到甘延寿谋划大局。就是一句话：消灭郅支单于，恢复朝廷对西域的控制权。他判断，蛮夷没有坚固的城墙和强劲的弓弩，如果发动西域国家的兵力，联合汉军，完全可以将郅支单于就地解决。当时的他势单力薄，又失道寡助，一旦战败，便无处可逃。

这话自然说到了甘延寿的心坎里，他立即决定奏请朝廷出兵。陈汤一见，连连摇头。为什么？朝堂上的讨论决策固然开明甚至民主，但缺乏足够的效率。南人计议未定，北人兵已过河。长时间的讨论酝酿适合平时的决策，而眼下可谓战时。

陈汤道："国家大事，肯定要让公卿讨论。但远大的策略不是平庸的官僚所能了解的。如果奏请，肯定不会得到批准。"

甘延寿犹豫了。他知道陈汤说得很对，但又不敢擅自出兵。说来也巧，大概是他初到西域，水土不服，生了病，被迫卧床了很长时间。主官生病不能视事，副手自然应当代劳。于是陈汤假传圣旨，召集西域各个居国的军队，连同设在车师国的戊己校尉所部，准备出兵。戊己校尉的基本职责是屯田积谷，受西域都护节制。

西域地广人稀，部队大量集结，不可能瞒住甘延寿。他得知此事，大惊失色。惊惶战胜了疾病，让他从床上一跃而起，赶紧找到陈汤，要他紧急刹车。主官大惊，副手大怒。陈汤手按在佩剑上，斥责道："部队已经集结，你难道要坏大家的事儿吗？"

秦汉以来，皇帝制度建立，原本指神的"帝"，成了人间的君王。他们下达的官方文书，被尊称为"制书"。这个制，既是专制之制，也是制度之制，分量有多重，可以自己掂量。伪造皇帝命令，是矫制之罪。汉代法律，这项罪名有三个等级：矫制大害，要（腰）斩；矫制害，弃市，即砍头；矫制不害，论罪当死，以官爵或者钱物赎免。

陈汤"多策谋，喜奇功"，史书说他"素贪"，这个贪应当不仅仅是贪钱，也在于贪功，只是那个功劳可能对国家有利，因而不被注意。矫制调兵，肯定有贪功心理的推动。他这样做，是不是过于疯狂？还真不是。他心里其实很有谱儿。整个西汉，从周勃矫制进入北军，诛吕安刘算起，共有九起矫制事件，陈汤排在第八位，而真正被杀的只有博士徐偃。这还是因为徐偃的口才不够好，援引《春秋》大义时，未能驳倒终军，就是"无路请缨，等终军之弱冠"中的终军。跟陈汤情形类似的，此前已有常惠擅自调兵攻打龟兹、冯奉世矫制平定莎车。他们都没事儿，冯奉世还差点被封侯。

就当时的情势而言，矫制的罪名已经形成，即便让部队各回原防，也无法消弭后果。主谋陈汤死罪难逃，甘延寿也很难脱去干系。唯一的希望就是迅速出兵，完成计划，这样才有可能保住脑袋。思来想去，甘延寿也只好就此放手，顺水推舟。

汉军连同西域各国的部队共有四万多人，新增加的部队，指挥系统跟汉军不一样，大战之前，自然得统一编组、加强指挥。两人商议之后，新增加了扬威、白虎、合骑三校。"校尉羽书飞瀚海，单于猎火照狼山。"在古诗与史书中，校尉这个官职经常出现。这是个什么官？顾名思义，一校的指挥官。这其中的"校"，是古代军队的一个编组单位，在汉军中跟"部"应当是同等级别。当时汉军的正式编制分为部、曲、屯三级，部的长官即为校尉，比二千石，副手有比千石的司马一人；曲的长官为军候，比六百石；屯的长官则为屯长，比二百石。

一校下辖多少人马？正常情况下是千人左右。霍去病为剽姚校尉，跟随卫青出征时，麾下有八百人。《汉书·李陵传》载：李陵为骑都尉，"将勇敢五千人"，"汉遣贰师将军（李广利）伐大宛，使陵将五校兵随后"。看来是每校千人。《汉书·赵充国传》也有类似证据："步兵九校，吏士万人。"北军八校尉也差不多这样。眼前的四万多人分为六校，应当是临时编组的缘故。

出兵的同时，两人上疏朝廷，自我弹劾矫制兴兵之罪，告知出兵的具体安排与计划。貌似自我弹劾，其实是自我辩白。

大军出征，南北迂回，分进合击。陈汤率领三校走南道，翻越葱岭（帕米尔高原）后走小路抵达大宛，免得郅支单于南逃，推测这部分应该以西域属国的部队为主力；另外三校由甘延寿直接统领走北道，以汉军为主，他们经温宿国（今新疆乌什）向北翻越天山，由乌孙继续向西，抵达康居的边界，截断郅支单于北撤的道路。

说来也巧，大军刚刚经过，康居的副王抱阗便率领几千骑兵进犯赤谷城东部地区，杀了一千多人，抢走很多人口牲畜。他们跟汉军走的不是一条道，因而没有正面遇见。当大军抵达阗池（今吉尔吉斯斯坦境内伊塞克湖）西时，抱阗的部队追上汉军的后队，抢走了很多辎重。此时陈汤率军赶到，他得到报告，立即派出麾下的胡兵发起反击，将抱阗手下的显贵伊奴毒俘虏，杀掉敌兵四百六十人，解放的乌孙百姓四百七十人归还乌孙大昆弥，虏获的牲畜则用于劳军。

两路大军会合后进入康居。进入敌境，纪律很重要。他们严令部队不准寇掠百姓，以免激起敌对情绪。他们秘密召见康居的显贵屠墨，对他晓之以理、动之以情，双方饮酒后立下盟誓，屠墨答应回去充当内应。屠墨帮助汉军，他的舅舅也一样。此人是康居贵人具色子男开牟。他也怨恨郅支单于，因而充当向导，领着汉军在单于城外六十里的地方扎下了营寨。自然，郅支单于的详细情况，他也会一五一十地告诉甘延寿和陈汤。

次日大军又行军三十里，这是内地驿站之间的距离。大军这样步步为营，颇为稳健。郅支单于得到消息，一度逃出单于城，但考虑到周围都是敌国，就连康居他也放心不下，因而无处可去，只得再度回城。在他内心还有最后一线希望，那就是汉军远来，粮草不继，无法久留，他可以据城坚守，让汉军无粮自溃。

郅支单于派人来到汉军营中，询问他们此来的目的。得到的回应是："单于不是上书说居住环境困苦，愿意归降强大的汉朝，亲身到长安朝见吗？天子怜悯单于，特派都护将军前来迎接。在此暂时驻扎，是担心惊扰了单于。"

不动声色地打了几个回合太极拳后，两人便开始遣使责怪："我们不远万里而来，你至今没有派出有分量的使者前来面见，听从指示，单于怎么如此失礼？远道行军，部队已很疲劳，粮草也不充足，再拖下去恐怕回程都不够用了。你和大臣们要抓紧商议，确定下来。"

次日部队继续向前，在都赖水上游离单于城三里的地方扎营。这座城也分内外两城：外城是木城，城墙由木头堆砌而成，内城则是土城，单于驻在其中。遥遥看去，城中飘荡着五色旌旗，有数百甲士在城头防守。城外有百余名骑兵往来驰骋，百余名步兵在城门两侧摆成鱼鳞阵。用木头垒城、步兵使用盾牌掩护组成鱼鳞阵迎敌，这都是罗马军团的手法，我国少数民族无此习惯。因此缘故，有人认为这是汉军与罗马军团的一次交手。汉学家德效骞推测，古罗马克拉苏的第一军团在卡尔莱战役被安息帝国击溃后，辗转向东，被郅支单于雇佣，最终被汉军俘获，在骊靬村（今甘肃永昌南）定居至今。究竟有没有这回事，回头细说。

城上的守军不断向汉军挑衅，城外的骑兵也向汉营冲来。汉军张开强弩，他们立即退去。部署完毕，汉军开始攻城。他们一放箭，城外的步骑兵立即退入城中。汉军乘势推进，将单于城团团包围。到底是训练有素的军队，彼此各有分工，有的挖壕沟作为临时掩体，有的封锁城门，在巨大的盾牌防护下，士兵们抵近城下，仰射敌兵。

郅支单于不过三千多人的实力，而甘延寿和陈汤麾下有四万人马，兵力优势巨大。箭雨密集，城头上守军死的死，逃的逃。郅支单于鼻子中箭，他的几十位阏氏起初都带人向外射箭，此时也战死了十几个。

木头最怕什么？火。汉军开始火攻木城。夜幕降临时，城内有人试图突围，但被箭雨阻挡，没能出来。汉军顺势将木城拿下，单于带人逃进土城，依旧在城墙上大呼小叫。

郅支单于一度怀疑康居也倒向了汉军，但还真没有。一万多康居骑兵分为十多路，在城外环绕汉军，呼喊嘶叫，与土城内的匈奴人应和。他们多次冲击汉军，但都被击退。凌晨时分，城周围燃起熊熊大火，汉军鼓噪呼叫，康居骑兵只得退去。汉军回过头来全力攻击土城，终于破城。郅支单于无可奈何，只得退入内宫，最终被军候假丞杜勋砍了脑袋。这个杜勋是一个曲的副长官，只是还在试用期，因而叫假丞。

郅支城之战历时一天一夜，总计斩首阏氏、太子、名王以下一千五百一十八人，俘虏一百四十五人，另有千余人投降。战利品全归缴获者，俘虏和投降者分给参战的十五国国王。两根节杖和谷吉带来的帛书，带回上缴朝廷。

由此可以看出，骊靬虽然曾是中国对罗马的称呼，但骊靬村的居民跟罗马军团没有关系，至少跟郅支城之战没有关系。因为所有的俘虏都没有带回来，已全部就地分掉。

不用内地派兵，也不动用国库，就地征集军队粮草灭掉郅支单于，向西域各国宣示了大汉的实力与威严，甘延寿和陈汤无论怎么说都算是立下了奇功一件。朝堂上应该欢欣鼓舞，为之庆功吧？恰恰相反，砍下郅支单于的脑袋，只是他们深陷舆论旋涡的开始。

这就要回过头来，说说汉元帝这个人。他"多材艺，善史书，鼓琴瑟，吹洞箫，自度曲，被歌声"。可惜这些才艺对治国并无直接帮助。他柔仁好儒不算什么毛病，但宠信宦官却是个大毛病。汉代的宦官之祸，种子便是他亲自播下的。他为何宠信宦官？小背景是外戚霍光长期专权，他两岁时母亲许平君便被霍光的妻子霍显毒死，而他认为宦官没有家室，不会缔结外党，比外戚更可靠；至于大背景，则要复杂一些，是皇权与相权斗争中的必然插曲。

每个人行事都有其理由，但这个理由未必正确。即便理由正确，结果也未必积极。汉元帝怎么样也想象不到，宦官固然没有外党，但可以玩弄权术，勾结别的官员。比方他最看好最喜欢的儒生，善于讲《诗》的匡衡。这个从小凿壁偷光的好学生，不知道长大变坏了，还是本性复归，反正他被权力污染，不敢跟操弄权柄的宦官、中书令石显针锋相对，处处阿附，客观上起了帮凶的作用。另外一个创造成语的贡禹，也是如此。从褒义的"贡禹弹冠"到贬义的"弹冠相庆"的流变，具体原因无法考查，也许与之相关。

从制度史考查，尚书省和中书省都是皇帝试图制衡削弱相权的结果，其源头都是尚书。尚书起初是宫廷内部的服务机构，官员的品级很低。汉武帝为了强化君权，免得万事都出自丞相和御史大夫二府，有意加强了主管文书、省阅奏章、传达命令的尚书的权力，使之逐渐成为枢机。到后来只有"领尚书事"的大臣才是真正的实权派。

为出入宫禁方便，汉武帝使用宦官担任尚书，称为中尚书，简称中书。他们往往兼任谒者，又称中书谒者，长官为令，副手为仆射。后来考虑到尚书台权力太重，曹魏时代正式成立中书省，跟尚书台并立。中书监和中书令级别虽然低于尚书令和仆射，但实权更大，随即又出现了门下省。最终的结果是流变到唐朝，尚书省、中书省、门下省这些原本是为了削弱相权而强化起来的机构，其长官成了宰相。

汉元帝身体有病，又雅好音律，因而将政事全部委托给中书令石显。此时的石显是宦官还是外戚或者儒臣都不重要，重要的是，他一人独揽大权，决策不公开，政务不透明，必然滋生霉菌。尤其要命的是，他跟甘延寿有矛盾：他曾经想把姐姐嫁给甘延寿，但被婉拒。

汉代长安城中有一条槁街，是当时的使馆区，外国使者都住在那里。甘延寿和陈汤获胜后立即上表，要求将郅支单于的脑袋悬挂在那里示众，以儆效尤。表章原文如下：

臣闻天下之大义，当混为一，昔有唐、虞，今有强汉。匈奴呼韩邪单于已称北藩，唯郅支单于叛逆，未伏其辜，大夏之西，以为强汉不能臣也。郅支单于惨毒行于民，大恶通于天。臣延寿，臣汤，将义兵，行天诛，赖陛下神灵，阴阳并应，天气精明，陷陈（阵）克敌，斩郅支首及名王以下。宜县（悬）头槀街蛮夷邸间，以示万里，明犯强汉者，虽远必诛！

"明犯强汉者，虽远必诛"，来源便在于此，读起来的确令人血脉偾张。按照惯例，这句话的版权应当归于主官甘延寿，但因为真正推动此事的是陈汤，所以历史将版权给了他。

两人的要求照说再合适不过，但时任宰相的匡衡和御史大夫繁延寿表示反对。理由是郅支单于等人的脑袋，沿途经历各国，蛮夷已经知晓。《礼记·月令》说春天当"掩骼埋胔"，所以悬首示众不合适。

他们为什么要这样说？因为悬首槀街便是对两人功绩的无声承认。石显决不容许这种局面出现，他反对，匡衡和繁延寿自然要察言观色。不仅如此，两人矫制出兵，形式上是对宰相权力的漠视。

但车骑将军许嘉和右将军王商支持甘延寿与陈汤，他们的论据也是《春秋》："春秋夹谷之会，优施笑君，孔子诛之，方盛夏，首足异门而出。宜县（悬）十日乃埋之。"这个意见最终得到了汉元帝的首肯，郅支单于的脑袋在槁街悬挂十天，然后埋掉。

跟敌人作战，陈汤是马到功成，但跟同僚作战，第一战只算是侥幸得胜，第二战依旧如此。因为他有个把柄，那就是"素贪"，对钱财向来贪婪。这一战虏获不少，但部队返回汉界后却不依法上缴，更重要的是，没有迅速给权贵送礼。因而司隶校尉向沿途地方发出公文，命令逮捕有关军士，调查取证。陈汤闻听立即上疏抗议："他们都是跟随臣剿灭郅支单于的立功将士，万里振旅，应当沿途慰问犒劳，结果却被司隶校尉拘捕调查。难道是为郅支单于报仇吗？"汉元帝感觉味道不对，这才下令命沿途各县提供酒食，犒劳部队。

官僚还在"咬文嚼字"甚至罗织罪名，陈汤远征万里的积极效应已经扩大到了整个匈奴。呼韩邪单于得知哥哥的死讯，"且喜且惧"。因而竟宁元年（前33）正月第三次来到长安朝见，重申愿永为北藩。这次朝见的结果众所周知，是昭君出塞。

昭君走了，陈汤来了。当年春天，他跟甘延寿任职期满，回到长安。当此时刻，需要对他们的任职做个考评，给个结论。尽管匈奴已全然臣服，石显、匡衡依旧认为"延寿、汤擅兴师矫制，幸得不诛；如复加爵土，则后奉使者争欲乘危徼幸，生事于蛮夷，为国招难"。

什么意思？如果奖赏他们，此后使者邀功心切，擅自生事，必然会为国招难，所以此例绝不可开。石显这样坚持可以理解，他要洗雪前耻；匡衡为什么要紧随其后？难道是受了石显的好处？除了凿壁偷光、善于讲《诗》，匡衡在历史上的口碑一般，最终也以贪污落职。作为乐安侯，其侯国食封土地本为三十一万亩，但他利用郡图之误，非法扩大食封土地四万多亩，终于以"专地盗土"的罪名被剥夺爵位。因此缘故，大家都会想当然地认为他处处贬抑陈汤，是心甘情愿地给石显当枪使，甚至受了他的好处。

其实并不这么简单。深层次的原因，我们后面再谈。

当时汉元帝已经生病许久，病中的他闻听此言又陷入重重矛盾。他很赞赏甘延寿与陈汤，但又不好驳了匡衡与石显的面子。幸亏汉室还有个刘向。刘向是宗室出身，曾任大宗正，因反对宦官弘恭和石显而被免职。他路见不平，愤而上书，力主"论大功者不录小过，举大美者不疵细瑕"，为两人辩护。并以大宛不肯贡献宝马，汉武帝便派贰师将军李广利兴兵出击作为对比。此战李广利带兵五万，糜费巨亿，历时四年，不过获得三十匹良马。虽然大宛的国王也被汉军杀掉，但康居强于大宛，郅支单于的声望远超大宛国王，他杀害汉使的罪过甚于拒绝换马。李广利归来后，两人拜侯、三人封卿，二千石百余人。两相对比，不封赏甘延寿和陈汤怎么也说不过去。

这话彻底打动了汉元帝。他决定赦免两人的矫制之罪，令公卿讨论封赏。匡衡、石显依旧节节抵抗，坚持认为郅支丧失国家逃亡在外，只在无人的地方盗用名号，并非真正的单于。抠字眼竟然到了这种地步。汉元帝本打算沿用首任西域都护安远侯郑吉的旧例，封他们千户食邑，最终在匡衡和石显阻拦下，只能降等，封甘延寿为义成侯，赐给陈汤关内侯的爵位，每人食邑三百户、黄金一百斤。授甘延寿为长水校尉、陈汤为射声校尉。

汉军在京师的驻军分为南军和北军。南军守卫宫城，由卫尉主管；北军守卫京城，由中尉主管。当初周勃安刘，凭借的就是北军。汉武帝在北军增设八校尉，每校七百人，长水校尉和射声校尉都在其中。长水校尉掌屯于长安西北长水和宣曲这两条河边的骑兵，射声校尉掌待诏射声（顾名思义，射声就是神射手，说他们不用仔细看、听声音即能射中）。八校尉都是秩比二千石的职位。

问题来了，既然立了功，为什么没有升官，依旧秩比二千石？这个问题可以带出另外一个问题：李广难封。大家对甘延寿和陈汤的封爵，为什么争论得如此激烈？根本原因，汉代的官员手中并无铁饭碗。当时也不是官本位，而是爵本位。

秦汉时期以文法吏治天下，官吏不分。由吏入官自然而然，官员阶层没有固化。所以直到大清灭亡，管理干部的部门还叫吏部。另一方面说，官员根本没有铁饭碗，也未必按时升迁，随时可能落职。一旦落职，即回归平民行列，只不过能带一个前某某的头衔。所以当时根本没有官本位的概念，只有爵本位的概念，只有爵位是铁杆庄稼，大家争得头破血流。官身终身制，那得到唐代的散官制度形成固定以后。陈汤等人回到京师，没了先前的职位但也没有获得提拔，但得到了爵位，并不算差。

当年五月，汉元帝病死，其子刘骜即位为汉成帝。此公在位二十五年，创造了很多典故，与这些典故有关的人物中，最著名的是著有《自悼赋》《捣素赋》《怨歌行》的才女班婕妤，以及美艳异常的赵飞燕与赵合德姐妹。赵氏姐妹专宠十余年，但都没能生子，赵合德还胁迫汉成帝亲手掐死了别的妃子给他生下的儿子，导致他绝后，最终只能由侄子即位。汉成帝生性风流，酒色侵骨，中风后死于赵合德怀中。孝元王太后治问"皇帝起居发病状"，赵合德畏罪自杀。

新皇帝即位，关于陈汤的争论应当尘埃落定了吧？不，不但没有尘埃落定，反倒是波澜再起。因为匡衡依旧当权。

当时甘延寿已经病死，所以石显没再出面，匡衡独自对陈汤发难。罪名没有新鲜的，就是矫制行事，盗收财物。"虽在赦前，不宜处位"。尽管此前因为郅支城之战大捷，单于授首，汉元帝已经祭告宗庙、大赦天下，此时陈汤还是丢了官职。

这是倒霉的开始。此后康居王送来侍子，陈汤上书说不是真正的王子，而是假冒伪劣。而调查显示，他的揭发并不确实，算是诬告，因而被下狱论死。汉末有几个人擅长政论，可谓政论家，刘向算一个，谷永也算一个。这个谷永，就是被郅支单于杀掉的谷吉之子。他上书力挺陈汤，坚持"战克之将，国之爪牙，不可不重也"，陈汤这才脱去死罪，但关内侯的爵位也因此不保。

几年之后，乌孙发兵围攻西域都护段会宗，段会宗请求调集城郭国以及敦煌驻军前往援救。丞相王商、大将军王凤跟百官讨论数次，都无法决断。此时王凤推荐陈汤，说他熟悉西域情况，向来有一肚子主意，汉成帝随即下令召见。

当年远征万里，给陈汤的身体造成了严重的伤害，他得了风湿病，当时双臂已不能自由屈伸。汉成帝特令他可以不拜，然后将段会宗的求救信递给他。陈汤心中有怨，辞谢道："将相九卿皆贤材通明，小臣罢癃，不足以策大事。"

"罢癃"有多种含义，比方小便不利、弯腰驼背，反正是年老体衰不健康。将相九卿不是都人五人六的吗？这时候问我一个平民病人，什么意思？

汉成帝道："国家有急，君其毋让。"国家有急，您别生气，也别辞让了吧。

陈汤立即表现出自己的远见卓识，给皇帝打了包票，保证绝无问题。理由是起初五个胡兵只能敌一个汉兵，因他们的"兵刃朴钝，弓弩不利"，现在即便从汉军中学到了很多工艺与技巧，也不过三而当一。兵法上说"客倍而主人半然后敌"，围攻段会宗的兵力并不足以消灭他。而且军队轻装日行五十里，重装不过三十里，即便发兵也是缓不济急。乌孙兵是乌合之众，不可能长期保持攻势，很快就会解围而去。

他判断，不出五天，必然会有捷报传来，而第四天果然如此。

陈汤的谋略令大家折服，他因此被当时的权臣大将军王凤起用。王凤对他格外倚重，可惜他贪钱的本色不变，最终又丢了官。丢了官还是平民百姓，倒也没有什么，他最终摔倒，却是因为妄言徙民实陵。

汉成帝起初打算在渭陵地区修建陵墓，中间又看上霸陵亭南的风景，决定改建。将作大匠解万年跟陈汤向来友善，他自己想用监修皇陵的功劳获得封赏，同时也想要朋友获利，便建议陈汤主动搬到那里去。皇陵一旦确定，就要迁徙百姓过去，设立城邑，这是大汉的政策。这种政治移民，也是朝廷削弱诸侯与地方、强化关中根本的重要措施。

这的确是"得赐田宅"的好机会。陈汤立即上奏朝廷，建议在初步兴建的皇陵周围设立一个县。毕竟中止移民已有三十多年，内地出现了大量的豪强，建议一上去，立刻得到批准，昌陵周围开始兴建居民点。但是很可惜，因为地形等种种原因，解万年并未能如约在三年内建成，此事又被朝廷决议中止。丞相和御史建议，毁掉昌陵周围的居民点，停建这里的陵墓，也不要朝这里移民，而是继续先前渭陵的工程。不过事情没有最后决定，居民点也就没有立即拆除。

拆除居民点与否，对当事人自然关系重大，很多人关心。陈汤不是有主意吗？有人就问他到底会不会迁徙移民。陈汤当时的心理，大概也是自我壮胆吧，毕竟这是他重大的人生投资，因而他说道："这是一时的议论。将来还是会移民的。"

此事连同几起贪污受贿的事件，导致陈汤被发配到了敦煌。尽管此后议郎耿育上书言事时为他辩解，他得以回到长安，但已不可能东山再起，不久便落寞地死去。时间大约在汉哀帝刘欣建平元年（前6），这一年，罗马的屋大维下令创办《每日纪事》，实际是恢复了前59年已经出现的《每日纪闻》。它被认为是世界上最早出现的官方公报。

比起李广利和郑吉，陈汤所获的封赏明显不匹配，因而历史上为他鸣冤者甚多。贪欲固然是他接连遭遇打击的诱因，但更重要的原因，还是时代背景或曰国家大政方针的变迁。

贪污犯匡衡对贪污犯陈汤的贬抑，很大程度上有时代背景和学术背景，石显促动只是因素的一种。对儒家而言，最难的可能就是如何通达权变。"可与共学，未可与适道；可与适道，未可与立；可与立，未可与权。"这是孔子论交友的几个层次。如何把握守经与行权的临界点，对所有的儒者都是考验。守经搞不好就成为墨守成规，行权搞不好就会败坏纲纪。不幸的是，冯奉世碰到的少府萧望之、陈汤碰到的匡衡，都是守经派。

是不是他们的守经都不够成功，明显属于墨守成规呢？还真不能这么说。

汉武帝穷兵黩武，固然扩展了疆界，打垮了匈奴，但也几乎拖垮了国家。此后所谓的昭宣中兴，很大程度上是对他穷兵黩武和严刑峻法反动的结果。汉宣帝诛灭霍氏后，依旧采取轻徭薄赋、与民休息的政策，对外用兵的规模总体很是克制。这是皇帝的意思，也可以说是当时民间的呼声。珠崖郡（今海南海口琼山东南）的罢废，在臣民中的反响就很积极正面。在这种情况下，低级官员固然大声为冯奉世和陈汤疾呼，但身为辅政大臣的少府萧望之、宰相匡衡，自然更敏感于国家总体政策的变化。故而他们对"矫制兴兵，立功封侯"持最坚决的反对态度。客观地说，这的确有可能会导致边将贪功、妄开战端。政策是威力最大的指挥棒。张骞凿空西域后封侯，无数人请求外使，就是个例子。实际上害了陈汤的解万年，也是个例子。如果不是先前的几个将作大匠封侯，他大概也不会如此猴急。

曾经积极为陈汤辩白的谷永，许久之后才体会到这一点。就在段会宗赴任西域都护前夕，他作为朋友给段会宗送行时，便这样叮嘱道："愿吾子因循旧贯，毋求奇功。"

陈汤是"喜奇功"的。谷永极力为他辩白，却又嘱咐段会宗"毋求奇功"。为什么？是他耍两面派手段？当然不是。而是那时他才深切领会到了国家大政方针的变化。晚年的匡衡并未变坏，甚至可以说他一直没变，即便当了宰相，也是跟凿壁偷光时一样认死理。但不管怎么说，作为宰相，他应当更加敏锐地意识到了大政方针的变化。

"惜乎，子不遇时！如令子当高帝时，万户侯岂足道哉！"这是《史记》中汉文帝对李广的感叹。同样的话，也可以用到陈汤身上。如果他生活在汉武帝的时代，封侯肯定不在话下。从这个意义上说，他跟早已不知去处的班婕妤是同样的命运，甚至可以说，比班婕妤的命运更惨。对于班婕妤而言，"弃捐箧笥中"即"恩情中道绝"，皇帝不会再理你，但也不会再给你发出错误信号，形成事实上的欺骗。但是对于陈汤而言，朝廷任何时候都不会公开反对努力建功，总会羞羞答答地发出相反的信号，真要认真，难免会输。

一个人，无论他的能力多么超群，也终究要被时代的潮流裹挟。陈汤如此，陈汤的评论者，又何尝不是如此。

（刊于《作品》2022 年第 1 期）

斛律光：
落雕都督落寞陨落

弯弓射大雕

北齐武平三年（572）六月，国都邺城（今河北临漳西南）的空气沉闷而且炎热。左丞相、咸阳王斛律光安坐府中，突然收到其女婿、北齐后主高纬赐予的一匹骏马。使者告诉斛律光，明天皇帝要去东山游玩，请他乘这匹马随行。

被诸多河流环绕的邺城地处平原，周围无甚风景，东山是北齐帝室开辟出来的游玩地，后被宇文邕下令跟南园和三台一并拆毁。斛律光身为重臣，自然常去东山，故而对此安排丝毫不觉得突兀。而收到赐物，理当入宫拜谢，他随即按照礼节，进入皇宫。昭阳殿内有个配殿名叫凉风堂，是皇帝与臣僚议事之所。此刻想想这个殿名，他就觉得内心舒服了很多。他是敕勒族（因其使用的马车车轮很高，又称高车族），自幼生活在北方草原，对于他们来说，夏天的邺城温度还是太高。

斛律光直奔凉风堂而去，进去之后，皇帝不在。等待传见时，后面有人突袭，想将他扑倒。他到底是百战名将，身手矫健，本能地站稳脚跟，同时回头。看清袭击者是刘桃枝，他立即明白大限已到：皇帝亦即他的女婿，已对他举起屠刀。

曾经有个瞎子从南朝流落北方，能从声音判断人的命运。他对刘桃枝的评论是："有所系属，然当大富贵。王侯将相，多死其手。譬如鹰犬，为人所使。"最终他果然成为北齐的首席御用杀手，参与杀死宰辅高德政、永安王高浚、上党王高涣、赵郡王高睿、平秦王高归彦、琅邪王高俨。此刻，这个杀手的目标是"落雕都督"斛律光。

斛律光道："桃枝常为如此事。我不负国家。"但辩白再多又有何用，刘桃枝一挥手，三个力士赶上前来，用弓弦死死勒住斛律光的脖子，直到勒死。"血流于地，铲之，迹终不灭。"那一年，斛律光不过五十七岁。

北齐三杰中的段韶已经病死，斛律光可以说是当时北齐的第一战将。家世显赫，劳苦功高，突然之间怎么会被朝廷以这样近乎暗杀的方式剥夺了性命呢？

"孩子没娘，说来话长"，这事儿还真得从头掰扯。

斛律光字明月，重臣斛律金的长子，很小的时候便跟随父亲征战杀伐。十七岁那年，在阵中遇见西魏宰相宇文泰的长史莫孝晖，一箭将他射落，然后生擒。高欢闻听非常高兴，立即将他升为都督。都督的职位不高，但可以带领一支部队。后来他以亲信都督的身份，跟随世子高澄在邺城南部的洹桥狩猎，看见一只大鸟展翅高飞，便张弓搭箭射去，结果正中要害，鸟像车轮那样旋转着直接落下。高澄一看是只大雕，不禁赞不绝口。丞相府的属官邢子高感叹道："此射雕手也。"人们都知道西北少数民族能弯弓射雕，是人人都有这个本事吗？当然不是。否则斛律光也不会被强调为"落雕都督"。

因高澄很偶然地被膳奴兰京刺杀，政权这才落到其弟高洋手中。高洋其貌不扬、沉默寡言，可一旦得势，立即显露出公明刚断、雄才大略的一面，迅速称帝建齐，完成了高澄的未遂之志。"快刀斩乱麻"的版权，即归属于他。天保三年（552），突厥首领阿史那土门攻灭柔然，正式在漠北建立政权，历时两年的侯景之乱也终于被南朝平定。同样在这一年正月，北齐文宣帝高洋趁北方封冻、不宜施战的机会，率军北伐库莫奚。

库莫奚又称奚族，善于造车，活跃于我国东北方向。其来源有鲜卑和匈奴两种说法。高洋之所以要讨伐他们，是因为他们的手已经伸到代郡。代郡治所平城，亦即今天的山西大同东北，曾是北魏的国都，可谓卧榻之侧。此战斛律光为先锋，他身先士卒，作战获胜，最终齐军缴获牲畜十多万，他则被升为晋州（治今山西临汾）刺史。

高洋盛名的保鲜期很短，四年之后的天保七年（556），曾经"留心政术，务存简靖"的他便开始"嗜酒淫泆，肆行狂暴"。种种不堪，简直令人发指。即便面对白纸黑字的历史记载，都不敢相信。他"每醉，辄手杀人，以为戏乐"。

宫廷常备大镬、长锯等刑具，要么将人投入大锅煮，要么用锯肢解。他很宠爱一个姓薛的嫔妃，后来听说她此前已被堂叔高岳所淫，而他很讨厌高岳，便将薛氏"无故斩首，藏之于怀"，尽管她刚刚生孩子不久。薛氏的姐姐也很受宠，高洋去她家淫乐时，她为其父求取司徒之位，也被当场杀掉肢解。此刻高洋怀揣着血淋淋的人头干吗呢？到东山办宴会。大家喝得正高兴，他忽然掏出人头，扔到木材堆上，然后命令手下肢解尸体，用骨头制成琵琶，"一座大惊"。高洋此时又收起那颗人头，对之流泪："佳人难再得！"

宰相杨愔只好找来一些死囚，名为"供御囚"，常备于侧，如果三个月内没有被杀就赦免。对待囚犯如此，对百官也差不多："其或杀或赦，莫能测焉。"大家都怕得要命。即便杨愔这样深受重用的宰相，也不免受辱。当时人们大便后没有手纸可用，只能用干木棍，即所谓"厕筹"。他居然让杨愔给他递厕筹。"以马鞭鞭其背，流血浃袍"还算好的，"又置愔于棺中，载以辒车"时，几次要钉下钉子。高洋还嘲笑杨愔是"杨大肚"，要拿刀子豁开其腹。幸亏此时崔季舒以开玩笑的口气说道"老小公子恶戏"（一老一小纯粹恶作剧），随手将刀子拿走，否则还真不知道结果会怎么样。

如果说对待杨愔多少还有一丝寻开心的成分，令人哭笑不得，那么下面这条记载则是彻头彻尾的恐怖：

庚申，齐主将西巡，百官辞于紫陌，帝使稍骑围之，曰："我举鞭，即杀之。"日晏，帝醉不能起。

黄门郎是连子畅曰："陛下如此，群臣不胜恐怖。"

帝曰："大怖邪！若然，勿杀。"

　　紫陌在邺城西北方向，北滨漳河，南邻西门豹祠。百官来此给他送行，竟然要面临被无辜屠杀的风险。但他也不是一味作恶。身边的都督赵道德多次劝谏，他就吩咐赵道德，如果自己饮酒过量，就打他的棒子。赵道德真打时，他倒也不发怒，只是逃跑躲避。当然，酗酒问题并未得到解决。至于淫乱，那就更不用说。无论谁的老婆，他只要看上就霸王硬上弓，不从则祸及丈夫。

　　一句话，高洋变态。恐怕有精神分裂的心理疾病。

　　斛律光的父亲时任左丞相。高洋"尝持矟走马，以拟左丞相斛律金之胸者三，金立不动，乃赐帛千段"。毫无疑问，也有生命危险。

　　还好，斛律光当时在边疆作战，虽然凶险，却不至于屈辱。那一年里，他率领五千人马，突袭北周的天柱、新安、牛头三戍，因他们经常招纳北齐的逃人，多次寇掠齐境。这次偷袭很成功，击败北周的仪同王敬俊等人，俘获五百多人，得杂畜千余头。天保九年（558），斛律光又领兵攻克北周的绛川、白马、浍交、翼城等四戍。何为戍？北朝实行镇戍制，边境地区只设军事单位镇戍而不设郡县。镇相当于郡，长官为都大将、都将；戍相当于县，长官为戍主、戍副。天保十年（559）

二月，他再度攻杀北周的开府曹回公，柏谷城（今河南宜阳南）主帅、仪同薛禹生弃城逃跑，斛律光随即占领文侯镇（今山西稷山西北），立戍置栅后回师。

同一年里，高洋和南朝的陈霸先死去。"得国最正"的陈霸先可谓善终，享年五十有七，而高洋年仅三十一岁，可以确定无疑地说死于酒色。

名将修长城

高洋统治前期，北齐在"后三国"（北周、北齐、南陈）中一度最为富庶繁荣。后因北修长城，南助萧庄，挥霍无度，国力逐渐开始走下坡路，而北周则有蒸蒸日上之势。高洋在位期间，西魏（557年为北周所代）担心齐军袭击，每到冬天都派人砸开双方北部边界黄河的冰层，等到武成帝高湛当政，攻守逆转，砸开黄河的成了齐军。对此斛律光忧心忡忡："国家常有吞关、陇之志，今日至此，而唯玩声色乎！"

但尽管如此，这位以进攻见长的名将，却也不得不领兵修长城。北齐修筑的长城都在秦汉长城以内，其中斛律光主持修筑的长城更是靠近华夏文化的核心地域。在哪儿呢？河内轵关。这是河清二年（563）四月的事情。

山脉中断处或者山口曰"陉"。巍巍太行，崇山峻岭，除了著名的"太行八陉"，再也无路可以穿越。这其中的第一陉便是轵关陉。轵关古道是王屋山与中条山之间的一条通道，从今天的河南济源通向山西侯马。运城、临汾盆地古称河东，而济源、焦作一带因黄河在南边形成一个V字弯，古称河内。简单而言，轵关古道可以沟通河东与河内，而轵关城就是这条要道的东方出口，控制在齐军手中。依据地形修筑的轵关城本来已很险要，但北齐依旧放心不下，又令斛律光率军两万在其西部也就是战线前端修建勋掌城，并顺势筑长城二百多里，设置十二个戍，防止魏军由此进攻。勋掌城的修建，大大增加了轵关城的防御纵深，但是管用吗？我们很快就可以看到答案。

斛律光为什么要在这里修长城？因为北周已经磨刀霍霍。他们打算结好刚刚建立的突厥汗国，"纳其女为后"，联合攻齐。北齐闻听，赶紧也派出使者，付出更高的价码。因两国争相结好突厥，求娶其公主，此后突厥可汗一度视周、齐为儿：女婿本来就有半子之劳。

有钱能使鬼推磨，突厥木杆可汗想转变风向。北周使者杨荐责问道："太祖昔与可汗共敦邻好，蠕蠕部落数千来降，太祖悉以付可汗使者，以快可汗之意，如何今日遽欲背恩忘义，独不愧鬼神乎？"木杆可汗惨然良久曰："君言是也。吾意决矣，当相与共平东贼，然后送女。"

派兵多少合适呢？公卿都建议派兵十万，杨忠信誓旦旦，只要一万。这个杨忠，也就是隋文帝杨坚的父亲。他以跟达奚武率军从小路深入北齐五百里，直达虎牢城下接应司马消难归正（或曰叛逃）而声名鹊起。本来达奚武以勇武著称，但此事过后，风头即被杨忠盖过。

杨忠随即率领一万周军，会同突厥木杆、地头、步离三可汗的十万人马，由北向南；达奚武则挥师三万，自西向东攻击平阳（今山西临汾），双方约期会师晋阳（今山西太原西南）。从高欢开始，北魏晚期直到北齐实际上都实行二都制。名义首都在邺城，实际首都在晋阳，因为高欢的府邸设在那里。如果说邺城是北齐的心脏，那么晋阳就是北齐的大脑。

强敌入境，武成帝高湛的本能反应是逃跑。"戎服帅宫人欲东走避之。"经臣下苦劝，总算率军赶到了晋阳。他登上城楼，军容严整，木杆可汗立即责怪周人忽悠："尔言齐乱，故来伐之。今齐人眼中亦有铁，何可当邪！"

他们眼神里都有钢铁的力量，谁能抵挡？

所谓北齐三杰，指的是段韶、斛律光和高长恭（本名肃，族名孝瓘，字长恭）。在资历最老、功劳最大的段韶的指挥下，齐军顺利击退北周与突厥联军。追击到陉岭亦即句注山（与雁门山相接，故亦有雁门之称）时，冰厚雪滑，情况紧急，突厥人只得裹着毡子朝下滑。"胡马寒瘦，膝已下皆无毛；比至长城，马死且尽，截稍杖之以归"。

段韶击退北路军，斛律光面对的则是其东路军。率领东路军的达奚武也是赫赫有名的宿将，跟随宇文泰征战多年。双方在平阳一带碰头，彼此兵力对等，都是三万。斛律光虽然勇猛，却没有立即进兵。当时达奚武还不知道杨忠已经败退，斛律光便派人给他下书："鸿鹄已翔于寥廓，罗者犹视于沮泽。"达奚武得知内情,立即退兵。

斛律光要的就是这个效果。敌退我追,他立即率领部队展开追击,一直追到北周境内,俘获周军两千余人。回到邺城,武成帝高湛跟他抱头痛哭。高湛为什么跟他如此亲呢?他们是亲家翁:斛律光的二女儿被纳为太子妃,他因此成了后主高纬的岳父。

一箭定乾坤

这一战北齐虽然获胜,但潘多拉的匣子已经打开,此后双方便征伐不断。当年年底,北周三路大军同时出动,尉迟迥进攻洛阳,杨標攻击轵关,权景宣攻击悬瓠。悬瓠城在今天河南汝南,是豫州的治所,郦道元《水经注》说"以城北汝水屈曲如垂瓠,故名"。中唐名将李愬雪夜进军在此活捉吴元济,因而它也被泛指为擒敌之所。

这是一场北周本来不愿发起的攻击。当时北周的实际掌权者并非周武帝宇文邕,而是其堂兄宇文护。北魏分裂时,宇文护的母亲未能跟随入关,一直流落在北齐,已经嫁给中山王。宇文护得知此事,便修书北齐,索还母亲。尽管只有一封信而没有正式的使者,北齐还是将老太太送了过去。然而北周虽不好意思打,但突厥吃了大亏,一定要打。宇文护无奈,只得答应。这种仗,自然没有打赢的道理。

三路人马以尉迟迥的中路军最为强大,号称雄兵十万。

宇文宪、达奚武都在其麾下。当初高欢攻击玉壁时的手段，周军一一拿来回敬。周军筑土山、挖地道，猛攻洛阳，但"三旬不克"。洛阳西北部的河阳（今河南孟州西）是黄河上的重要渡口，建有浮桥（所谓河桥），北魏还在此修筑了北中城、中潬城和南城，以控制交通。北方来的军队，必须由此经过。宇文护命令诸将将通往河阳的道路挖断，阻止齐军来援，但诸将都认为齐军不敢前来，因而只派了斥候（即侦察兵）。

他们这么判断，是基于前面两支援军的战场表现。兰陵王高长恭和大将军斛律光联袂而来，但"畏周兵之强，未敢进"。这很有可能。作战需要勇敢，但也不能靠匹夫之勇。斛律光勇敢，同时又懂得珍惜士卒。其父斛律金"行兵用匈奴法，望尘识马步多少，嗅地知军度远近"。斛律光深得家传，每次作战之前都按照匈奴的方式占卜，结果若是凶多吉少，便不贸然进攻，以免白白损失兵力。

北齐三杰已经出动两杰，却不能扭转洛阳的局面。武成帝高湛无奈，只得祭出撒手锏，召来并州刺史段韶。并州治所晋阳县，即高欢的府邸所在，因而并州刺史是极为要害的职位。当年在玉壁试图招降王思政时，高欢开出的价码便是并州刺史。他暗示的并非职位高低，而是信任器重程度。

洛阳危急需要救援，但突厥在北，也是一柄达摩克利斯之剑。高湛犹豫不决，征求段韶的意见。作为北齐三杰之首，段韶是高欢的心腹，而高欢是段韶的姨夫。玉壁战败，高欢病危时，征求斛律金的意见后，便将守御邺城的重任托付给了段韶，最终又以段韶为托孤大臣。段韶此前就反对送还宇文护之母，理由是北周不讲信义，即便送还，也无法结好，主张速应允、缓送还，否则就会示弱，气势上低人一头。

当此时刻，段韶朗声对道："北虏侵边，事等疥癣。今西邻窥逼，乃腹心之病，请奉诏南行。"随即率领一千精锐骑兵，火速从晋阳南下。高湛随后，也向洛阳进发。

段韶快马加鞭，五天内便抵达河阳，顺利渡过黄河，然后借助连日阴雾的掩护，逼近洛阳。主帅首杰抵达，二杰、三杰当然不再犹豫，立即合兵向前。段韶率领帐下的三百骑兵，与诸将登上邙山，观察周军的形势。进至太和谷（洛阳东北）时，与周军相遇。段韶立即派人飞马传令诸营，追集骑士，结阵以待。段韶所部为左军，高长恭为中军，斛律光为右军。段韶的大名周军当然知道。他们没有料到段韶会来，不免心生惧意。

段韶对周军喊道："汝宇文护才得其母，遽来为寇，何也？"

"半斤鸭子四两嘴"，周军自然不肯在口头上落下风，因而嘴硬："天遣我来，有何可问！"

"天道赏善罚恶，当遣汝送死来耳！"段韶的口气严厉而又自信。

周军以步兵为先导，向山上发起仰攻。段韶指挥部队且战且退，等周军疲乏，立即命令全体骑兵下马反击，因骑兵在山上无法驰骋。齐军这个反击格外迅猛，周军大败，一时瓦解，坠入溪谷中死亡的不计其数。

段韶是防守反击，兰陵王高长恭则是深入敌阵。他率领五百骑兵，突破周军阵势，直达金墉城下。金墉城是今河南洛阳白马寺镇汉魏洛阳故城西北角上一座小城，是曹丕在东汉洛阳城的基础上修筑的。城小而固，魏晋以来被废的帝后都安置于此，也是洛阳县的治所，此前一直被周军包围。高长恭虽然杀到城下，但守城的友军并不认识，因他的脸完全被头盔遮住。高长恭有着勇士的肝胆、美人的颜面，因而每次上阵都要戴上头盔，以强化威严和煞气。抵达城下后，他取下头盔遥遥示意，守城部队认出来人，立即施放强弩应援。周军士气大去，"解围遁去，委弃营幕，自邙山至谷水，三十里中，军资器械，弥满川泽"。

但是宇文宪、达奚武和王雄没有败退，继续勒兵拒战。这就到了斛律光的表演时刻。

王雄率军驰马猛烈冲击斛律光的军阵，冲击力极强，斛律光没有挡住，只得后退。主将一退，全军自败。斛律光策马逃跑，王雄挥鞭追赶。此时斛律光的左右全部走散，身边"唯余一奴一矢"。王雄离斛律光已不过一丈多的距离。他高声喊道："吾惜尔不杀，当生将尔见天子。"

王雄正志得意满地等待生擒斛律光，斛律光突然回头引弓而发。这最后的一支箭正中王雄的额头，王雄本能地回马逃跑，但最终回到大营的只是其躯体，不包括生命。关键时刻，还是骑射技艺为落雕都督翻了盘。斛律光随即指挥部队乘胜反攻，斩首周军三千余级，尉迟迥仅以身免。

力量最强的中路军败退，而北路军此前已经覆灭。杨檦镇守东境二十余年，多次跟齐军交战，时常获胜，这次进军更加顺利。洛阳尚未攻下，他已沿着轵关古道一路向东，翻越齐子岭后，直出轵关。可见斛律光上次修建的勋掌城和长城，在周军的攻势下，全部失效。这也很正常，千百年来，长城一直如此。然而这种顺利更加加剧了杨檦的轻敌。他已深入敌境，但防备松懈。娄睿率领的齐军突然杀到，杨檦吃了败仗，竟然就地投降。权景宣的南路军本来已经拿下豫州治所悬瓠城，此刻也只能撤军。

获胜后将敌方的尸体垒起来筑成所谓的"京观"以夸功，是中国古代血腥然而真实的传统。武成帝高湛抵达洛阳，京观已经筑成。他非常高兴，封段韶为太宰、斛律光为太尉、高长恭为尚书令。虽则如此，深入敌阵的出色表现还是成了高长恭屈死的诱因。他此战深入敌阵，实在神勇，士兵们主动度曲曰《兰陵王入阵曲》，广泛传颂，他因而声名远播。后主高纬此后谈及邙山之捷，对他道："入阵太深，失利悔无所及。"高纬这话充满善意，是担心堂兄的安全，高长恭的回复也不假思索："家事亲切，不觉遂然。"

家事？朝廷的事，怎么成了你的家事？你什么意思？从此以后，高纬开始嫌忌高长恭，直到最终将他无理由地毒死。谁让高长恭是高澄的儿子呢。作为高欢确定的世子，高澄比谁都有资格当皇帝。高澄跟杨愔等人密谋正式废掉北魏的傀偶皇帝（所谓"受禅"）时，为保密而屏退了全部侍卫。从梁朝俘虏的膳奴兰京多次要求付重金赎回自由，都未得允许，便趁此机会将他刺杀。高澄的儿子要当几天皇帝，身份上有什么问题？

从宜阳到汾北

这次邙山之战，跟多年前高欢与宇文泰之间的邙山之战过程类似，都是西方先得势、最终败北。洛阳之所以成为双方攻防的要点，一是位置优越且邻近边界，二是可以顺河而下，逼近邺城。仓促出师导致惨败，宇文护的颜面大大受损。为挽回影响，北周天和四年（569）年底，他不顾名将韦孝宽的反对，再度出兵伐齐，目标还是洛阳。宇文宪和李穆随即率领周军，围攻洛阳外围的飞地宜阳（今河南宜阳西北），修筑五城将宜阳包围，切断粮道。宜阳与洛阳有水路相通，孤悬北周境内，类似眼中钉肉中刺，不去不快。

包围宜阳之后，两人又率军直逼洛阳。北齐武平元年（570）正月，斛律光奉命率领三万步骑，前往救援。他刚抵达洛阳，宇文宪和李穆便不战而退，斛律光随即挥师西进。等进兵到定陇（具体地点不详，当在宜阳以东），宇文桀、梁士彦和梁景兴等率领周军挡在鹿卢交（具体地点亦不详）。斛律光披甲执锐，身先士卒发起攻击。宇文桀所部无力阻挡，迅速败北，被斩杀两千多人。斛律光乘胜前进，抵达宜阳城下。他在洛水南岸扎下营寨，跟宇文宪和擒跋显敬对峙十旬，谁也无法占据上风。趁此机会，斛律光在宜阳东部筑统关、丰化二城，将粮道重新打通。

长期对峙终究不是办法。既然打通粮道的任务已经完成，而周军也无法拿下宜阳，斛律光决定退兵。他刚一撤退，宇文宪便率五万人马紧追不舍。斛律光满怀警惕，但表面上不以为意。退着退着，突然回师一阵猛攻，大败周军前锋，俘虏其开府宇文英、都督越勤世良和韩延等人，斩首三百多级。宇文宪又令宇文桀、梁洛都与梁景兴、梁士彦等人率三万步骑，绕道赶至鹿卢交拦击。斛律光与韩贵孙、呼延族、王显等人合兵猛击，再度获胜，斩杀梁景兴，获马千匹，随即因军功被加封为右丞相、并州刺史。

周齐在宜阳争夺经年，彼此拉锯。但这里并非事关全局的要害之地。要害之地在汾北，汾水北岸的玉壁城周围。从这里出发，翻越齐子岭出轵关，可以直抵河内，或者西进邺城，或者南下洛阳，因而对双方而言，都是至关重要。北周的玉壁守将韦孝宽率先发现这个问题，立即画好地图，派人送往长安，建议宇文护迅速在华谷（今山西稷山西北二十里化峪镇）和长秋（今山西新绛西北三十里泉掌镇）筑城，巩固防线。

但宇文护拒绝了这个建议："韦公子孙虽多，数不满百，汾北筑城，遣谁守之！"

宇文护借口兵力不足，不愿施行，但斛律光愿意。当年冬天，他便率领步骑五万，前往汾北，筑龙门（今山西稷山北）、华谷（今山西稷山西北）二城。真是英雄所见略同。城池筑好之后，斛律光抵达汾水东岸，邀请韦孝宽见面，对他道："宜阳一城，久劳争战。今已舍彼，欲于汾北取偿，幸勿怪也。"宜阳争得好累，我们不要了，来这里换一点补偿，请不要见怪。

韦孝宽道："宜阳，彼之要冲，汾北，我之所弃。我弃彼取，其偿安在！君辅翼幼主，位望隆重，不抚循百姓而极武穷兵，苟贪寻常之地，涂炭疲弊之民，窃为君不取也！"宜阳是你们的要冲，汾北是我们的弃子，怎么能补偿呢？您辅佐幼主，位高权重，不抚慰百姓而一味穷兵黩武，不合适吧？

斛律光此举既是贵族作战的遗风，更有先声夺人、打击对方士气之意。此后他领兵北上包围定阳（今山西吉县），修筑南汾城后设置南汾州，大举招募流民，胡汉两族一万多户前来归附。开局良好，他更是马不停蹄，一口气修筑平陇、卫壁等镇戍十二所，向西一直延续到龙门。这些镇戍可没有详细的建筑图纸，都是他在马上用马鞭示意规划的。他对攻守的熟稔，由此可见一斑。这样一来，北齐拓地五百里，而兵不血刃。

因此缘故，北周的重镇玉壁彻底孤立，很像汪洋大海中的一条船。韦孝宽的担心完全变成了现实。宇文护终于醒过神来，立即下令从宜阳撤军，赶往汾北增援。宇文宪随即率领精兵从龙门津（今陕西韩城与山西河津之间）东渡黄河，宇文护也率领大军赶到同州（今陕西大荔）作为威慑。

鉴于周军势大，而自己只是孤军，斛律光没有正面接战，退守华谷城。宇文宪拔下斛律光新筑的五座城池，在段韶与高长恭率领援军抵达之前，西渡黄河退兵。这样一来，北齐三杰又在汾北聚集，局面对他们很有利。他们似乎有分工，各自发挥长处：段韶与高长恭围攻柏谷城，斛律光对付韦孝宽。

洛阳东南也有个柏谷城，但不是段韶与高长恭此时的目标。他们要攻打的柏谷城在玉壁以北，十多年前斛律光已经攻占过。这座城由石头筑成，位于山顶之上，而山高达千仞，地势极为险要，诸将闻听变色。部属无信心，段韶有主见："汾北与河东势必成为我们的领土。柏谷城就像个毒瘤，必须拔掉。估计他们的援军在南边，我们在险要处拦截，可以切断其援军。柏谷城地势虽然高，但空间狭小，难以周旋，用火弩射进去，一天就能攻下。"

计议已定，段韶率领诸将鸣鼓进攻，顺利攻下城池，俘获仪同薛敬礼。他这边攻城得胜，斛律光呢，野战告捷。

当时韦孝宽与辛威正率军进攻平陇城。这个城池的具体位置史书无载，但稷山县西北有个平陇村，在白家村也就是玉壁城遗址北边，彼此面对。如果在此处，则合情合理。韦孝宽与辛威发动进攻实属无奈。这个城池对于玉壁，实在是如骨鲠在喉。平陇城是斛律光修筑的，此刻也由斛律光来救。双方在汾水北岸摆开阵势。韦孝宽因在玉壁挫败高欢而一战成名，但此战遭遇斛律光，却是干净利落地溃败。斛律光将韦孝宽与辛威击退，斩俘周军千余人。挫败高欢的名将也沦为手下败将，斛律光从此越发威名赫赫。

北齐三杰齐聚汾北，而宇文宪却率领大军西渡黄河。他们难道要弃汾北不管了吗？当然不是。他们攻击宜阳，成功地调动斛律光再度南下。武平二年（571）四月，斛律光紧赶慢赶抵达宜阳，城池已被周军攻克。他与周军大战一场，未能夺回宜阳，但占领了周军修筑的建安等四座城戍，俘虏千余人，随即退军。这次作战的结果，北齐在汾北有所得，但丢了宜阳，可以说，彼此都是白折腾。战争的无聊、浪费与虚妄，由此可见一斑。

从宜阳到汾北，斛律光马不停蹄征战一年多，立下许多战功，最终却跟高长恭一样，因战功而离死神越来越近。

回师途中，朝廷传来敕令，要求斛律光就地解散部队，让士卒各自回家。斛律光看后不觉眉头一皱。征战经年，兵士多有军功，但并没有得到慰劳奖赏，此时解散，不施恩泽，如何能赢得民心、保住士气？毕竟将来还得用他们。他立即上表请求派人宣旨奖赏，在此期间继续行军，但直到抵达邺城西北郊外的紫陌，依旧不见回音，只好命令驻营等待。被奸臣包围的后主高纬，得知斛律光大军逼近都城，心情极度不快。无奈之下，赶紧派人请斛律光入见，慰劳奖赏兵众后将其解散。

齐鸡开府

回到朝堂的斛律光升任左丞相，亲眼见证了一场未遂政变。对他而言，这并不稀罕。按照他的家世地位，必须旁观甚至直接参与这种事情，比方所谓的"乾明之变"。

高洋死后，传位给太子高殷。高殷"自幼温裕开朗，礼士好学，关览时政，甚有美名"，但高洋并不喜欢，嫌他"得汉家性质，不似我"，打算废掉。他曾在金凤台召见高殷，让他手刃囚犯，太子"恻然有难色，再三，不断其首"。高洋"大怒，亲以马鞭撞之，太子由是气悸语吃，精神昏扰"。请注意这个"撞"字。高洋并没有用马鞭抽打，太子的反应为何如此强烈？因为马鞭是高洋要屠杀的令旗。

高洋从不掩饰对太子的不满，一喝多就经常这样威胁或曰表白："太子性懦，社稷事重，终当传位常山。"所谓"常山"，即常山王高演，高洋的六弟。最终尽管高洋没有"传位常山"，让太子高殷当了皇帝，但高殷没能坐几天龙椅，到底还是被高演联合九弟高湛发动政变赶下台，直至殒命。事情发生于乾明元年（560）。政变的主要目标是忠于高殷的宰相杨愔等辅政大臣。杨愔是谁？斛律光死敌韦孝宽的妻舅。北齐享国二十八年，其间皇帝几乎个个混蛋，却出了个少有的贤明宰相，就是杨愔。在"主昏于上"的高洋后期，之所以能"政清于下"，主要就是杨愔的功劳。

当时杨愔跟燕子献、郑颐同为辅政大臣。高演拜太师、录尚书事后，以拜职为名在尚书省大宴百官，将他们一网打尽。这事儿斛律金事先知道而且支持，斛律光自然也会参与其中。已经逃出尚书省的辅政大臣郑颐，就是斛律光追上后亲自抓获的。

十多年后，由琅邪王高俨发动的未遂政变，斛律光只是旁观，没有参与密谋。这次政变的主要目标是和士开。他是武成帝高湛的宠臣，也是著名的奸臣，但深受后主高纬的信任重用。高纬不仅信任和士开，还任命自己的乳母陆令萱为女侍中，重用陆令萱之子穆提婆，朝政一片昏暗。昏暗到什么程度？奴婢、宦官、娼优等人都封官晋爵，甚至包括高纬的骏马和斗鸡，所谓"齐鸡开府"。拥有开府一职的官员超过千人，仪同则难以计数。以掌管禁卫宫掖的领军府为例，长官本来只有领军一人，那时多达二十。由于人员庞杂、职权不明，中央下达的诏令、文书，二十个领军都在文书上照葫芦画瓢写个"依"字便扔到一边，无人具体推动执行。就是那句话，三个和尚没水吃。

那么多人当了官，谁受益？和士开之流。当时高纬的三弟琅邪王高俨不过十四岁，他看不惯和士开、穆提婆，同时也被对方敌视。眼见着他们借助高纬的力量，不断排挤削弱自己，高俨终于忍无可忍，决定反击。他知道高纬批阅表章并不细看，便将一份弹劾和士开、请予捕杀的表章混在一堆表章中上奏，果然被高纬一笔勾过。

高俨杀掉和士开后本来准备收手，但其部下力主彻底清君侧，把陆令萱、穆提婆这些人全部干掉。势成骑虎，高俨只得带领三千多人的卫成部队开到千秋门。高纬闻听，赶紧派刘桃枝率领八十名禁军前来宣高俨觐见。

高俨当然不肯，顺手将刘桃枝绑住。

紧要关头，双方同时想起一人。谁呢？斛律光。他们俩几乎同时向大名鼎鼎的落雕都督寻求支持。此时的局面跟乾明之变完全不同。和士开这样的人，斛律光也看不惯。因而他毫不犹豫地站到高纬这边的同时，又对高俨表示欣赏。听说和士开已被杀掉，拊掌大笑道："龙子所为，固自不似凡人！"随即入朝，在永巷拜见高纬。当时高纬手下的四百禁军已经披挂整齐，准备出战，斛律光见状赶紧阻止："小儿辈弄兵，与交手即乱。鄙谚云：'奴见大家心死。'至尊宜自至千秋门，琅邪必不敢动。"

百战名将斛律光此时就是定海神针。高纬随即在老丈人的陪同下来到千秋门。这段历史格外关键，直接引用原文更加严肃：

> 光步道，使人走出，曰："大家来。"俨徒骇散。帝驻马桥上遥呼之，俨犹立不进，光就谓曰："天子弟杀一夫，何所苦！"执其手，强引以前，请于帝曰："琅邪王年少，肠肥脑满，轻为举措，稍长自不复然，愿宽其罪。"帝拔俨所带刀镮，乱筑辫头，良久，乃释之。

高俨的主要帮手立即被杀掉肢解，暴尸街头。高纬本打算将琅邪王府的文武官吏赶尽杀绝，斛律光劝道："此皆勋贵子弟，诛之，恐人心不安。"赵彦深也说："《春秋》责帅。"高纬这才决定甄别审问，再加以处理。

有人批评斛律光此时的行为是首鼠两端、见风使舵。这完全是胡说。此事蕴含着斛律光的死因不假，但并非因为对高纬的忠诚不够坚定，而是对和士开之流的厌恶太过鲜明。紧要关头，他是完全站在高纬一边的。皇帝和百战名将联袂杀到，高俨手下的士兵必然瓦解。但斛律光对高俨本人并不讨厌，反倒格外欣赏。这不仅仅因为高俨曾深受高湛的喜爱，地位不亚于皇太子，更因为尽管他杀掉和士开严重违反制度，但完全符合道德，也顺应人心。

然而奸臣总是杀不完的，历朝历代都是如此。杀掉和士开，还有祖珽、陆令萱和穆提婆。这其中祖珽特别值得说说，因为他实在太有个性。此人文采出众、能诗善画，通四夷语言，会阴阳占卜，记忆力也格外强。高欢曾经一次口授三十六事，他记得清清爽爽。

他的诗作究竟如何？我们不妨来读两首。

翠旗临塞道，灵鼓出桑乾。祁山敛雾雾，瀚海息波澜。

戍亭秋雨急，关门朔气寒。方系单于颈，歌舞入长安。

——《从北征诗》

昔日驱驷马，谒帝长杨宫。旌悬白云外，骑猎
红尘中。

今来向漳浦，素盖转悲风。荣华与歌笑，万事
尽成空。

——《挽歌》

客观地说，初读其作，我有惊艳的感觉。王维的《使至
塞上》主要靠"大漠孤烟直，长河落日圆"两句撑场子，若
论平均值，祖珽的《从北征诗》并不逊色许多。《挽歌》在
南北朝五言诗中，怎么说也在二流水准以上。二流听起来像
是贬义，但只有熟读古诗，才知道一流的名单有多么长、列
入一流的难度有多么大。

问题是祖珽的个人能力如此出众，同时又淫乱贪婪，且
有盗窃癖，极善钻营。高演本想传位给儿子，但考虑到侄子
高殷最终也死于自己的毒手，只得让九弟高湛当了皇帝（此
举未能挽救高演之子高百年的性命）。这种风气呼声，明白
人看得清清楚楚。祖珽因而事先在高湛身上投资。他会用胡
桃油作画，又擅阴阳占卜，便以画作进献时为长广王的高湛，
阿谀他道："殿下有非常骨法。孝徵（祖珽字孝徵。他以字
自称，看来是以字行）梦殿下乘龙上天。"高湛当然很高兴：
"若然，当使兄大富贵。"

高湛说到做到，即位后果然给了祖珽荣华富贵。但问题在
于祖珽对他并不一味顺从，也曾因打算弹劾和士开而触怒高

湛。高湛认为批评和士开祸乱朝政就是对自己的诽谤。祖珽直揭伤疤，指责他"取人女"，算不得诽谤。高湛辩解为"以其俭饿，故收养之"，祖珽反问"何不开仓振给，乃买取将入后宫乎"。这一下高湛终于忍不住，以刀环捣祖珽的嘴巴，又鞭杖乱下，要把他当场打死。最终祖珽虽然依靠伶牙俐齿保住性命，但被鞭笞二百，"配甲坊"，置身深坑之中，"桎梏不离其身，家人亲戚不得临视。夜中以芜菁子烛熏眼"，直至失明。

高纬即位后，考虑到祖珽有扶立之功，将他重新起用。和士开也因为他"能决大事"，因而不计前嫌，握手言欢，以便分赃。祖珽随即咸鱼翻身，以瞎子的身份"拜尚书左仆射，监国史，加特进，入文林馆，总监撰书，封燕郡公，食太原郡干，给兵七十人"，威震朝野。

"封燕郡公，食太原郡干"，什么意思？燕郡的食邑还不够大？不是这么回事。北魏到北齐是爵位最乱的时期。起初北魏沿袭西晋的五等爵，加上王爵共六级，但都没有食邑，因为那时他们连俸禄都没有，完全没有税收观念，也根本不掌握户口。

这当然不利于鼓舞斗志。孝文帝拓跋宏改革时，重新设立了"开国五等爵"，都有食邑，分王、开国郡公、开国县公、开国县侯、开国县伯、开国县子、开国县男七级。同级爵位高低，由封邑户数决定。虽然推行开国爵，但先前的爵位并没有废除，以"散爵"的名义并行。一般而言，北朝史书中的赐爵都是散爵，而封爵则为开国爵。到了北齐尤其是北齐后期，爵位跟官位一样贬值。此时为了激励功臣，只得实行"别封"制度，已有爵位者很可能也会被别封郡公之类。像高长恭出身宗室，本来已有爵位，但因战功卓著，先后别封四个开国公爵。斛律光自己获得的最高散爵是巨鹿郡公，后又承袭父亲的咸阳王爵位；开国爵最高到冠军县公。除此之外，《北齐书》还记载有武德郡公和长乐郡公的别封（《北史》仅记载有清河郡公）。祖珽的这个燕郡公是开国爵，尽管仅次于王爵，但还不足以体现皇帝的宠信，因而又要他"食太原郡干"。所谓"干"，本意是划归勋贵役使的人。勋贵可以向他们索取一定的免役绢作为额外的俸禄。《北齐书》记载，斛律光先"食中山郡干"，后"徙食赵州干"。

势不两立

无论如何，祖珽是乘火箭升天的态势。而偏偏就是这样的人，跟斛律光有矛盾。这也正常，贪婪的人跟清廉的人，彼此怎么看肯定都是不顺眼。斛律光遥遥看见祖珽，便厌恶地骂道："多事乞索小人，欲行何计！"

这完全是针对私德的指责吗？不是。斛律光担心会耽误军国大事。他曾经对部将叹道："兵马处分，赵令（赵彦深任尚书令）恒与吾辈参论。盲人掌机密以来，全不与吾辈语，正恐误国家事耳。"

斛律金和斛律光都可谓位极人臣。斛律光之弟斛律羡也在幽州带兵，被突厥尊称为"南可汗"。门中子弟不是为将就是封侯，"一门一皇后，二太子妃，三公主，尊宠之盛，当时莫比"。斛律金生前便为此忧虑不已，对斛律光道："我虽不读书，闻古来外戚梁冀等无不倾灭。女若有宠，诸贵人妒；女若无宠，天子嫌人。我家直以立勋抱忠致富贵，岂可借女也？"他不想跟皇家结亲，但推脱不掉。

因此缘故，斛律光也格外小心谨慎。持家简朴，廉洁自律，平常沉默寡言，不养门客，也很少有交游。入朝之后，经常安静地垂帘坐于朝堂。祖珽本来就是瞎子，又隔着帘幕，不知道他在里面，骑马扬长而过，斛律光很是生气："此人乃敢尔！"

斛律光为什么生气？祖珽没给他施礼，有失朝臣礼仪。祖珽在内省跟人交谈时，嗓门高，语气傲，斛律光听见越发讨厌。

祖珽虽然眼瞎，但心里明亮，眼越瞎心里可能越明亮。他收买斛律光的随从，探问斛律光的态度，结果获得这样一条情报：

自公用事，相王每夜抱膝叹曰："盲人入，国必破矣。"

斛律光是咸阳王、左丞相，因而被称为相王。他视祖珽为敌，祖珽自然要将这个态度反射回来。不仅他，穆提婆也很讨厌斛律光。他想跟斛律光攀亲，求娶他的庶女，结果遭到拒绝。高纬要将晋阳的军田赐给穆提婆，斛律光在朝堂上明确表示反对："此田，神武帝（高欢）以来常种禾，饲马数千匹，以拟寇敌，今赐提婆，无乃阙军务也？"邺城清风园本来是一块菜地，种菜供应官府，高纬又将它的经营权赐给穆提婆，由他租赁。他承租以后，官府便没有菜吃，不得不去买。买就买吧，还打白条，欠钱三百万，百姓不干，便起诉到官府。斛律光道："此菜园赐提婆，是一家足；若不赐提婆，便百官足。"

你说说，穆提婆对此会有什么感受？

这还不够，斛律光在战场上还有个危险的对手。谁呢？北周名将韦孝宽。此人非常善于用计，尤其是反间计。

汾北之战，韦孝宽吃尽苦头。筑城吧，玉壁已被孤立；野战吧，又被斛律光击败。怎么办？"工夫在诗外。"战场上得不到，那就从战场之外夺取。朝政昏暗，奸臣弄权，斛律光既是外戚，又已升任丞相，大批子弟在外为将，手握重兵，他和父亲斛律金还曾参与乾明之变……这样的人，最容易被人指责有异图，要谋反。

既然如此，那就对症下药，见缝插针。韦孝宽立即吩咐参军曲严造谣。曲严造谣很是专业，瞬间完成："百升飞上天，明月照长安。""高山不推自崩，槲木不扶自举。"百升即一斛，而北齐皇室姓高。说一千道一万，就是一句话：斛律光要当皇帝，北齐早晚垮台。

谣言编成，韦孝宽手下间谍大肆向北齐境内（尤其邺城）广泛传播。祖珽闻听如获至宝，立即推波助澜。他不是会写诗嘛，"高山不推自崩，槲木不扶自举"只有两行，还不成诗，他便补了两句："盲老公背受大斧，饶舌老母不得语。"然后交给小儿传唱。穆提婆听到，立即告诉其母陆令萱。

盲老公是祖珽，饶舌老母除了陆令萱，还能是谁？

他们立即启奏后主高纬："斛律累世大将，明月（斛律光字明月）声震关西，丰乐（斛律羡字丰乐）威行突厥，女为皇后，男尚公主，谣言甚可畏也。"

高纬虽然糊涂，但还没有糊涂到因为一首歌谣就动摇对恩公与老丈人的信任。祖珽呢，还有后续手段，而且是双管齐下。一招是收买斛律光长子斛律武都的妾兄颜玄，以及丞相府佐封士让。封士让出面诬告斛律光"家藏弩甲，僮奴千数，每遣使往丰乐、武都所，阴谋往来。若不早图，恐事不可测"。还直接指控上次斛律光没有及时解散部队，径直开到紫陌，就是"军逼帝京，将行不轨"，只是"事不果而止"。

身边人出面指控已很有杀伤力，祖珽还有另外一招，附会阴阳。他收买人上奏，说是"上将星盛，不诛，恐有灾祸。先是天狗西流，占曰秦地。案秦即咸阳也。自太庙及光宅，并见血"。除此之外，还编造了这样活灵活现的细节：

> 先是三日，鼠常昼见光寝室，常投食与之，一朝三鼠俱死。又床下有二物如黑猪，从地出走，其

穴腻滑。大蛇屡见。屋脊有声，如弹丸落。又大门横木自焚。捣衣石自移。

既有身边人指控，又有这么多的异象，那还犹豫什么？动手吧。

名垂千古

高纬本来下诏说斛律光谋反，已经伏法，其余家口"俱不须问"，但很快又改了口，将其满门抄斩。毫无疑问，这也是祖珽、陆令萱、穆提婆等人推动的结果。祖珽命令郎中邢祖信去抄斛律光的家，不是要剥夺家产，而是查找谋逆的物证——武器。安排下去没多久，他便急不可耐地到尚书省都堂追问收获。

结果令祖珽万分失望：十五张弓，宴射用的箭一百支，七把刀，朝廷赐予的长矛两杆。

祖珽不肯相信，厉声喝问还有什么东西。邢祖信说还有二十束枣木棍，奴仆如果跟人争斗，就用这个惩罚他们。祖珽闻听格外惭愧，低声对邢祖信道："朝廷已加重刑，郎中何宜为雪！"朝廷已经将他处死，您怎么还能替他说话？

邢祖信出来后，人人都责怪他过于正直，伤了祖珽的颜面。的确，如果他愿意，完全可以跟着诬陷斛律光，反正死无对证。但邢祖信朗声道："贤宰相尚死，我何惜余生！"

这是武平三年（572）的事情，离斛律光在汾北击败韦孝宽不过一年。消息传开，刚刚诛灭宇文护的周武帝宇文邕竟然兴奋得大赦天下。北齐三杰中的段韶已经病死，斛律光又被满门抄斩，他当然高兴。而谁也想象不到，次年高长恭也被齐后主高纬毒杀。高长恭曾经假装贪腐以求自保，结果也未能保住性命。北齐"小怜玉体横陈夜，已报周师入晋阳"的命运已经铁板钉钉。而宇文邕拿下邺城后，又追赠斛律光上柱国、崇国公，并指着诏书道："此人若在，朕岂能至邺！"

这份来自敌人的尊敬，令人唏嘘感慨。

还有两句题外话。首先是关于斛律光的。斛律光带兵有名将风范，全军的营寨没有扎好，绝不入营休息；战士的饭没烧好，绝不先吃。在极度紧张的战争环境下，亲自巡营查哨，常常不脱甲胄、不入帐休息，以安定军心。他"少言刚急，严于御下，治兵督众，唯仗威刑。版筑之役，鞭挞人士，颇称其暴"。对筑城役夫的残暴，从某种意义而言也是对部队的爱惜。他是不是完美无缺呢？当然不是。事实上，我不敢轻易喜欢或曰不敢轻易信任道德完人。好在斛律光不是那样的人。他曾经向独孤永业索要两个婢女，独孤永业也算一时名将，担任洛州刺史时官声很好，但"性鲠直，不交权势"，不肯答应，斛律光便"毁之于朝廷"。巧合的是，最终到幽州取代斛律羡的，正是此人。

这当然是个缺点。但在我看来，这个缺点让斛律光这个人物增加了几分可信，还有可亲与可爱。

另外一句题外话，是关于祖珽的。他害死斛律光固然可恨，但他跟陆令萱、穆提婆、和士开还是不一样，执政能力很强。和士开把持朝政八年，北齐纲纪隳坏。祖珽执政后"推崇高望，官人称职，内外称美"。但是很快，他打算"增损政务，沙汰人物"的改革措施触及陆令萱和穆提婆等人的利益，最终出为北徐州刺史。北徐州的治所即丘县，在今天山东临沂市西二十里，后被改名为沂州，当时接近与南朝的边界。陆令萱和穆提婆等人将祖珽赶到这里，有借南陈之刀杀人的意思。

果然，南陈的军队不期而至，北徐州治下的百姓也纷纷反叛。祖珽知道不可能请来援兵，便下令大开城门，守城的士卒全部撤下、静坐休息，城中禁止通行，街巷阒无一人，鸡犬不闻。陈军知道刺史祖珽是个瞎子，以为人走城空，因而戒备松懈。到了夜晚，城中突然人喧马嘶，鼓角震天。陈军受到惊吓，登时走散。此后再度结阵前来，祖珽令录事参军王君植率军迎敌，自己也骑马上了战场。瞎子竟能乘马作战，陈军"相与惊怪，畏之而罢"。祖珽且守且战十余日，保住了城池。不过他最终未能回到朝堂，到底还是在刺史任上死去。

一个没有德行的人，的确可以有超凡的才能。而他们的才能越出众，我们对其德行的遗憾也就越强烈。当然，祖珽之流的能力说到底并非大智慧，只是小聪明。

（刊于《作品》2022 年第 5 期）

李靖：军神因何闭门谢客

李渊的屠刀

一

617年，隋都大兴城内一片喧嚣扰攘。这个大兴城，马上就要更名为长安。城中诸色人等，有的兴奋，有的紧张。兴奋各有不同，有当事人即将成功的兴奋，也有看客等待谜底揭开的兴奋；紧张却是一样的，都是因为前途未卜。为什么？天下大乱。翻翻史书，当年竟有十二个年号：隋炀帝称大业，李渊拥立的隋恭帝称义宁，刘武周称天兴，窦建德称丁丑，李密称永平，梁师都称永隆，萧铣称鸣凤……名单太长，此处删除八百字。

此前的乱都在外地，而这一乱却乱到了京师：太原留守李渊攻入都城大兴，立代王杨侑为隋恭帝，遥尊炀帝为太上皇。那是冬天，长安城内北风呼啸，武德殿里一片肃杀。李渊怒容满面，喝令将一个"姿貌瑰伟"的大汉推出斩首。那

128

人虽然魁梧英俊，却也不是绣花枕头，关键时刻丝毫不怂，高声抗议道："公起义兵，本为天下除暴乱，不欲就大事，而以私怨斩壮士乎！"

李渊传檄州郡时，一直自称"义兵"，闻听这话，不觉犹豫下来。此时李世民也走出班列，频频为此人求情，李渊方才高抬贵手。不用说，这个"姿貌瑰伟"的人，便是光耀史册的战将李靖。

大唐名将如云，而李靖则是其中最耀眼的那颗将星。他在名将中的地位，恰似李白在诗坛。秦琼、尉迟恭被神化为门神已很难得，但比起托塔天王，那还是要差点意思。李靖的人生如此灿烂，必定有无数高光时刻，但仔细品读，他令人印象最深刻的却不是那无数的辉煌，而是三段漫长的暗黑。李渊对他举起屠刀，是第一段暗黑。

李渊为什么要杀他？李靖喊得清楚明白，因为私怨。什么私怨？李渊想趁乱起事，而身为马邑（今山西朔州）郡丞的李靖得知内情，却不肯配合，反倒"自锁上变"。

"上变"就"上变"，为何还要"自锁"？史书中没有明确交代。就连司马光也没敢断言。有人理解成伪装为囚徒，不免荒唐。推敲前后原因，恐怕是李渊曾经找李靖密谋，而李靖阳奉阴违：假意答应后又决定告发。否则也就不必"自锁"，自锁即负荆请罪。李渊级别高，他要造反，李靖怎么会有责任？但如果你曾经顺从过，哪怕是假意的，那也不一样。而一个官员打算举报另外一个官员事实上的反叛，应该不是"私怨"。只有先答应后变卦的，才叫私怨。

李靖从鬼门关前转回来后，不久便被李世民召入幕府，并追随他征战洛阳、虎牢关，与王世充、窦建德血拼，最终因战功卓著而崭露头角，受命前去削平盘踞江陵（今湖北荆州）的南梁萧铣政权。天下尚未平定，沿途都不顺利，李靖途中顺手帮人打了几个胜仗，这才抵达硖州（今湖北宜昌）。由于萧铣占据天险，李靖一时无法进军，又被李渊判断为故意停滞不前、居心叵测，再度陷入生死危机：刺史许绍接到密诏，令他将李靖就地杀掉。要杀臣子却不用明诏，可见李渊还是没有忘记旧怨。

许绍不觉头大。李靖是什么样的才能与名声？从小便显示出"文武才略"，其舅韩擒虎每次跟他谈兵，他都应付裕如，韩擒虎叹服不已："可与论孙、吴之术者，惟斯人矣。"左仆射杨素、吏部尚书牛弘也很看重他。杨素曾经拍拍自己屁股下面的床，对李靖道："卿终当坐此。"当时尚无凳子，这里的床是坐具，非卧具。杨素的意思再明显不过。

大唐新立，用人之际，这种人才，岂能枉杀？许绍赶紧为李靖辩解求情，这才保住他的性命。

此后蛮人首领冉肇则叛唐，率军进犯夔州（今重庆奉节），击败了宗室李孝恭。贼兵获胜之际，李靖率领八百壮士袭击冉肇则的营垒，扳回一局，然后又在险要处设伏，大破蛮军，斩杀冉肇则，俘虏五千多人。捷报传到京师，李渊非常高兴地说："朕闻使功不如使过，李靖果展其效。"立即颁诏奖慰，同时亲笔修书一封给李靖，表示"既往不咎，旧事吾久忘之矣"。

皇上一高兴，就许愿封官，但那些诺言其实不值一钱。所谓"既往不咎"，说说而已。李靖此生都将活在巨大的阴影之中。

二

萧铣是将李靖这把战刀磨亮的第一块磨刀石。武德四年（621），李渊命令四路围剿南梁，主力自然是顺流直下的西路军，其余三路作为策应。西路军统帅名义上是荆湘道行军总管李孝恭，但他不大懂军事，李靖受命为其长史，具体出谋划策。大军集结于夔州，下面便是三峡，而当时正值雨季，江水暴涨，峡谷内水势奔腾。萧铣以为唐军不会在此时出动，因而戒备松懈。生于北方的将领士兵，面对如此咆哮的江水，无不望而生畏，纷纷请求暂缓行动，等江涛略微平息。李靖力排众议，强烈建议迅速行动，以收奇袭之效，这个建议被采纳。全军分乘两千多艘战船，顺流直下，迅速抵达硖州与许绍会合，赢得了时间。

当时宜都、荆门两镇已先后被北路军拿下，西、北两路唐军眼看就要会师。骁将文士弘奉萧铣指令率军救援，屯驻附近的清江。清江古称夷水、盐水，是长江中游湖北境内仅次于汉水的第二大河，在宜都汇入长江。文士弘即屯驻在江口附近。李孝恭刚一抵达，便打算进兵。此时李靖一反常态，突然又力主持重。理由是文士弘能征惯战，且手下都是精兵。"救败之师，恐不可当。"他建议大军屯驻南岸，先耗其锐气，再择机破敌。

这一回，李孝恭没有听李靖的建议，理由可想而知。不听好人言，吃亏在眼前，李孝恭一出战便吃了败仗。文士弘获胜之后，士兵舍舟登岸，四处抢掠，人人肩头都背着大包小包。李靖遥见敌军阵势混乱，立即指挥所部反击。匆促之间，敌军无法有效集结，被杀得大败，战死溺死者无数，四百多艘战船被俘获。

获胜之后的李靖不再持重，立即率领五千精锐，迅速发兵至江陵城下，扎好营寨，作为依托。文士弘被击败后，萧铣非常恐惧，赶紧下令从江南调兵，但匆促之间，哪里来得及。李孝恭的主力随即也加入战场，接连击败南梁两员大将，俘虏四千多人。

对于缴获的大量战船，李靖建议全部抛弃，让它们顺流直下。诸位将领闻听此议，全都目瞪口呆。李靖胸有成竹地说："萧铣的地盘南出岭表，东距洞庭，他们随时可能前来增援。如果这些战船顺流直下，他们见后认定江陵已败，必定不敢前来。即便派人侦察，往来也需要很长时间，那时我们早已把江陵拿下。"

这个建议被采纳施行后，下游的南梁军队果然没向萧铣派出一兵一卒的增援，却向唐军派出了投降的使者。此时萧铣除了投降，还能怎么样？

众将都主张抄萧铣及其部将的家产用于封赏将士，李靖坚决反对。他认为"犬吠非其主"是正常反应，跟叛乱不同。两国交兵，各为其主。他们已经投降，如果还抄没家产，只能坚定别处守将抵抗的决心。最终证明还是李靖的见解高明，此后唐军在江汉之间畅通无阻，所到之处，敌将望风归顺。

三

武德六年（623），李靖再度辅佐李孝恭出征江南，因原来的乱世豪杰、已归顺大唐的辅公祏在丹阳郡（治今江苏南京）举起叛旗。他派大将冯惠亮率三万水师扼守当涂，陈正通、徐绍宗率两万步骑屯于青林，又在梁山用铁索将大江横断。对于南朝而言，当涂历来是命根子。一旦当涂失守，南京即直接受到威胁。作为渡口的采石矶便在当涂境内。青林即当涂东南的青林山，而今叫青山；梁山是西南长江两岸的东西梁山，因双山对峙如门，又名天门山，名句"天门中断楚江开"由此诞生。敌人的水师沿江，步骑依山，还建有却月城作为依托，绵延十余里，江面又有铁索横江，确实易守难攻。

当时李孝恭和李靖手下共有李勣（瓦岗军将领徐世勣后被赐姓李。又避李世民的讳去掉世字）、黄君汉和卢祖尚等七位将领。他们都反对正面仰攻，主张从陆路绕行，直接杀奔丹阳。丹阳一旦拿下，冯惠亮他们也就成了天明后的露珠。

长途奔袭、避实击虚，也是兵法的通例。这个意见貌似很有道理，因而李孝恭有意采纳，但李靖投了反对票："此地有辅公祏的精兵，丹阳同样也是。冯惠亮等人临时构筑的城栅再坚固，毕竟还是比不上南京的石头城。我们直接进攻丹阳，万一旬月不下，岂不要腹背受敌？"

李靖判断，冯惠亮和陈正通都是身经百战的骁将，他们并不是不敢跟唐军野战，之所以采取守势，无非受制于辅公祏制定的方略：先坚守不出，疲敝唐军锐气。如果唐军直接攻击城栅，正好出其不意。这番话打动了李孝恭，他随即命令李靖率领李勣、黄君汉等人对冯惠亮发起猛攻。经过苦战，唐军先将冯惠亮击败，然后又攻击陈正通得手。叛军败逃的同时，李靖率领精锐轻装疾进，直奔丹阳城下。辅公祏接到败报，不敢停留，弃城逃向会稽（今浙江绍兴），在唐军的不断追击中，他众叛亲离，最终被擒获。

李渊随即宣布成立东南道行台。行台始于魏晋，是跟随大军出征的代表中央政府的政务机构，官属设置跟中央一样。李靖受命担任东南道行台兵部尚书。李渊称赞他是"萧铣、辅公祏膏肓，古之名将韩、白、卫、霍，岂能及也！"

在当时的唐高祖眼里，即便韩信、白起、卫青和霍去病，也赶不上李靖。的确，单纯论军事这门学科，而不考虑政治贡献，只有韩信能跟李靖比肩。

四

武德八年（625）对于大唐和李靖而言，相对都比较屈辱，根由即在于突厥。当时的突厥主要指东突厥，是绝对的东北亚霸主，格外强盛。他们崛起之初，政治中心在漠北，但不时南侵，北周、北齐无力抵挡，大修长城的同时，"争结姻好，倾府藏以事之"。佗钵可汗非常得意："我在南两儿常孝顺，何患贫也！"直接视中原王朝为仆从附庸。

隋文帝杨坚得天下之后，不满这种状况，开始跟突厥较劲。恰在此时，突厥持续遭遇旱蝗灾害与瘟疫，不得不向南迁移，随即与隋军发生大规模冲突。在隋朝的军事打击和政治分化之下，突厥内部分裂。隋朝强力扶持启民可汗，筑大利城（今内蒙古和林格尔县土城子）安置其部众，默许他们"寄居白道川（今内蒙古呼和浩特西北）"，并可以"猎于恒、代之间"，马蹄进一步踏进山西北部。

经过多年的休养生息，突厥"势陵中夏……控弦百万，戎狄之盛，近代未之有也"。他们擅长打铁，在柔然统治的时代，以铁为贡品附属其下，被蔑称为"锻奴"。这倒不是说他们的兵器多么厉害，但其骑兵"来如激矢，去若绝弦，若欲追蹑，良为难及"，没法对付。

为什么？因他们不仅马匹精良，还都是轻骑兵，而北朝直到隋朝，随着马镫的发明，已转向重装骑兵，即"甲骑具装"，人马都披着铠甲，"白马金具装，横行辽水傍"。这固然增加了防护性，却削弱了机动性。一件完整的铁具装重四五十公斤，甚至一百公斤。带着如此沉重的拖累，再好的马也无法高速奔跑。

隋唐之际，弓弩与长枪的杀伤能力越来越强。在军事史上，当杀伤武器的效力显著超过防护装备时，必然会出现两种截然不同的反应：要么设法加强防护能力，要么取消防护装备，以机动性弥补。防护能力的提高必然意味着负重的增加、机动性的削弱。而行动越迟缓就越有利于对手的瞄准。

很显然，突厥选择了加强机动性，以轻骑兵为主。即便有重骑兵，马衣也很有可能不是金属，而是皮革。一来甲骑具装成本很高，就是"锻奴"也觉得吃力；二来纵横驰突本来就是他们的天性。于是他们的轻装骑兵来去如飞，每当作战，结队奔驰到对手跟前放箭，然后转身回去。如此轮番进攻，而中原王朝的重装骑兵和步兵却无法追击。

李渊吃过突厥人不少苦头，作为太原留守，他起兵之前的主要任务便是抗击突厥。如果突厥好打，他还真未必会举起叛旗。决心起兵之初，他像众多北方豪杰一样，向突厥称臣，以换取支持。向突厥称臣自然是权宜之计，但师法突厥却是真心实意。起兵之前，他派刘文静出使突厥、达成协议后，带着买来的两千匹良马回到军中，并专门组建一支两千多人的骑兵特种部队，"饮食居止，一同突厥"，完全突厥化。

但学生不可能立即超过老师。李渊一度被迫考虑迁都。武德八年（625），东突厥的颉利可汗率军入寇灵州（今宁

夏吴忠西南）。李渊闻听不觉火起。此前向突厥称臣，自然
是情非得已，如今已经站稳脚跟、初定天下，这个账自然要
重新结算。在此之前，大唐对东突厥一直使用平等国家间的
礼仪，即敌国礼；从此以后，开始对他们使用"诏敕"这样
的字眼，此为典型的下行礼仪。

可惜这种姿态并不能将突厥赶走。李靖只能率领一万江
淮士卒，北上山西，增援张瑾和任瑰。这个张瑾也曾在王世
充手下供职，因而很容易被误认为同样追随过王世充的秦王
府僚属、凌烟阁二十四功臣之一的张公谨。任瑰最著名的不
是战功，而是怕老婆。吃醋的典故，《朝野佥载》记载于任
瑰名下，《隋唐嘉话》则归于房玄龄，而房玄龄的名气太大。
却说当时，突厥兵强马壮，两人全军覆没，孤身逃到李靖军中。
李靖虽然独木难支，但总算全师而退。

作战不敌自然凶险，但朝堂上的凶险，却更加要命。对
于李靖而言，并不亚于当初的"自锁上变"。

武德九年（626）六月初四，是中国历史上的重要节点。
这一天，在大唐宫城的玄武门内外，李世民跟哥哥李建成、
弟弟李元吉发生火并。李靖站在谁那边呢？他哪一边都没站。
《旧唐书》的《隐太子建成传》里虽有李靖向李世民表示效
忠的记载，但只是孤证。众所周知，《旧唐书》是根据唐初
的各种国史记载修订的，而那些记载经过李世民的明示暗示
或者史官的心领神会，早已经过系统性的"润色"，孤例很
难服人。《资治通鉴》则有这样的明确记载：

世民犹豫未决，问于灵州大都督李靖，靖辞；
问于行军总管李世勣，世勣辞；世民由是重二人。

当时李世民处境极度险恶，向两位大将求援，都遭遇婉拒。"由是重二人"这种记载是否可信，是否符合人之常情，读史者可以自行判断。对这种人才，李世民可能重用，但恐怕不会信任。

李靖一生，先后遭遇三次诬告，诬告者分别是温彦博（或曰萧瑀）、高甑生和侯君集，都跟李世民渊源深远，甚至是秦王旧属。据此判断，李靖在这个紧要关头的选择，还是影响了皇帝及其心腹对他的印象。说到底，他是职业军人的典范，对战场军情格外敏锐，对官场风云却是后知后觉，甚至不知不觉。唯一幸运的是，他也没有支持太子，在此事中持超然态度。而即便他是职业军人，也不能天天泡在军营之中，这就决定了他此生的人生姿态：在战场上对敌人咄咄逼人、连续攻击；在官场上对同僚持重隐忍、惜言如金。

默默无语的宰相

一

出将入相、战功赫赫的李靖，贞观四年（630）终于当了宰相，具体职位是尚书右仆射。杨素的预言由此实现。当

138

时一同议政的除了左仆射房玄龄、侍中王珪、中书令温彦博，还有民部尚书戴胄、兵部尚书侯君集和秘书监魏徵等人。议政时照理应该各抒己见，但李靖"性沉厚，每与时宰参议，恂恂然似不能言"。什么意思呢？议事期间他很少开口，就像不会说话那样。

李靖连头带尾当了四年多宰相，在此期间史书上几乎找不到他的痕迹，可见他的确很少发言。好不容易当了宰相，竟如此沉默，这就是他人生中的第二段暗黑。为什么会这样？话题还得往前延伸，从他平定突厥开始。出征突厥之前，他实际上已经当了一个月左右的检校中书令，说起来这也是宰相，只是因为要外出领兵，他几乎未能真正履职而已。

二

玄武门之变的机会，东突厥的颉利可汗也不想放弃。事实上，那段时间突厥屡屡犯边，这也是玄武门之变的重要诱因：太子李建成推荐齐王李元吉领兵征讨突厥，李元吉顺势请调李世民麾下的骁将尉迟敬德、秦叔宝、程知节和段志玄，并检阅秦王帐下的精锐之士，准备征调。如此釜底抽薪，李世民岂能容忍？

玄武门之变后，李世民的皇帝宝座还没坐热，突厥便长驱直入，当年八月抵达渭水便桥以北，长安城中能拿武器参战的不过数万人。李世民到底雄才大略，虽然突厥兵临城下，但他心中不慌，带领房玄龄、高士廉等人出城直达便桥，跟颉利可汗隔水对话，责怪颉利可汗不该一再负约。这对颉利可汗的确是个威慑，他怎么也想不到李世民会只带着高士廉等五人前来会面。颉利可汗见李世民有恃无恐，认为周围必有重兵，因而他没敢轻举妄动。颉利可汗此前的嚣张，其实也是不得已：灾荒饥馑叠加内乱，导致他的经济压力巨大。如果李世民能提供足够的金帛财物，自然也就没必要拼命。史书记载他"请和"，真实情况不言而喻。"听话听音，锣鼓听声"，双方正好借坡下驴。唐太宗次日再来便桥，斩白马立盟，突厥随即退兵——当然，是满载而归。

便桥之盟是典型的城下之盟。虽从情势而论可谓得体，跟澶渊之盟一样对中原王朝有利，但这口气李世民岂能咽下。此后不久，突厥内乱更甚，突利可汗跟颉利可汗兄弟失和，所属薛延陀、回纥、拔野古相继叛离，又遭遇暴风雪，牛羊死亡甚众，国势急剧衰落。贞观三年（629）八月，唐太宗接受代州都督张公谨的建议，决定以李靖为主帅、张公谨为副帅，发起战略反击。这是大唐对东突厥的战略决战，因而当时的名将几乎全部上阵：

李靖为定襄道行军总管，率领中军出马邑，目标直指定襄；李勣为通漠道行军总管，率军直插突厥腹地；柴绍为金河道行军总管，沿黄河西进，掩护左翼。这三路大军是直接对付颉利可汗的。另外还有三路人马牵制：猛将薛万淑为畅武道行军总管，秦王府旧将段志玄为副总管，出击颉利可汗后方，监视已经归顺的突利可汗；卫孝节为恒安道行军总管，程知节为副总管，扼守大同一带，防止颉利可汗东逃；任城王李道宗为大同道行军总管，张宝相为副总管，率军从灵州向西北进发，切断颉利可汗的西逃之路。

六路大军共十几万人马，浩浩荡荡而出。堂堂中国，不能师出无名，这次出兵的理由，是颉利可汗一边跟大唐结盟，一边又支援梁师都，进犯河西。梁师都割据弘化（今甘肃庆阳）、延安、雕阴（今陕西绥德）等郡，号称梁国，都于朔方郡城（今陕西靖边县北白城子），一直不肯归顺。他是突厥的仆从，要想解决突厥，得先解决他。因而贞观二年（628）柴绍和薛万钧领兵将其攻灭。在此期间，突厥曾出兵增援，同时还袭扰河西。这正好给了唐军出击的借口。

李靖接到命令，便迅速抵达马邑。马邑本为郡名，唐朝建立之初，便改郡为州。唐玄宗虽曾改州为郡，但很快被其儿子唐肃宗修正。在大唐二百八十九年中，马邑仅十六年称郡。此时史籍之所以依旧称朔州为马邑，主要是当时这里一直未被大唐有效控制。突厥的傀儡、刘武周的余部苑君璋两年前刚刚由此归降。算起来刘武周还是李靖的同僚。他起事之前在马邑任鹰扬府校尉，而李靖的身份是郡丞。

作为曾经的郡丞，李靖对这里自然无比熟悉。李渊当初就是在这里找他密谋的，而今再来，必然有些唏嘘感慨。还好，少年时期向往的荣华富贵俱已得到，出兵之前他已任检校中书令，离杨素的仆射不过毫厘之间。

贞观四年（630）正月，部队集结完毕，李靖率领三千精锐骑兵，顶风冒雪出发，迅速抵达恶阳岭（在定襄古城南），目标直指定襄。虽竭力学习突厥，但大唐缺乏足够的良马。根据《李卫公兵法》，两万唐军正常编制为骑兵四千、辎重六千、步兵一万。因而可以肯定，李靖此举几乎集中了军中的全部骑兵。他亲自带领，主将当先锋，以达成战术突然性。

突厥可汗的牙帐长期设在定襄。居于此地的还有后隋。隋朝灭亡时，萧皇后和隋炀帝的孙子杨政道被颉利可汗之兄处罗可汗迎入突厥。为报答隋朝扶持其父启民可汗的恩德，他在定襄立杨政道为隋王，将滞留突厥的中原官吏和汉人百姓一万多人全部交给杨政道治理，这就是所谓的后隋。定襄在哪儿呢？这个问题得好好说说。据《史记正义》，古代谥法以"辟地为襄"："辟地有德，襄。"将之命名为定襄，表示这里已经安定，因而肯定在边境地区，至少曾经是边境地区。汉代最先设置定襄郡，郡治成乐县（今内蒙古和林格尔土城子）。后来匈奴南下，中原王朝势力后退，这个城池被废，人口内迁。隋朝扶持启民可汗时，在原址复建大利城，后称大利县，作为定襄郡治。消灭突厥后，为安置俘虏，大唐在内地设立了两个都督府，虽然地点大幅度南移，但名称未改：一个叫定襄，一个叫云中。这便是今天的山西定襄县和大同市。也就是说，李靖此番攻击的定襄，并不是今天的山西定襄。

颉利可汗接到唐军进兵的消息，"一夕数惊"。他判断，

142

如果大唐不是倾全国之力而来，李靖这样的重臣宿将是不会孤军深入的，于是立即率军后撤到碛口。李靖要的就是这种震慑效果，他派遣细作前去说服颉利可汗的心腹康苏密，成功将其说动，康苏密带着萧皇后和杨政道归降。这样一来，定襄不战而下。

对于李世民而言，此役最大的意义可能还不在于攻破颉利可汗的牙帐，突厥的牙帐并不具备都城那样的重要意义。最大的意义在于，定襄有后隋，后隋有宝贝。

什么宝贝？传国玉玺。

三

传国玉玺未必是用和氏璧造的，很可能是秦始皇统一六国后，令良工用蓝田玉刻造的。印文是丞相李斯的篆体手书：“受命于天，既寿永昌。”这块玉玺后来被视为君权神授、正统合法的信物。不过传说这块玉玺在秦始皇南巡时已经跌落于洞庭湖，但大家都不敢声张，悄悄重刻一块，流传于后世。王莽篡位时向王太后索要玉玺，王太后恼怒地摔在地上，缺了一角，后来用金补上，成为金镶玉玺。曹丕篡汉时，命人在玉玺左肩部刻下隶书的“魏所受汉传国玺”字样。后赵的石勒效仿曹丕，又在玉玺右肩部刻下“天命石氏”四字。此后冉闵的冉魏政权迫于鲜卑人的强大压力，以玉玺为交换向东晋求援，东晋皇帝这才结束“白板天子”的尴尬局面。

鲜卑慕容氏攻下邺城（今河南临漳西南）、消灭冉魏后未能缴获传国玉玺，大失所望。他们是汉化程度较深的民族，对此非常在意。其国主慕容儁为了在政治上压倒东晋，对外声称东晋得到的是假货，真玉玺在自己手中。为自证清白，他正式称帝，建年号"元玺"。

慕容儁能睁眼说瞎话，那别人也可以。从此以后，各路豪强枭雄再也不死心眼，甘心当"白板天子"，纷纷私刻玉玺，以假充真。西燕慕容永和姚秦政权的所谓玉玺，全是这路货色。隋朝统一天下后，将之全部销毁，而把真正的玉玺称为"受命玺"。此刻大唐虽已获得天下，但一直拿不到真宝，只得仿效慕容儁造假玉玺，聊以自慰。

真正的传国玉玺在哪儿呢？就在萧皇后手中。而今定襄一下，玉玺自然也要回到长安，你想想，李世民能不高兴吗？他立即加封李靖为代国公。唐代爵位从亲王到开国县男分为九等，国公仅次于亲王和郡王，排在第三位，食邑三千户，从一品。当然，这个食邑三千户仅有象征意义，不带食实封字样的，都只是空名。李靖能真正享受的食邑，只有四百户。

四

话题回到战场。李靖拿下定襄之后不久，通漠道行军总管李勣也率军抵达云中。这个云中并非位于山西大同附近的云州云中府，而是赵武灵王开辟的云中郡，在今天内蒙古托克托县东北，也就是"持节云中，何日遣冯唐"词句中的云中。从云中到定襄，可以看出中原王朝势力的明显后退。还好，李靖、李勣已经联袂杀来。

李勣继续督师前进，在白道（今内蒙古呼和浩特西北）跟突厥遭遇。唐军奋力厮杀，将突厥击败，颉利可汗只得退守铁山（今内蒙古阴山北）。颉利可汗连吃败仗，山穷水尽，便派人入朝请罪，表示愿意举国南投。双方积怨已久，短期内自然难以建立信任。李世民虽答应受降，派鸿胪卿唐俭和将军安修仁前去抚慰，同时又令李靖率军前去迎接。

率军迎接，这个举动意味深长。李靖担心颉利可汗行缓兵之计，进抵白道后便跟副手张公谨以及李勣商议。李靖、李勣并称"二李"，这两员名将，对当时战局的判断和决策也惊人地一致。他们都认为颉利可汗并未真心降伏，随时可能溜之乎也。突厥目前还有不少人马，一旦越过沙漠，得到九姓铁勒的庇护，唐军将鞭长莫及。当时大唐的使节已到突厥军中，他们必定放松戒备，正是马上出兵、一举解决的良机。但大军全部出动的话，不但时间赶不上，随着战线的拉长，后勤补给压力也会越来越大。

李勣率先表达了自己的看法。李靖非常高兴，握住他的手道："高明！正是当年韩信灭田横的策略！"随即决定挑选一万精锐骑兵，携带二十天口粮，日夜兼程追击。副将张公谨表示疑虑："陛下已接受颉利可汗的投降，朝廷使节也已到突厥军中。此时进兵，恐怕不合适吧？"李靖坚定地摇摇头："这正是进兵良机。也是韩信能平定三齐的道理。即便唐俭等人遭遇不测，也完全值得！"

计议已定，李靖率领精锐骑兵一万杀奔铁山，李勣则率军赶往碛口。这个碛口也不是今天赫赫有名的山西临县黄河边上的碛口镇，而在内蒙古苏尼特右旗西，是退向漠北的要道，左右都是沙漠。突厥行军必须沿着河道，否则没有水草。

李靖率军冒雪抵达阴山，碰到突厥的斥候，大约有千余营帐。斥候们措手不及，全被俘虏。此时保密问题凸显出来，一旦消息走漏，便失去了战术突然性。怎么办呢？李靖当机立断，一面命令这些俘虏随军前进，一边派部将苏定方率领两百名精锐骑兵，加快速度超越主力，在浓雾的掩护下衔枚疾进。

苏定方本名烈，字定方。冀州武邑（今河北武邑）人。先后在窦建德和刘黑闼手下作战。刘黑闼败亡后，他并未归顺，而是辞职归乡，后来以勇武被起用为匡道府折冲，即匡道府府兵的统帅。《隋唐演义》中说他害死了罗成，当然只是演义。

苏定方素来骁勇，接到命令便火速出发，跑着跑着，大雾散去，无数营帐出现在眼前。他立即传令部队排成冲锋队形，弓上弦，刀出鞘，开始冲击。

这个打击来得实在突然，颉利可汗完全没有料到。他斗志全无，立即弃军先逃，因而全军大乱。此后不久，李靖率领大军赶到，俘虏突厥十余万人，杀掉义成公主，擒获颉利可汗的儿子叠罗施。唐俭等人趁乱逃脱，也没有丧命。

义成公主很值得说说。她到突厥和亲，接连嫁给四位可汗：启民可汗、始毕可汗、处罗可汗、颉利可汗。这是胡风，原本无可奈何，但隋朝用她所做的投资，收益实在不小：她救过北巡被围困的杨广，此后到窦建德那里要萧皇后和杨政道的，其实也是她。但跟萧皇后容忍承认大唐的态度不同，她一直忠于早已灭亡的隋朝，而视大唐为篡逆。隋朝时她竭力阻止突厥南侵，而进入大唐时代，她主张南侵的态度甚至比颉利可汗都要积极。因此缘故，她终于被李靖杀掉，而萧皇后则被迎回长安，安度晚年。

颉利可汗带领残兵败将，准备逃向漠北，结果在碛口遥遥看见李勣的旌旗。无奈之下，只得转身向南，最终被大同道行军副总管张宝相擒获。意味深长的是，义成公主虽然被李靖处斩，但唐太宗却留下了颉利可汗，令他住在太仆，供养终身，死后还追赠为归义郡王。这个姿态，毫无疑问是给别的外族看的。

汉灭匈奴，用的是两败俱伤的血拼方式，持续不断地正面打击。但唐灭东突厥，主要利用了其内乱虚弱的时机，武力只是临门一脚。据户部统计，从贞观元年（627）到贞观三年（629），因突厥灾荒和叛乱，各族各部南下归附者竟有一百二十万人之多。与其说唐军消灭了突厥，不如说大唐出面清理了突厥极度衰亡后的乱局。

但无论如何，这依旧算得上丰功伟绩。李世民感觉很有面子，这也是他获得"天可汗"称号的最雄厚资本。而最关键的一粒进球，是李靖长途奔袭的闪击战。李靖立下如此大功，自然有人妒忌，李靖随即被告发纵兵掳掠，导致突厥牙帐的许多珍宝流失。

李靖贪财吗？当然不。南梁的财富积累肯定远超突厥，灭南梁时他都反对抄家，何况而今？但掳掠的事实很可能存在。立下奇功的苏定方此后二十多年没有升迁，直到唐高宗时代才迅速崛起，征西突厥、平葱岭、夷百济、伐高句丽，"前后灭三国，皆生擒其主"，成长为一代名将，因而有学者认为纵兵掳掠这事儿的责任在于率先抵达战场的他。

告发者是谁呢？史书上有萧瑀和温彦博两种记载。此二人前脚后脚担任御史大夫，跟李世民都有极深的渊源。萧瑀是梁武帝萧衍和昭明太子萧统的后代，萧皇后的亲弟弟，他六度为相，但眼里揉不得沙子，看不惯房玄龄、杜如晦等人，唐太宗很头疼，曾将他夺爵贬官。但这是最后的结局，当时李世民还是很赏识他的。"疾风知劲草，板荡识诚臣"，就是赐给他的。温彦博跟随罗艺从幽州归顺后，与李世民关系更加密切。李靖首次出兵抵御突厥的武德八年（625），温彦博跟随张瑾一同出征，兵败后全军覆没，他当了俘虏。颉利可汗逼问朝廷虚实，他坚决不从，便桥之盟后才被放还。萧瑀和温彦博一个为人严厉刻板，一个知道突厥虚实，因而都有可能是告发者，但最大的可能还是萧瑀：义成公主对萧皇后有恩，两人又在塞北生活多年，感情很深。义成公主被李靖杀掉后，萧皇后很是伤心。萧瑀此举有为姐姐报仇之嫌。

无论是谁，反正是有人控告。李世民很生气，对李靖大加训斥。李靖毫不辩驳，只是"顿首谢"，磕头谢罪而已。双方的态度都耐人寻味。许久之后，李世民回过神来，对李靖道："隋将史万岁破达头可汗，有功不赏，以罪致戮。朕则不然，当赦公之罪，录公之勋。"于是下令，给李靖加官左光禄大夫，赐绢千匹，并增加一百户实封食邑。尽管如此，这还是跟剿灭突厥的功绩不相匹配。因而没过几天，李世民又对李靖道："前有人谗公，今朕意已悟，公勿以为怀。"他说得很清楚，这不是公正的指责，而是谗害。因此李靖又被赐绢两千匹，拜尚书右仆射。

然而当了宰相，李靖议事时竟然不声不响。

唐俭抵达突厥后，李靖仍然下令出击，涉嫌违诏的风险李靖都敢于承担，而朝堂议事竟然不开口。这种鲜明的对比，又说明了什么呢？仅仅一句"知进退，识荣辱"恐怕还不够。可以说，李靖一辈子都活在"自锁上变"和不支持玄武门之变的双重阴影中。

杜门谢客的晚年

一

古人有养士的习惯，以李靖那样的功勋、名声和地位，退休以后府上应当养有很多门客，整日里热闹无比，但实际并非如此，他辞职以后，"阖门杜绝宾客，虽亲戚不得妄见也"。

府门紧闭，就是亲戚轻易都不见面。低调如此，正可谓他人生的第三段暗黑。为什么会这样？这还得从他当宰相说起。

李靖在政事堂不声不响长达四年，他一定过够了这种日子，贞观八年（634）终于以"足疾"为由提出辞职。那时他多大岁数呢？虚岁六十四。

"七十而致仕，礼法有明文。"正因为很多人垂垂老矣依旧尸位素餐、贪恋权位，白居易才写了这首《不致仕》。这种现象确实不少，书法名家柳公权可谓代表。大中十二年（858），时任太子少师的柳公权已年满八十，还不退休。他率领百官上朝时，步行到大殿之下，力不能支，竟将皇帝尊号"圣敬文思和武光孝皇帝"误称为"光武和孝"，遭到御史弹劾，被罚一季俸禄，"世讥公权不能退身自止"。不过白居易讽刺抨击的肯定不是柳公权，因为白居易本人没有活到那时候。《不致仕》的目标据称是杜牧的祖父杜佑，故而杜牧一直不喜欢白居易。

然而七十岁退休并非强制规定。《唐会要》记载："年七十以上，应致仕，若齿力未衰，亦听厘务。"什么意思？如果身板还很硬朗，可以继续当官。贺知章退休时多大？八十五岁。而李靖当年仅仅六十四岁，而且辞职的理由还是不难应付的"足疾"。谁都知道这个辞职是识时务的急流勇退：领军作战他得心应手，因为对手比较单一；处理国政他不免心怀疑虑，因为对手很多，不知道来自哪个方向。而他灭掉东突厥的功劳，又大得只能用宰相的职位来作为酬劳，也就是说，唐太宗任命他当宰相，多少有些勉强，彼此心知肚明。

果然，唐太宗立即顺水推舟。他通过岑文本夸奖李靖道："朕观自古已来，身居富贵，能知止足者甚少。不问愚智，莫能自知，才虽不堪，强欲居职，纵有疾病，犹自勉强。公能识达大体，深足可嘉，朕今非直成公雅志，欲以公为一代楷模。"随即下令，加封其为特进，赐物千段，尚乘马两匹。后来又赐给他灵寿木手杖一根。灵寿木枝条上有许多枝节，但比竹子的结节更光滑，木质也更硬。《山海经》记载它有神奇功效，老者使用它可以祛病延寿，故而得名，产地也得名灵寿县。

当然，这些都只是象征性的礼节。唐太宗特许他在府邸养病，如果疾病稍有好转，可每三天去一次门下、中书平章政事。"平章政事"的说法由此开始。唐代的宰相虽多，但只有宰相之实，而无宰相之名：此前中书、门下、尚书省三省的长官为宰相，从此以后，左右仆射、中书令和侍中未必是宰相，只有带"同中书门下平章事"的，才是真正的宰相。

二

然而仅仅两个多月后，这位因"足疾"而辞职的宰相，便再度披上战袍，出征吐谷浑。

李靖是主动请缨的。唐太宗也很想起用他，但考虑到刚刚批准人家退休，又觉得不好开口，便对侍臣道："得李靖为帅，岂非善也！"李靖心领神会，立即向宰相房玄龄请战。当然，是有条件的。什么条件呢？要带着猛将薛万彻。薛万彻和薛万钧兄弟都曾是罗艺的部将，跟随他从幽州投降。跟《隋唐演义》的记载不同，罗艺并非对大唐忠心耿耿，他是太子李建成的死党，最后造反被杀。他支持李建成，薛万彻自然也不例外。当初薛万彻对玄武门的攻击最为凶猛，未能攻下又转而攻击秦王府。看见李建成血淋淋的脑袋后，依旧不肯投降，只是躲了起来。李世民不计前嫌，终于将他招致麾下。此人作战极度凶猛，敢于冒险，因而不是大胜就是大败。帅才没有，但将才还是有一些，是个得力帮手。

这算什么条件？唐太宗立即答应。打虎亲兄弟，薛万彻要去，他哥哥薛万钧自然也要去。根据诏令，李靖为西海道行军大总管，旗下有积石道行军总管、兵部尚书侯君集，鄯善道行军总管、刑部尚书、任城王李道宗，且末道行军总管、凉州都督李大亮，赤水道行军总管、岷州都督李道彦，盐泽道行军总管、利州刺史高甑生。总共六路人马。归降的突厥契苾何力的兵马，也一同分道出击。

作为鲜卑慕容氏的一支，吐谷浑是西晋末年西迁的。慕容吐谷浑率领部众抵达陇上建立政权后，其孙叶延以其祖为族名和国号，吐谷浑由此得名。南朝称之为河南国，西北各族称之为阿柴虏或者野虏。当时其游牧范围自西平临羌城（今青海湟源东南）以西，至且末以东，自祁连山以南，至雪山（今昆仑山和巴颜喀拉山、阿尼玛卿山）以北，东西四千里，南北两千里，都城伏俟城在青海湖西四十五里处，地域极其辽阔。

隋炀帝耗尽心力，也未能真正征服吐谷浑。大唐建立后，与吐谷浑的关系时好时坏。当时盯上吐谷浑的，不仅仅有唐太宗李世民，还有吐蕃赞普弃宗弄赞，即大名鼎鼎的松赞干布。对于大唐而言，不拿下吐谷浑，就无法沟通西域；对吐蕃而言，要想向大唐扩张，接受学习大唐文化，必须先打开吐谷浑这道大门。吐蕃的东部虽然直接跟四川、云南接壤，但山高林密，道路不通，不像吐谷浑的地盘，不是荒原就是草原，行军游牧，两不耽误。

就在李靖辞职的那一年，吐蕃使者第一次抵达长安。松赞干布建议双方联手，攻击吐谷浑。这个建议正好挠中了李世民的痒处。当时吐谷浑扣留大唐使节长期不放，即便没有吐蕃的建议，李世民也有心出兵。

"前军夜战洮河北，已报生擒吐谷浑。"征突厥顶风冒雪，征吐谷浑李靖依旧要顶风冒雪。他率领大军一路向西，贞观九年（635）闰四月八日，李道宗部在库山（今青海天峻南库库诺尔岭）与吐谷浑遭遇，激战后将其击败。然而败退对于吐谷浑而言是家常便饭，事实上这是他们惯常采用的游击战术。上一年段志玄获胜后回军鄯州（今青海海东乐都区），结果他前脚进城，吐谷浑后脚便兵临城下。

吐谷浑败退的同时，还放火烧掉了野草。青海是高原荒寒之地，当时青草未出，野草尚枯，正好一把火烧干净。而没有牧草，战马也就没有吃的，怎么办呢？诸将主张先行后撤，但侯君集力排众议。他认为如果就此回军，难免遭遇去年段志玄那样的尴尬，应当抓住吐谷浑新败之后君臣分离、父子相失的狼狈，以雷霆万钧的气势，一举平定。

这话说到了李靖的心坎上。他立即决定兵分两路，继续攻击：他率领薛万钧、薛万彻兄弟和李大亮走北道，侯君集和李道宗走南道。起初他麾下不是有五位总管吗？另外两路人马，岷州都督李道彦和利州刺史高甑生怎么不见踪影？

这两路人马都出了问题。高甑生的问题比较单纯，行军误期。李道彦的问题则比较严重，背盟负约。

吐谷浑有两个近邻，党项羌和白兰羌。李靖出兵之前，厚赂党项，请他们为向导。党项酋长拓跋赤辞随即跟诸将结盟。已成盟友，他们自然对唐军不加防备。李道彦见有机可乘，竟起了贪心，发兵攻击，夺得牛羊数千，但最终在党项的防守反击下大败，战后被减死徙边。党项在吐谷浑的东南边陲，可以看出，唐军不仅要四路包抄，还要从南到北给吐谷浑拦腰一刀。只可惜这个战术构想未能实现。

高甑生与李道彦不能前来，李靖也继续进兵。北路军进展顺利，萨孤吴仁在曼都山（《资治通鉴》记载为薛孤儿和曼头山）击败吐谷浑，斩其名王，缴获大量牲畜。薛万彻与诸将各率百余骑先行，突然遭遇数千吐谷浑骑兵。虽然敌众我寡，局部兵力对比处于劣势，但薛万彻丝毫不惧，单骑杀入敌军。他作战向来凶猛，手持长矟，纵横驰骋，吐谷浑所部以骑射为主，自然不会直接跟他拼命。薛万彻杀入敌阵又顺利退回，高声激励诸将道："贼易与耳！"说完又策马杀入敌阵，"人马流血，勇冠三军"，部队紧随其后，大败敌军。

此后李靖率领主力，进至赤水源（今青海兴海东南）。薛万均、薛万彻兄弟率轻骑先行，陷入吐谷浑的包围，两人的战马都被杀死，带着枪伤步战，部队战死十之六七。危急时刻，契苾何力率数百骑兵赶到，奋力死战，将两人救出。与此同时，李大亮也在蜀浑山获胜，俘虏名王二十人。从突厥归降的执失思力也在居茹川破敌。李靖督率诸军，经积石山、河源追至吐谷浑的西界且末。此时得到消息，吐谷浑王慕容伏允在突伦川，有逃往于阗的迹象。契苾何力主张迅速追击，但薛万钧的勇猛不及其弟，赤水被围的阴影未散，坚决反对。契苾何力道："虏非有城郭，随水草迁徙，若不因其聚居袭取之，一朝云散，岂得复倾其巢穴邪！"随即挑选骁骑千余杀奔突伦川，薛万均只得引兵跟随。沙漠之中没有水，将士刺马血当水喝，终于成功地追上慕容伏允的牙帐，斩首数千级，获杂畜二十余万。慕容伏允单身逃脱，妻、子均被俘虏。

南路军如何呢？侯君集和李道宗率军经过无人之境二千余里，盛夏降霜，沿途缺水，人吃冰，马啖雪。五月曾在乌海追上慕容伏允，激战之后大破敌军。此后经星宿川（在今青海麻莱东北部）至柏海（今青海鄂陵湖、扎陵湖），与李靖会师。慕容伏允无路可走，被部下杀死（也有记载称慕容伏允自缢而死），其子慕容顺举国降唐，被封为西平郡王。

唐军劳师远征数千里，平定了吐谷浑，但还是无法适应当地的高原气候，只得留下李大亮暂时协助慕容顺，便匆匆退兵。仔细算来，获利最多的并非大唐，而是几乎没有付出成本的吐蕃。他们几乎兵不血刃地占领了原本属于吐谷浑的大片土地，在北方跟大唐实现接壤。

三

吐蕃得到了土地，大唐得到了西域，李靖得到了什么呢？诬告。

高甑生行军误期，被李靖责罚，这本来是很正常的执法。行军误期，影响严重的，可能被杀头。尽管未被杀头，高甑生还是十分忌恨，便联络广州都督府长史唐奉义，诬告李靖谋反。如此严重的指控，唐太宗当然要派人审查。最终的"按验"结果表明，此为诬告，高甑生因此被减死徙边。

按照唐律，诬告者反坐其罪。"谋逆"为"十恶"中的第二恶，妥妥的死罪。故按反坐法，高甑生应判死刑。法司因其有功，按"八议"之法，议其罪而上奏太宗裁定。所谓"八议"，即议亲、议故、议贤、议能、议功、议贵、议勤、议宾，起源于西周时的八辟制度，是"刑不上大夫"的具体体现，曹魏时代正式列入律法。对于上述八种"VIP"的犯罪，不能按照普通司法程序和条文处置，必须奏请皇帝裁决。实际的谋逆属"十恶"，不适用于"八议"之法，但高甑生并非实犯，而是反坐，故仍适用。经集议，太宗裁定将其减死流放边地，跟李道彦一样。

可尽管如此，有人还是试图为高甑生开脱，理由是他是秦王府旧属。还好，唐太宗没有采纳。他当然不能采纳，否则李靖内心更加不安。即便处理了高甑生，李靖还是"阖门杜绝宾客，虽亲戚不得妄见"，可见其内心的不安。为什么会这样？因为他跟高甑生的地位都很特殊。

高甑生是秦王府旧属，不必再说。他敢于诬告李靖，虽有望风希旨的因素，但多多少少也掌握了一些把柄。那些把柄本来肯定无足轻重，估计是些言辞，被断章取义、捕风捉影、穿凿附会。而李靖呢？不仅早年有"自锁上变"的历史"污点"，玄武门之变中又没有公开支持今上，偏偏还姓李，且出自陇西望族。

隋唐之间，图谶之说甚为流行。隋末便有民间谣言，说是姓李的将得天下，隋炀帝为此枉杀了李浑，此后李密之所以称雄一时，也有此缘故。对此谣言别人可以无所谓，但李靖不能。他必须十二万分地小心，十二万分地谨慎。这次出征他又立下大功，但史书中却找不到加官封赏的记录，也很值得玩味。数百年后，南宋大将韩世忠被剥夺兵权后的表现，很难说没有效仿李靖的成分。

根据记载，除此之外，李靖还曾被另外的秦王府旧属诬告过谋反。这人是谁呢？大将侯君集。

李靖精通兵法，著述颇丰。很可惜，《六军镜》《阴符机》《玉帐经》《霸国箴》《韬钤秘书》《韬钤总要》《卫国公手记》均已失传，仅《通典》和《太平广记》中偶有《李卫公兵法》片段。对于这样的人才，当然要充分利用，于是唐太宗令侯君集向李靖学习兵法，学着学着，侯君集也指控李靖有反心。这事儿《大唐新语》和《隋唐嘉话》的记载大同小异，应当源流一致。《大唐新语》是这样说的：

> 侯君集得幸于太宗，命李靖教其兵法。既而奏曰："李靖将反。至隐微之际，辄不以示臣。"太宗以让靖，靖对曰："此君集反耳。今中夏乂安，臣之所教，足以安制四夷矣。今君集求尽臣之术者，是将有异志焉。"时靖为左仆射，君集为兵部尚书，俱自朝还省。君集马过门数步而不觉，靖谓人曰："君集意不在人，必将反矣。"

这条记载将年代系于李靖当宰相的时候，那时侯君集也奉命参与朝政，但究竟是不是，难说。清末民初，大量的中国学生到日本留学，其中学习军事的很多，但在日本陆军士官学校，《筑城》等三门学科对中国留学生大有保留。学到某些章节，中国留学生必须退场。如果这条记载真实，那么侯君集对李靖的指控也不能说毫无道理。尽管最终谁忠谁奸，历史已有明证。

但是有一个问题：唐太宗不是千古一帝吗？他的心胸不是很豁达，连隐太子李建成的亲信魏徵都能重用吗？李靖如此表现，岂不是对他不够信任？

还真是这么回事。真不能怪李靖多疑或者过于谨慎，而是李世民实际的心胸的确没有我们想象中的那么豁达。

四

所谓政治清明的贞观之治，其实应当分为两个部分。初期不错，开局良好，但中后期越来越糟。简而言之，就是高开低走。终其一生，唐太宗最喜欢的还是房玄龄那样的人，不但是老班底，还格外恭顺、唯唯诺诺，动不动就诚惶诚恐地磕头请罪。

李世民对武将的态度，尤其耐人寻味。即便尉迟敬德那样的老部下，他都怀疑。尉迟敬德在平定王世充、窦建德时的战功不必细说，仅以玄武门之变为例，亲手杀死齐王李元吉的是他，戎装进宫逼迫唐高祖李渊的也是他。尉迟敬德有个毛病，居功自傲，喜欢揭短，因而跟宰相长孙无忌、房玄龄、杜如晦等人不和，长期担任外官。有一次参加李世民召集的宴饮，他竟愤怒地质问排在他前面的人有何功劳，配坐他的上席。这实在是煞风景，因而坐在他下位的任城王李道宗赶紧出来解释。李道宗不解释还好，一解释尉迟敬德更加愤怒，认为是对他功劳的否定，一拳打在李道宗的眼睛上，好险没有打瞎。

但居功自傲是一回事，谋反是另外一回事。《资治通鉴》中有这样一条记载：

> 上尝谓敬德曰："人或言卿反，何也？"对曰："臣反是实！臣从陛下征伐四方，身经百战，今之存者，皆锋镝之余也。天下已定，乃更疑臣反乎！"因解衣投地，出其瘢痍。上为之流涕，曰："卿复服，朕不疑卿，故语卿，何更恨邪！"

这事发生在贞观十三年（639）前后。李世民虽为之落泪，但那基本上可以说是鳄鱼的眼泪。他开口询问，便意味着疑心。于是贞观十七年（643），五十九岁的尉迟敬德提出辞呈后，也迅速获准。他最终跟李靖一样，在家闲居十多年。

这还算是好的。李世民先后杀了五位战功赫赫的将军，首先便是卢祖尚。这个卢祖尚曾以前军总管的身份跟李靖一

160

同讨伐辅公祐，能征惯战，官声极好。杀他的原因是什么呢？抗拒诏命。

当时交州都督贪腐获罪，唐太宗想起卢祖尚在都督、刺史任上表现很好，便将他征召入朝，令他前去接替。大概是慑于皇帝的威严，卢祖尚在朝堂上不敢不答应，但回到馆驿便感觉后悔。交州即今天的越南河内，实在太远。唐太宗派人督促他说："普通人尚要守信，何况你对我？你好好干三年，一定把你召回来。"卢祖尚道："那里是烟瘴之地，需要天天喝酒，我又不能喝，只怕有去无回。"唐太宗大怒："我安排一个人做事他都不听，如何号令天下！"随即下令将他斩首。

这种翻悔的确令人生气，也违反纲纪，但罪不至死。如果卢祖尚不是隋朝降将，而是跟李世民素有渊源，会这样吗？

第二个被杀的是刘兰。他也是隋朝降将，抗击梁师都和突厥时都有不小的战功。有人会读谶文，曾对他说："天下有长年者，咸言刘将军当为天下主。"他儿子刘昭又说："谶言海北出天子，吾家北海也。"因为这两句话，刘兰被下令处斩，右骁卫大将军丘行恭甚至吃掉了他的心肝。

第三个被杀的武将也曾当过宰相，他是侯君集。张亮已经揭发过他的反心，但李世民没有追究，也示意张亮别再提及，理由是他们俩都是功勋宿将，当时没有第三人。侯君集如果不承认，张亮也没办法指证。最终侯君集的反罪坐实被杀，而跟他比较，张亮与李君羡真可谓冤枉。

那已是贞观二十年（646），李世民越发老糊涂。虽然张亮也是秦王府旧将，但从怀疑尉迟敬德谋反，到侯君集反罪坐实，李世民对功高官大的张亮越发猜疑，曾经建议他出家："卿既事佛，何不出家？"但张亮贪恋权位，不肯后退，终于丧命，罪名是他阴养义儿五百人。李世民得知张亮养义儿五百的消息，先定下他要反的调子，然后交给司法部门审查处理，结果可想而知。有意思的是，此后不久，李世民又钦点当时坚持张亮"反形未具"的将作少匠李道裕为刑部侍郎，说他当时的话很得当。

李君羡死得更冤。他从王世充麾下归降以后，被李世民引为左右，战功累累。当时太白星经常白天出现，太史占曰："女主昌。"又有谣言说："当有女武王者。"李世民自然非常讨厌。后来他召集武将宴饮时，行酒令让大家都报出小名，闻听李君羡自陈小名叫"五娘子"，他愕然大笑道："何物女子，如此勇猛！"

当时的笑，已经藏着刀。李君羡时为武连县公、左武卫将军，值守玄武门。身上的武字实在太多，结果被处死。当然，程序上毫无问题，有人告发，御史也审问过。不只李君羡，李世民本打算将"疑似者尽杀之"，袁天罡以天命已定，王者不死，滥杀会祸及子孙为由劝谏，他这才罢休。

此时的唐太宗，跟隋炀帝有多大区别？

贞观末期，李世民频频枉杀大臣，导致朝堂上一片惶恐，岑文本拜中书令后竟然满面忧色，明确拒绝亲友的庆贺："今受吊，不受贺也。"人人都知道明太祖朱元璋滥杀无辜，大臣们甚至要写好遗书才去上朝，每天回家之后都庆幸多活了一天，却料想不到，晚年的唐太宗李世民竟也差不许多。

五

有鉴于此，李靖的选择，也就顺理成章。他杜门谢客，平静地生活十几年后，于贞观二十三年（649）五月病逝。几天后，唐太宗也撒手西去。千古名将晚年的表现，对所谓的千古一帝，实在是莫大的嘲讽。

当然，这也可以说是另外一种形式的君臣相得吧。彼此相安无事。

（刊于《作品》2022年第7期）

王玄策：一人定一国

出身胥吏

只俘虏敌国君王，并未占领其土地、建立自己的统治，还由当地人延续传统、自我管理，原本算不上灭国，但无论如何，大唐使者王玄策出使途中，在万里之外遭遇中天竺僭位国王阿罗那顺的攻击时，能赤手空拳从吐蕃、泥婆罗（尼泊尔）调来援兵，将之擒拿，送回国都长安，还是算得上丰功伟绩。遗憾的是，他留下来的历史痕迹不多，民间知名度更小，与这难得的功绩颇不匹配。所以，请原谅这点小小的"标题党"倾向。

大唐与天竺（即古代印度）的交往是中外文化交流史上的重要篇章。而提起天竺对中国最大的影响，人人都会想到唐僧。玄奘的确是个标杆性人物，但将这杆大旗猎猎吹响的，很大程度上是《西游记》。在玄奘、玄策之前，帝王早已注意到佛教的影响。五胡十六国时期，后赵的石勒、石虎便礼敬佛图澄，前秦天王苻坚对佛图澄的弟子释道安更是敬重有加。作为一个统一北方的君主，苻坚曾经公开表示，他派兵十万攻取襄阳，只为获得一个半人。这其中的半个人是历史学家、《汉晋春秋》的作者习凿齿，一个人则是释道安。佛弟子均以"释"为姓，即始自释道安的倡议。后凉的吕光、后秦的姚兴与鸠摩罗什也保持着亲密关系。君王的重视是佛教进一步浸润中国的重要原因。

不过君王礼敬高僧大德，未必是因为受到佛法本身的吸引。石虎之所以重视佛图澄，主要因为他在咒术、预言方面表现出了特殊能力。而苻坚对释道安的尊重，很大程度上也是因为他的信徒多、影响大。这种努力直到近现代还有余韵，冯玉祥在军中大力推行基督教，而唐生智更是让全军皈依佛祖，佩戴"大慈大悲，救人救世"的胸章。

这对大唐使者王玄策有影响吗？当然有。从某种意义而言，如果君王对佛教教义本身十分热衷，或许王玄策在史书上连个露脸的机会都不会有。因为他的级别不是太低，而是根本没有：前融州黄水县令。

黄水县城在今天广西罗城仫佬族自治县西北，也是融州的治所。唐朝是州县等级最为繁密的时代，县分为十等：赤、次赤、畿、次畿、望、紧、上、中、中下、下。京兆府下属的长安与万年，河南府下属的河南与洛阳，太原府下属的太原与晋阳，这六个属于赤县，也叫京县。次赤县本来只有一个奉先（今陕西蒲城），因有皇陵；后期凤翔、成都、兴元（治南郑，今陕西汉中东）、河中（治蒲州，今山西永济西南蒲州镇）与江陵五地升格为府，皇陵也不断增加，共有十四县调整为次赤县。各府非核心区域的属县，则是畿县与次畿县。

黄水县什么等级？不用查《元和郡县图志》，只看看地图，便可以断定为最低等的下县。等级不同，官员级别自然也不一样。县令可不都是七品芝麻官，赤县的县令为正五品上，下县的县令为从七品下，整整相差八格。这还只是明面上的差别，实际的差别更加要命。因为黄水县属于岭南，百越之地。宋之问说："但令有归日，不敢恨长沙。"长沙他都嫌远，何况千里之外的黄水？"日啖荔枝三百颗，不辞长作岭南人"，苏轼这话里话外对岭南的无奈也很明显。从秦汉到唐宋，岭南都是安置贬官罪臣的场所，地域偏远、交通不便、气候难以适应。所谓烟瘴之地，无非是炎热潮湿，北方人无法消受。直到晚唐，那里的州县官员还经常缺编。

我们可以据此判断，王玄策没有考取过功名。正途出身的官员如果没有犯罪，绝对不会来此任官。如果是作为支援边疆的特例，那么这种楷模表率，史籍中当有浓墨重彩的一笔，但迄今为止，经过大海捞针一般的检索，毫无发现，包括清代徐松的《登科记考》。唐五代的进士，史籍中能找到线索的，徐松均已收罗其中。自然，没有王玄策的名字。知道他的籍贯在赤县洛阳，还是由于《大唐西域求法高僧传》中的旁证：

智弘律师者，即聘西域大使王玄策之侄也。

侄子是洛阳人，他自然也应该是洛阳人。不仅如此，他肯定还是整个家族中声望最高、官职最显者。除了血缘最近的亲属，还要提及级别最高的，这是作传的通例。

唐代官员大致有四个来源：门荫入仕、科举取士、军功授官、流外入流。王玄策既然没有通过科举的独木桥，那他又是怎么敲开出仕的大门的呢？应当是流外入流。

唐代的官职分职事官、散官和勋官三类。职事官才是如今人们都能理解的、真正意义上的官职。散官又称阶官，共二十九阶，仅有品级，无印绶，不理事，分文武。前期完全按照散官品级发工资，后期官员队伍庞大而国库空虚，仅最高两等散官享受俸禄。勋官不分文武，类似军功章，不同的是可以累加，总共十二等，《木兰辞》中的"策勋十二转"等级最高，相当于正二品。勋官可以授予平民，若干年后考绩合格，则有资格升为散官。未升入散官的勋官，品级意义不大，仅比平民身份略高，享受官员最基本的特权（比如法律禁止白丁重婚，但勋官可以纳妾；勋官的直系亲属享有部分司法豁免权等）。

没有政治待遇，经济待遇肯定还是有的。均田制度下，散官、勋官也可以按照品级享受职分田和永业田。具体而言，职分田从一品的十二顷到九品的二顷不等，最低级的武官队正、队副也有八十亩。亲王有一百顷永业田，此下从一品的六十顷直到九品的二顷。散官五品以上给同职事官。按照规定，职分田和永业田都在百里之内，如果没有土地可给，就直接给粮食："凡给田而无地者，亩给粟二斗。"从白居易的《议百官职田》看，唐代官员的土地所得主要还是靠职分田。一般按每亩六升的租率出佃，所谓"依品而授地，计田而出租"。当然，"求田问舍笑豪英"，这都是今人的小格局，史册留香的大唐并不计较。

总体而言，勋官体现功劳，散官反映资历，职事官则代表才具。唐人最重视散官与职事官，称为"二官"。官员头衔遵循散官、职事官、勋官、爵位的顺序，最后可能还有"赐紫金鱼袋"字样。散官与职事官的主要来源，其实都是门荫。这是朝廷抬高身价、对抗山东旧士族的重要手段。源自宇文泰关陇贵族集团的李唐王朝，尽管已经夺取江山，还是不被山东旧士族看重，甚至被嘲讽为"驼李"。这个山东，指的当然是崤山以东的中原河北，而不是太行山以东的今日山东。贞观年间编订《氏族志》便是这种价值观的直接反映。尽管唐太宗一再强调"不论数代已前，只取今日官品、人才作等级"，但最初上报的结果，依旧是清河崔氏为第一等。唐太宗非常不满，强行将崔氏降为第三等，而以皇族为冠，外戚次之。

如何才能让新政权的官员人人敬重？大唐的办法是修改形成全新的散官制度。

散官叙阶主要有六种途径：封爵、亲戚、勋庸、资荫、秀孝、劳考。其中封爵、亲戚、资荫都以门第为基础，当然这种门第不是旧士族，而是新权贵。秀、孝分指科举和孝廉，鼓励人们按照统治者提倡的价值观，或科举入仕，或行孝弘德，或建立功勋。虽有六条途径，但根本还是门荫："散位则一切以门荫结品，然后劳考进叙。"为什么格外强调"无印绶，不理事"的散官？因为职事官职位不够稳定："职事则随才录用，或从闲入剧，或去高就卑，迁徙出入，参差不定。"诗人杜牧的堂兄杜慥，便是活生生的例子。他本来是从三品的上州刺史，但后来又改任正六品上阶的三原县令。这可不是等级的差别，简直是阶级的差别：三品是宰相的起步品级，三品以上为"贵"，由皇帝当面册封，所谓册授，佩金鱼袋，服紫；五品以上为"通贵"，由宰相拟定上奏，获准后制授，佩银鱼袋，服绯，绯是深红色，这便是"红得发紫"的由来。六品以下官员由尚书省拟奏请准，文归吏部，武归兵部，所谓敕授，无鱼袋。

职事官的散官品级称为"本品"，官员的服色便按照本品确定。"江州司马青衫湿"，白居易当时的职事官品级是从五品下，原本可以服绯，穿红色的官服，但因其散官只是从九品下的将仕郎，也就是说本品还在最低的一档，所以只能穿青衫。职事官品级随时可能降低甚至消失，但本品只上不下，除非犯事受罚。

而王玄策在历史上首次亮相，《法苑珠林》是这样记载的：

粤以大唐贞观十七年三月，内爰发明诏，令使

人朝散大夫、行卫尉寺丞、上护军李义表，副使、
前融州黄水县令王玄策等送婆罗门客还国。

这其中的"爰"，应当是"苑"。使者李义表的头衔严格按照散官、职事官、勋官的顺序排列，但王玄策的却没有。为什么？唯一的原因只能是他没有散官和勋官官阶。"前黄水县令"一词表明，他当时并无职事，如果有散官和勋官，一定会带着，否则会影响朝廷威严——副使也是使者嘛——也有损本人的面子。因这种情况下没有职事官职，就意味着没有品级。"副使"只是临时差遣，跟品级挂不上钩。

六品以下官员比较惨，不只是没有鱼袋可佩，关键是不能连续当官，中间必须停止一段时间，所谓"守选"。考中进士后也不能马上授官，也要守选。守选多久呢？三年。三年后能不能当官，看你参加吏部每年的选官考试科目选的成绩。当时实行"四时选"，即随时选官。后来中书令马周摄吏部尚书，觉得这样过于劳烦，奏请恢复隋制，从十一月到次年三月选官。最终固定为每年十月到次年正月举行，所谓"冬集"。都考什么科目呢？主要有博学宏词、书判拔萃和平判入等三科。开元礼、三礼、三传、三史等贡举科目，偶尔也用。博学宏词科主要考文章，若有三篇文章好，便算登第；书判拔萃和平判入等则考政事实务。出个情况让你处置，意见用四六句的判词形式写好，不仅仅判词要写得漂亮，处置意见更要精当得体。博学宏词和书判拔萃两科，不论选限

到没到，只要通过就能马上当官；如果你正好到了选限而参加书判拔萃科，本来三篇判词才能通过，而今只需两篇，这就叫平判入等。

吏部的科目选非常严格。像博学宏词科，每年最多录取三人。科目选的严格不仅仅在于录取比例，还在于形式。进士科考都不糊名，而吏部的科目选不仅要封锁考官，还要糊名。像韩愈那样的狠角色，三次应考科目选都折戟沉沙。王玄策以"前融州黄水县令"的身份亮相于史籍，可以肯定，他没有能力通过吏部的科目选。唐人墓志中经常有"高洁不仕"之类的字眼，那是真正的鬼话，真实原因是他没有混成考霸。

拉拉杂杂几大段，是不是无关宏旨？当然不是。这足以说明：王玄策不是军功授官，因其没有勋官官职；也不是门荫入仕，因其没有散官官阶；无法通过科目选，说明他并不以文词见长。既然如此，那就只能是流外入流：流外官转入九流之内。何谓流外官？《唐六典》吏部郎中员外郎条称："凡未入仕而吏京司者。"《新唐书·选举志》明确说："诸台省寺监军卫坊府之胥吏。"

流外入流的例子有吗？当然有，而且还不少。唐代的牛仙客出身胥吏，后来当了宰相；明代著名廉吏况钟也是胥吏出身，在苏州知府任上被皇帝特批食三品俸禄。王玄策胥吏出身而当了县令，说明什么？说明他有才干、通实务，耍不了笔杆子，但玩得转印把子，对治理实务应付裕如。只是再有能耐，没有个好出身也不会有美差，只能先去主管一个兔子不拉屎的下等县份。

人生漫长，局面不好的时候只能忍耐。胥吏出身的王玄策当然懂得，他一直在等待，夕阳一般遥遥地注目，蓓蕾一般默默地等待。在此期间，十三岁的松赞干布继承了吐蕃赞普的大位。松赞干布虽然雄才大略，但一生也只不过做了两件事：一件叫改革，一件叫开放。

戒日王朝

《西游记》里说，唐僧是奉唐太宗之命去往西天求取真经，他还被唐太宗认为"御弟"。京剧《沙桥饯别》表现的就是唐太宗给他送行的场景。

果真如此吗？

唐僧的确是奉派出去的——吴承恩的指派——有官方身份；玄奘可不是，他是"私往天竺"，不但没有官方身份，严格说来还算是偷渡。

玄奘本名陈祎，洛州缑氏（今河南偃师缑氏镇）人，是玄策的同乡。十三岁出家，二十一岁受具足戒。遍游各地研习佛法，不断精进的同时，又心生困惑。因各说不一，难以适从，他希望西行求法，但这个请求却被驳回。为什么？他当时没有名气，而自认受命于天的皇帝，对神魔鬼道历来心怀警惕，担心有人妄称天言将他取代（尽管李世民表现得像个虔诚的佛教徒）。就在玄奘私自出境的贞观三年（629），大唐的开国元勋、司空裴寂还因为这类事情丢了官帽：和尚法雅妖言惑众，裴寂听说后没有上奏。这裴寂可不是一般人，两百年后唐宣宗在凌烟阁为三十七位功臣挂像，其中还有他的位置。不只唐太宗，唐玄宗甚至颁发过明文禁令《禁百官与僧道往还制》，口气格外严厉：

> 自今已后，百官不得辄容僧尼道士等至家。缘吉凶要须设斋，皆于州县陈牒寺观，然后依数听去。仍令御史金吾明加捉搦。

这条诏令发布于 714 年，但长期有效。百年之后乐府诗人张籍还写过这首《寺宿斋》：

> 晚到金光门外寺，寺中新竹隔帘多。
> 斋官禁与僧相见，院院开门不得过。

玄奘最终怎么出去的呢？贞观三年，长安周围发生饥荒，朝廷允许百姓自行求生，"随丰就食"，于是他跟随饥民离开长安，一路向西。抵达凉州（治今甘肃武威）后，都督李大亮拒绝了他的出境请求，勒令他立即返回。等他在慧威法师的帮助下悄悄跑到瓜州，凉州方面的抓捕文书也同时抵达。还好，瓜州方面很同情他，没有留难。而过了瓜州，在当时就算出了国境。他经新疆及中亚等地，辗转抵达摩揭陀国王舍城，进入当时印度佛教的最高学府那烂陀寺（即《西游记》中的大雷音寺原型），师从戒贤。真正帮助他的君主不是唐太宗李世民，而是高昌国王麴文泰。麴文泰与玄奘结拜兄弟，并颁发国书，请沿途二十四国提供方便。可以说玄奘此行没有大唐护照，只有高昌护照。

从文化交流与贡献的角度出发，今天的我们如何高度评价"私往天竺"的玄奘都不过分，他是将世界佛教从印度中心转化为中国中心的关键。一直以来，以洛阳为天下中心的中心论都是我们的历史与文化价值坐标系的原点，但佛教传入后，随着其影响的扩大，我们突然发现，世界还有一个中心，那就是世界佛教的中心——印度。这个以印度为佛教中心的"中边论"在扩大国人视野的同时，也削弱了中国佛教徒的自信。法显等人甘冒九死一生的千难万险去印度取经，结果却被视为边地之人，时受轻视，故而他的有些同伴最终没有回国，选择了留下。宣扬人生不在佛世、不在印度的佛国皆为大不幸的论调，当时一度流行。释道安为什么提倡中国僧人统一改姓释？无非要以佛祖的嫡系子孙自命，从心理上与印度抗衡——尽管"释"并非佛之姓，印度僧人也没有统一姓"释"的规定。

回到玄奘身上。他作为中国人能提出因明学与唯识学理论，创立法相宗，都是前所未有的，由此奠定了佛教中国化的基石。直到禅宗诞生，佛教的中国化最终完成。他独自一人超越万里之遥的空间与完全不通的语言这双重障碍，带回那么多的经典，自有无尽的功德与成就。他的成就，在不经意间，给了他的同乡王玄策启发。

说到这里，得先说说戒日王尸罗逸多。

玄奘这个偷渡客所起到的宣传作用，甚至超过正式的官方使者。他在天竺游历求经这件事给大唐带来的广告效应，恰似改革开放初期突然出现在我们眼前的外国人。伟大人物或者说成功者之间，是彼此成全的，所谓"君子成人之美"。那是个英雄辈出的时代，大唐有李世民，吐蕃有松赞干布，中天竺则有戒日王尸罗逸多。请注意，此处的中天竺是时间与地域概念的重叠，在当时指的就是尸罗逸多的戒日王朝（也有人称为戒日帝国）。很多人忽视了时间与地域重叠这一点，因而造成严重的误解，包括撰写两《唐书》的史官。具体哪里错误，此处无法展开，得先说戒日王。尸罗逸多是国王的美誉或曰尊号，尸罗的含义是"戒"，逸多的意思当然就是"日"。因他在国书中自称摩伽陀王，所以他的国家也被称为摩伽陀国，《大唐西域记》则记为摩揭陀国。

听起来有点绕，得先捋一捋。中国的春秋战国对应着南亚次大陆的佛陀时代。根据佛典记载，当时那里有十六大国或者十六雄国，摩揭陀是其中之一，在恒河南岸。中天竺的戒日帝国仍然以摩揭陀国自居，这很好理解。我们也习惯沿用古称，以便显得有文化有来历。比方秦汉的河东郡，大唐明明已经改为蒲州与河中府，大家依旧称为河东，所以柳宗

177

元也叫"柳河东"。秦汉灭亡后，不知有多少政权还以其为名号。需要注意的是，虽然名为中天竺，地域面积在五天竺中最广，但主要在今天的北印度，即恒河中游与下游地区，并非中部。尸罗逸多直接统领的摩伽陀国虽然肯定也属于中天竺，但《西域传》明确记载，两个都城并不在一地。这很难解释，也很难想象。原因何在？对照西方史料，应该是这样的：

尸罗逸多种姓本为吠舍，中文译名叫曷利沙·伐弹那，意译为"喜增"，606年即位。他的国家本来叫普西亚布蒂。笈多王朝败亡后，北印度主要有五个国家，其中就包括占据着德里北方的普西亚布蒂，与占据着原先的摩揭陀地区、以曲女城为国都的穆克里。周边战和不断，这两个国家便建立了姻亲同盟以应对，穆克里的国王娶了普西亚布蒂的公主。他们结盟，另外两个国家摩腊婆和高达也结盟。高达占据今天的东孟加拉地区，一直是尸罗逸多的强劲对手。高达与摩腊婆的联军一度攻占曲女城，杀死穆克里的国王，囚禁了王妃。当时普西亚布蒂的国王是尸罗逸多之兄，他率军亲征曲女城，希望解救妹妹，但最终身死，尸罗逸多这才得以嗣位。此后穆克里的显贵为收复失地，请求尸罗逸多统治两个国家，以曲女城为国都，戒日王朝随即宣告成立。

穆克里的显贵不只是要尸罗逸多收复失地，还有让他为自己守卫国土的意思。穆克里夹在高达与普西亚布蒂之间，如果尸罗逸多迁都到曲女城，便可以为他们遮挡来自高达的风雨。而从雄才大略的尸罗逸多的角度出发，他看到的只是机遇，因而立即顺水推舟。

尸罗逸多此后或结盟或征战，纵横捭阖，总算建立了表面统一的松散联盟，所谓"萨蒙塔"体系。在当时的天竺，一个君主多威武，疆域有多大，取决于他麾下有多少"萨蒙塔"。这个"萨蒙塔"，类似国人观念中的藩属国，口头上表示拥戴臣服而已。戒日王尸罗逸多与麾下诸王形式上的差别，在于"节步鼓"：他出行时，仪仗中有数百面金鼓，每走一步敲击一下，号称节步鼓。这个待遇只有他能享受。

一代雄主尸罗逸多还有写作的习惯，有三部剧本流传于世，其中五幕剧《龙喜记》长演不衰。他宽容大度，自己信奉大乘佛教，但并不敌视别的教派。当时印度佛教已开始衰落，各种外道甚嚣尘上，因而玄奘要面对一次又一次的辩论。他不断获胜，因而声名鹊起。就在尸罗逸多击败高达、真正称雄的那一年，即贞观十五年（641），玄奘抵达曲女城，尸罗逸多非常高兴，热情接待，为之举办无遮大会，即布施僧俗的大型斋会。无论佛教的大乘、小乘教派还是印度教或者耆那教都可以参加。尸罗逸多竭府库所藏布施，最终连王冠和珠饰都施舍干净，只有粗布衣服蔽体。当然参加大会的各国国王最后又将他的行头全部赎回——就像梁武帝萧衍，自己舍身为僧，再被臣下巨资赎回。

尸罗逸多还特意为玄奘举办了辩难大会。玄奘艺高人胆大，事先放出狠话："若其间有一字无理能难破者，请斩首相谢。"在这场六千人参加的大会上，整整五天无人敢挑战玄奘。小乘教派的教徒很是生气，打算动武，尸罗逸多得知消息，立即颁布命令："众有一人伤触法师者，斩其首，毁骂者，截其舌。其欲申辞救义，不拘此限。"

玄奘最终完胜。可以说，这是他学说精妙高深的结果，也是尸罗逸多行政支持的结果。就像苏轼的盛名固然主要是才气所致，但官方力量的推动也不能忽视。宋孝宗宣称"吾最爱元祐"，而元祐的代表自然是苏轼。被皇家当作主流价值观推动几十年，那效应不是加法，而是乘法。

尸罗逸多支持玄奘当然有其目的。除了对大乘佛教的信奉，还有借力的考虑。高达的国王设赏迦便极端仇视佛教，他是尸罗逸多最强劲的对手，终其一生都未被尸罗逸多真正击垮。辩论结束，玄奘完胜，尸罗逸多很高兴，对他的身份背景也自然而然地产生了兴趣："吾闻中国有圣王出，作秦王破阵乐，试为我说秦王之为人也！"

这个秦王，并非李世民之前的秦王封号，而是对中国君主的称呼。在他们的印象中，中国还处在秦汉时代，所以经常以此为称呼，就像尸罗逸多自称摩伽陀王。

玄奘当然要拣好听的说，更何况唐太宗本来也不错。尸罗逸多闻听后更有兴趣，立即遣使前往长安。这三十多年来，结盟有多么重要，尸罗逸多可是比谁都清楚。更何况英雄之间必然的惺惺相惜，从来不会被时空阻隔。

遣使向唐

中天竺的使者于贞观十五年下半年抵达长安。这一年的年初，江夏王李道宗（637年，李道宗改封江夏王）刚刚护送不知名的文成公主前往吐蕃和亲。唐太宗的注意力牢牢地被突厥、吐谷浑和高句丽吸引，对这个突然出现的中天竺摩伽陀国，并没有表现出太大的兴趣。礼尚往来，遣使回应是有必要的，但他派出的可以说只是半个使团：罽宾国此前也派来使者，唐太宗决定派一个使团，同时回访两个国家。罽宾这个国名虽然在史书中多见，但所指的国家并不一致。这里的罽宾国在今天的阿富汗境内。他们跟大唐交往更多，唐太宗派人厚赏，使团团长是果毅都尉何处罗拔。前往抚慰天竺的使者梁怀璥一同出发，抵达罽宾后独自前往中天竺。

唐初实行府兵制，府兵制的基层组织刚刚改名为折冲府，全国有六百多所，主官叫折冲都尉，两员副官叫左右果毅都尉。折冲府与州县一样都分等级，其果毅都尉的品级由从五品到从六品不等，都是下阶。派往罽宾的使者是这个级别，派往中天竺的梁怀璥呢？只是个二转的勋官云骑尉。虽说"比正七品"，但这个比还真是没法比。前面已经说过，纯粹的勋官政治待遇仅比平民略高。《晏子使楚》的故事人人耳熟能详。晏子个子矮小，楚人刻意捉弄，笑话齐国无人，晏子不动声色地回击道："我们国家派使者很有讲究。贤明者出使贤主，不肖者出使不肖主。我最不肖，所以出使楚国。"

这不完全是耍嘴皮子抖机灵，从使者的级别看，唐太宗对中天竺还真是没当回事。可即便如此，使者的到达还是引起了轰动。尸罗逸多问道："自古曾有摩诃震旦使人至吾国乎？"摩诃震旦是印度对中国的古称。"东方属震，是日出之方，故云震旦。"

得知这是中国官方使者首次抵达，尸罗逸多格外开心，感觉特别有面子。这是遥远但又有力的承认，是与对手竞争时的重要筹码。他丝毫不嫌弃使者品级，接待非常隆重。这是不是因为佛教徒讲究众生平等，没有差别心呢？还真不是。在种姓制度影响下，当时印度僧伽内部已出现等级差别，待遇悬殊："讲宣一部，乃免僧知事；二部，加上房资具；三部，差侍者祗承；四部，给净人役使；五部，则行乘象舆；六部，又导从周卫。"说起来这也是佛教衰落的原因之一，给各路"异道"留下了话柄。尸罗逸多格外重视其实正是差别心的体现：他们是大唐的使节，"宰相门房七品官"，没办法。

尸罗逸多下令郊迎使团，焚香夹道，向东拜受诏书，并再度派出使者跟随唐使前往长安，向大唐赠送了郁金香和菩提树。史书于此用了"朝贡"这个字眼，恐怕有些一厢情愿。拜受诏书，应当也是收受国书的礼节。尸罗逸多此举表达仰慕，意在结好。不远万里，隔着巍峨的雪山主动追认一个宗主国，除非他脑子不正常。从此后大唐对天竺诸国的反应看，也没有当作藩属国看待，比如大唐没有册封诸国——尽管那种册封只是加个好听的名号，口惠而已。

礼节讲究对等，人家如此热情，咱自然要积极回应。就这样，在玄奘的激发下，玄策终于有了表演的舞台，他奉命作为副使，出使天竺。

这是贞观十七年（643）的事情。那一年里唐太宗已多多少少地表现出了暮年气象，难免有一点点老糊涂。征高句丽无功而返，废了太子李承乾，拉倒了魏徵墓前他亲自撰写碑文的墓碑，确定了凌烟阁二十四功臣，同时设置了朝集制度：各州长官或上佐每年年初带着贡物进京"上计"，汇报工作、接受考核，被称作"朝集使"或"考使"。先前他们在长安没有官邸，只能租房跟商贾杂住，直到当年九月，太宗命有司为其营建官邸。

松赞干布

朝廷决定，派朝散大夫、行卫尉寺丞、上护军李义表为使者，王玄策为副使，护送戒日王朝的使者回国，同时回访。朝散大夫是从五品下阶的文散官，上护军是十转勋官，比正三品。坊间都以三省六部制概括唐代的政治架构，其实并不完整，应当是三省六部九寺五监制。三省六部是政务机构，九寺五监是事务机构。九寺五监的很多职能并不在三省六部的管辖范围内。九寺之中的卫尉寺掌管军器仪仗帐幕事务，卫尉寺丞为佐官，管理本寺日常事务，从六品上阶。李义表的散官官阶高于职事官，所以职事官前面加了个"行"字；如果反过来，便是"守"；官阶大致相当呢，则为"兼"。顺便说一句，虽然五品以下有正从与上下之别，但当时按照散官品级计酬，并不详细区分。也就是说，正九品上阶跟从九品下阶俸禄一样。官员们不会觉得别扭吗？不会。因为盛世大唐的官员并不仅仅看重物质利益，很多精神层面的东西他们也看重，甚至更加看重。

胥吏出身者当上县令，除了要有能力，还需要时间的发酵。十八岁被朝廷视为成年，有资格受田百亩，那时的王玄策应当已经三十开外。为什么要选他当副使？天远地荒，路途漫长，这个工作是好汉子不稀干、糙汉子干不了。王玄策中选的原因，除了他需要一个官位，也跟其能力素质有关：黄水县是百越之地，越人在朝廷眼里跟天竺人当然有差别，但差不许多，反正都是语言不通，而王玄策治理经年，考绩没有问题，经验丰富。这是其一。

其二呢？王玄策信佛。

还有其三，但暂且按下。

今天我们要去印度，有很多选择，但当时摆在王玄策他们跟前的道路只有一条，就是著名的丝绸之路。能够选择的只是走南道（于阗道）还是中道（天山道，即龟兹道）。唐蕃古道不是更便捷吗？这条道的确要便捷许多，但是对不起，当时尚未开通——文成公主尚未抵达逻些（拉萨），还在劳累疲乏的途中。在当时，开通道路主要还不是修路建桥挖隧道，而是沿途设立驿站，每隔三十里（西部水草不丰处五十里，吐蕃是一百里）有人接待，提供现成的热饭。这也是文成公主伟大功绩的一个方面。如果没有她，大唐与吐蕃的交通线肯定还要晚很多年才能出现。

既然如此，那就只能护送天竺使者（史书中所谓的"婆罗门客"）原路返回。使团一共二十二人，除了李义表、王玄策，还有典司门令史魏才和匠人宋法智。人员配备当然是精心考虑过的。到佛国友好访问，肯定要派信仰者去。不远万里前往，自然要勒碑或者刻石纪盛，这是中原王朝的习惯，而这些工作，计划由魏才来完成，他是书法家。宋法智是当时著名的相匠，最擅长"传神"，绘画和雕塑俱佳，换而言之，就是画家兼雕塑家。派他来干吗？摹写佛像与其他圣迹，准备回去塑造供养。

这是一次漫长的旅行，翻雪山历草原，越沙漠渡大河，经过西域各国之后，首先进入印度西北部的乌仗那国（乌苌国）。这个国家位于斯瓦特河上，占有四县之地。北接葱岭（古代对今帕米尔高原及昆仑山、喀喇昆仑山西部诸山的统称），南邻天竺，算是北天竺，但跟中天竺的语言一样。此后唐玄宗于开元八年（720）册封其王，与之建立了正式的宗藩关系。王玄策在那里参观了佛足迹遗迹，对五百匹毛驴无人带领，自动往檀特山上运送粮食的场面印象深刻，后来特意写进了书中。佛足迹是圣迹，但毛驴自动运粮并不稀奇。20世纪30年代的老北平还有这样的场面。当时公共交通不便，因而有人出租毛驴。比方从和平门到白云观，雇毛驴就很方便。你现场付完脚力费即可骑驴走人，主人并不跟随，到了地方下驴自行离开，毛驴会自己回去。只要经过简单训练，不难做到。

离开乌仗那国，下一站是泥婆罗。如果说乌仗那国是老朋友，泥婆罗就是新伙伴。说起来泥婆罗跟大唐还有亲戚关系，只是此前尚未接触。这事儿干系重大，得扯远一点儿，从文成公主和松赞干布开始。

贞观之治的年代，大体也就是戒日王朝鼎盛、吐蕃快速崛起的年代。前面说过，松赞干布一生只做了两件事——改革和开放。其改革主要有三大方向：法律、官制、制度。与玄策或曰本文主旨关系最为密切的，是松赞干布先将境内分为十二小邦，后细化为五茹和六十一东岱。"茹"是军政合一的政府机构，其最高长官类似大唐后期的节度使。东岱亦即千户：上等户为"桂"，意为武士，可以从军；下等户为"庸"，意为仆役，只能为民。军队内部军官与士兵的基本待遇相同。这是跟大唐学的吗？不，都是效仿突厥。兵民合一，以十进制编制军队，施行严刑峻法，犯罪必课以重典，对盗窃罪按照价值追赃数倍乃至数十倍，都是突厥的习俗。

如何强化对地方的控制？除了惯常的行政力量，主要靠盟约。赞普和地方首领每年一小盟，以羊、狗和猕猴祭天；三年一大盟，仪式跟小盟类似，但规模更大，牲畜也更大——将马、牛、驴之类的大牲畜肢解开腹，送上祭坛，由巫师向神灵赌咒发誓"有负此盟，使尔身体屠裂，同于此牲"。

说白了，也就是精神控制。

白登之围时，匈奴人为了摧毁刘邦的抵抗意志，用不同花色的战马分别组成严整的骑兵队伍，分布四方。吐蕃军队也一样：各茹军队不仅战马的颜色有严格区分，旗帜也是如此。这五茹的战马和旗帜颜色各不相同，最终演化为今天西藏遍地皆是的五色风马旗。从这个意义而言，八旗并不新鲜。

要开放，先要打开关口。陆地封闭的吐蕃，周围有十八个关口，松赞干布下令全部放开，并率先开通逻些到泥婆罗与大唐国都的官方道路。吐蕃与泥婆罗、天竺的交通可以称为"食盐之道"。很久很久以前，吐蕃人便翻越喜马拉雅山将食盐、羊毛、牦牛尾、麝香、沙金以及其他动物毛皮卖到泥婆罗和天竺诸国。比起佛出生地蓝毗尼所在的泥婆罗、佛得道和灭度的天竺，当时的吐蕃完全是文化荒原，连统一的文字都没有形成。人称"黑教"的原始宗教苯教虽然力量强大，但经义学说远不及佛教精深，有诸多弊端，达不到松赞干布用以收拾人心、整合力量的目的。吐蕃对这个方向，有一种积极的文化意义上的贪婪。

吐蕃迁都逻些以后，也引起了泥婆罗的注意。泥婆罗当时的国王名叫阿姆苏·瓦尔玛，汉文典籍音译为鸯输伐摩，意思是"光胄"。他很有声望和作为，立即遣使与吐蕃通好。为什么？有政治、经济的双重考虑。鸯输伐摩本人并非正常继位，而其南面有强大的不断扩张的戒日王朝。要想不被吐蕃和戒日王朝做成夹心饼干，当然要有所规划。不仅如此，早已进入封建社会的泥婆罗历来重商，经济文化都要发达许多。他们的工艺品极为精巧，雕刻、绘画、建筑等都达到很高的水平。而要想把吐蕃变成稳定的市场，首先得建立友好关系。

这可真是天上掉馅饼的好事，正强力推行改革开放的松赞干布立即做出积极回应，遣使回访。引进佛典、创立文字，都需要专门的文化人才，建设都城也需要泥婆罗匠人的力量。最终修建布达拉山顶的红宫时，有许多泥婆罗工匠加盟，从泥婆罗传来的文化更是不可胜数。

为强化关系，贞观十二年（638）松赞干布向泥婆罗求亲。鸯输伐摩答应得很痛快。为什么？不是东风压倒西风，就是西风压倒东风，夹在两个大国之间的小国，必须选择一个靠山，这是地缘政治的必然结果。次年尺尊公主便嫁入吐蕃，带着释迦佛像、琉璃宝钵、珍宝绫罗等诸多嫁妆，泥婆罗文化在吐蕃的影响进一步扩大。

比起对南开放，向东引进的过程就要曲折很多，也更费心思。贞观八年（634）松赞干布首次遣使入唐，目标选得格外巧妙，是吐谷浑。吐谷浑占据青海一带，是大唐与西域联系的动脉血管，也是吐蕃向东扩张的第一道障碍。"前军夜战洮河北，已报生擒吐谷浑。"当时吐谷浑与大唐的关系极度紧张，不时出兵袭扰，还扣留了唐使，好几年不予放还。松赞干布要求与大唐联手，教训教训这个不识相的家伙。

这话正好挠到了李世民的痒处。那一年，大唐真是国内洪水滔天，边境烽火狼烟。当年五月一日出现日食，今天看这是再正常不过的天文现象，但时人都视为灾难的标志。而此后果然陇右地震，黄淮洪灾。这还不算完，吐谷浑可汗慕容伏允总是不消停。李世民早有出兵之意，这下主意更加坚定，立即派老将李靖亲自出马，最终将慕容伏允灭掉。

表面看来，这次作战行动大唐大获成功，但其实受益最大的是吐蕃，松赞干布兵不血刃便顺势占领了青海北部的大片土地。不过李世民并不在意，那些年里，他的精力主要被北方牵扯着。从东北的高句丽、北方的东突厥、西北的吐谷浑到更加西北的西突厥，如果说当时的东亚是一个教室，作为天可汗的他就是班主任。班主任的注意力在哪里？只会集中于两个方向：成绩最好的，表现最差的。如果成绩又好（实力强大），表现又差（老跟大唐闹别扭），那他的关注度自然更高。"拉两头，打中间""不打勤不打懒，只打不长眼"都是常用手段。

在当时的教室中，吐蕃表现得很安静，至于成绩，无人知道。宝剑尚在匣中，谁知道其光芒与锋利？尚未完成最终统一的吐蕃，还无力向外扩张，跟大唐也不搭界。相邻处要么荒无人烟、无路可通，要么被党项羌和白兰羌阻隔。即便扩张到了青海北部，中间依旧隔着面积缩小的吐谷浑。这种地缘政治格局，决定了双方客客气气的和平共处局面。

但问题在于，松赞干布这个当时的毛头小子，跟李世民和尸罗逸多一样也是一代雄主。贞观八年，松赞干布向大唐派出使者的同时，还同时遣使前往泥婆罗、突厥和吐谷浑。松赞干布是真心仰慕大唐，虚心向大唐学习的，既没有落后者的怨天尤人，又没有保守者的故步自封。娶到天可汗的公主不仅仅能赢得政治上的面子，必定还会获得源源不断的文化支持。于是他援引名将阿史那社尔从突厥内附归唐后迎娶皇妹衡阳公主的例子，效仿吐谷浑，向大唐求亲。

过于安静的学生是不会引起老师注意的，松赞干布的这个请求，被唐太宗礼貌但是坚决地"灭灯"。

唐古拉山东边的大国不给面子，喜马拉雅山南边的小国给。泥婆罗"牵手"而大唐"灭灯"，松赞干布当然知道根本原因所在。他借口大唐不允是因为吐谷浑离间，率军对吐谷浑发起攻击。那时吐谷浑已处于灭亡的边缘，慕容伏允被消灭之后，大唐扶持诺曷钵作为傀儡，此为吐谷浑第二十二任也是最后一任可汗。他们极度衰弱，哪里是吐蕃的对手，一直被驱赶到了青海湖以北。松赞干布将他们击败后，顺带着又收拾了党项羌和白兰羌，然后率领二十万大军进攻松州（今四川松潘）的同时，再度遣使入唐求娶公主。

君王之间的搭讪，成本就是这么高昂。但无论如何，再火爆的搭讪也是搭讪，不是真正的作战。吐蕃首战告捷，等唐军赶来后小败一阵，立即退兵。松赞干布再度遣使入唐，请罪的同时，还是求娶公主。这样一来，唐太宗不答应也得答应，为天下苍生念，确实不能怜惜一女。于是弘化公主前脚下嫁吐谷浑可汗诺曷钵，文成公主后脚出发前往吐蕃。大唐的表现甚至比吐蕃还要着急，还要主动。面对前来求亲的大论（宰相）禄东赞的恭顺言辞，李世民十分满意，封他为右卫大将军，并将一名宗室女子赐给他为妾。禄东赞推辞道："臣本国有妇，父母所聘，情不忍乖。且赞普未谒公主，陪臣安敢辄娶。"

理由如此充分，李世民依旧不管不顾，还是强行将宗室女子嫁给了他，简直就是买一送一的架势。

这话说起来难听，但其实充满着政治上的必然与无奈。"行家一出手，就知有没有"，在长安的短暂接触，已让李世民对禄东赞刮目相看。这样的人，必须为我所用，必须牢牢羁縻。而最终证明，他的判断格外精准。禄东赞此后给唐高宗和武则天造成了无数的麻烦。

文成公主此行虽是功德圆满的和亲，从某种意义而言又属于"逼婚"或者"抢亲"。与之比较，尺尊公主出嫁简直就可以算是两相情愿。神奇的是，逼婚的结果是吐蕃臣服于大唐，而两相情愿的结果却反了过来，是泥婆罗臣服于吐蕃。

为什么？因为新国王是吐蕃扶持起来的。

鸯输伐摩死后不久泥婆罗国内即发生政变，继任国王被其弟杀死后，国王之子那陵提婆逃到吐蕃，向松赞干布和尺尊公主求援，条件是向吐蕃称臣。松赞干布本来就瞪大眼睛、竖起耳朵，警觉地捕捉着扩张的机会，此时此刻当然不能无所作为，他立即派出兵马护送那陵提婆回国，为其报了杀父之仇、夺位之恨，重新将他送上王位。而泥婆罗成为吐蕃的藩属后，那陵提婆还将此事刻石立铭，永传后世。他和此后的国王尸罗提婆的碑文上都写明：给吐蕃纳税之事，每年应由五人负责率领运送贡物的脚力，前往完成。

泥婆罗与吐蕃的关系，大唐的使节肯定早已知晓；反过来泥婆罗也一样。看到大唐的使节，那陵提婆非常高兴，亲自陪同他们游览阿耆波浓水火池。这是个水温很高的温泉，"周回二十余步，水恒沸，虽流潦暴集，烁石焦金，未尝增减。以物投之，即生烟焰，悬釜而炊，须臾而熟"。这种温泉很多，但在李义表和王玄策眼中，肯定算是奇观。

有心的王玄策肯定不只看到了奇观，还对那陵提婆以及这个国家的整体实力做出了判断。因为此后的关键时刻，他必须来此寻求助力。

副使出访

游览完毕，稍事休息，使团再度上路，由泥婆罗向南，于当年年底进入中天竺，抵达其国都曲女城，送回客使，递交国书后，继续巡游各地，瞻仰参拜佛教圣迹。这不仅是因为对佛教本身以及当地风土人情感兴趣，也有极尽所能地扩大影响的意思在内。贞观十九年（645）正月二十七日，使团抵达摩揭陀国的故都王舍城（今比哈尔邦巴特那之南）。这是著名的佛教圣地，因释迦牟尼长期在此居住修行，佛灭度后又在此举行了第一次佛教集结。佛祖曾在王舍城东北的耆阇崛山上宣讲佛法，此前法显和玄奘先后上山敬拜，使团当然也不能错过。

尽管佛灭度已有千年，佛教已经衰落，但山上的圣迹保存完好，佛祖行坐处都建有佛塔纪念。历经万里而来，看到这些圣迹，王玄策他们感慨莫名，难以平复，因而勒铭于山，希望传之不朽。

《登耆阇崛山铭》载于《全唐文》。虽然未必是李义表的手笔，但依旧按照惯例，归于其名下。共有五节：

　　大唐出震，膺图龙飞。光宅率土，恩覃四夷。化高三五，德迈轩羲。高悬玉镜，垂拱无为。

　　道法自然，儒宗随世。安上作礼，移风乐制。发于中土，不同叶裔。释教降此，运于无际。

　　神力自在，应化无边。或涌于地，或降于天。百亿日月，三千大千。法云共扇，妙理俱宣。

　　郁乎此山，奇状增多。上飞香云，下临澄波。灵圣之所降集，贤懿之所经过。存圣迹于危峰，伫遗趾于岩阿。

　　参差岭嶂，重垒岩廊。铿锵宝铎，氛氲异香。览华山之神踪，勒贞碑于崇冈。驰大唐之淳化，齐天地之久长。

到底是官方使节，时刻没有忘记官身与此行的目的。即便到了这样的佛教圣山，也是从宣扬大唐的国威起笔，以推广大唐的教化结束。当时的他们一定没有想到，世界佛教中心最终真的会从印度转移到中国。

　　使团下了山继续巡礼，从佛涅槃的娑罗林，直到诗人王维的偶像、著名的在家菩萨维摩诘的故居。行色匆匆，当年二月抵达摩诃菩提寺。这座寺庙的历史可以追溯到前6世纪，王玄策他们看到的主要建筑已是阿育王的手笔。作为印度早期砖石结构寺庙的杰出代表，该寺已被联合国教科文组织确定为世界文化遗产。因佛祖在此成道，故而教徒普遍景仰。不远万里抵达，焚香供奉之后，自然不能一个字都不留下，而留下痕迹最常见的方式，便是刻碑。

　　这通碑立于当年二月十一日。在该寺塔西的菩提树下。书写碑铭的是典司门令史魏才。看来不仅在书法家辐辏云集的大唐，即便在这个二十二人的使团中，王玄策的书法也算不得突出。这也可以作为他未中进士的旁证。进士科考与吏部选官考试的内容要书写答题，大唐选官更有"身、言、书、判"四大标准，书法便在其中。这里的书法，主要指楷书。唐楷之所以名家辈出，也是官方无意间推动的结果。可以说唐代正途出身的官员，人人都有诗人、书法家的实力。因史料缺乏，我们只知道碑铭是魏才的字迹，但著作权在不在他手中则不得而知。通常而言，撰写与书丹未必会是同一人。

　　碑文如下：

昔汉魏君临，穷兵用武。兴师十万，日费千金，犹尚北勒阗颜，东封不到。大唐牢笼六合，道冠百王，文德所加，溥天同附。是故身毒诸国，道俗归诚。皇帝愍其忠款，遐轸圣虑，乃命使人朝散大夫、行卫尉寺丞、上护军李义表，副使、前融州黄水县令王玄策等二十二人，巡抚其国，遂至摩诃菩提寺，其寺所菩提树下金刚之座，贤劫千佛，并于中成道。观岩饰相好，具若真容。灵塔净地，巧穷天外。此乃旷外所未见，史籍所未详。皇帝远振鸿风，光华道树。爰命使人，届斯瞻仰。此绝代之盛事，不朽之神功，如何寝默咏歌，不传金石者也。乃为铭曰：

大唐抚运，膺图寿昌。化行六合，威棱八荒。身毒稽颡，道俗来王。爰发明使，瞻斯道场。金刚之座，千佛代居，尊容相好，弥勒规模，灵塔壮丽，道树扶疏。历劫不朽，神力焉如。

主题跟《登耆阇崛山铭》一样，意在宣扬大唐国威。东天竺的迦没路国即《大唐西域记》里的迦摩缕波国，在今天的孟加拉国境内，当时佛教不昌，外道繁盛。他们对大唐态度友好，其国王童子王也算得上英明神武，是戒日王形式上统一天竺的重要盟友。他与戒日王东西夹击，才拿住高达。在热情地接待过玄奘后，他又友好地接待玄策一行，并向李义表攀亲戚："上世相承，四千年先人神圣，从汉地飞来，王于此土。"李义表立即见缝插针，向他推销老子学说："支那大国，未有佛教之前，旧有圣人说法，在俗流布。但此文不来，若得闻者，必当信奉。"尊崇老子是大唐自抬身价的连环手筋之一，也可以说是国策。

兴趣是年轻与活力的象征，无论对人还是国家，唐太宗和尸罗逸多如此，童子王也是如此。童子王听了李义表的话，立即要求将那些学说译为梵文，拿来看看。毫无疑问，这是使团的加分之作。

任务完成，使团启程归国。而就在他们走到王舍城的同时，玄奘回到了长安。这位有偷渡前科的功臣终究心里不安，因而于于阗便上表为"冒越宪章，私往天竺"的行为辩解。最终虽然获准回国，且受到热烈欢迎，但玄奘请求唐太宗为经作序时，唐太宗还是一口回绝了。

玄奘抵达洛阳后，曾经跟唐太宗每日密谈。在此期间，他被建议还俗从政，又受邀从征高句丽。当然，他一一婉拒，只答应将沿途风土人情、山川胜迹记录下来。这便是著名的《大唐西域记》。此书完成后，唐太宗痛快地为之作序。这位雄才大略的君王，看待佛教或曰地理用的也是帝王视角，主要看能否为我所用、如何为我所用。最终征高句丽劳师无功，唐太宗深深叹悔："魏徵若在，不使我有是行也！"命令驰驿以少牢祭祀魏徵，将拉倒的石碑再度立起，并将魏徵妻儿召至行在，大加赏赐。

也是在那一年，六品以下官员开始"冬集"，总数迅速向一万迈进，竞争无比激烈，但王玄策已经不再需要费这个气力，回到朝堂不久，他便领到了官帽。

独当一面

当时唐蕃古道尚未全线开通，即便已经开通，王玄策等人在天竺也无法掌握情况，只能继续绕大圈，原路返回。因而回到长安，已是贞观二十一年（647）。为什么能确定是在这一年？因为有文献记载，当年李义表将迦没路国童子王请老子像和《道德经》的事情，奏报给了朝廷。这种事情既不可能拖延，也不可能分开上奏，因而王玄策等人归来必在当年无疑。只是王玄策席不暇暖，便再度接到命令：以右卫率府长史的身份，出使中天竺。

唐代统领天下府兵的机构是十六卫。他们的官署在皇城以南，被称为"南衙府兵"，与驻扎在皇城以北的"北衙禁军"相互制衡。与十六卫对应的，是宿卫东宫的太子十率。虽有十率，但只有六率统领府兵，即左右卫率、左右司御率和左右清道率。长史为正七品上阶，比从七品下阶的黄水县令稍高。当然，王玄策并未真正就任，这只是个名分。在他的时代，甚至都不要职事官品级确定俸禄，散官官阶通吃。但奇怪的是，史籍中依旧没有提及他的散官官阶。

在交通极度不便的当年，外地做官的确不容易，甚至赴任有时都需要大半年时间。只是赴任好歹可以携眷随行，而王玄策等人出使则只能孤身前去，无法带家眷。此前出使来回已是五个年头，刚刚到家不久便再度上路，不免过于急迫。为什么会这样？这就首先要说到唐太宗。

唐太宗固然是帝王之表率，但依然有个老糊涂的晚年，几乎晚节不保。这也正常，越是雄才大略越容易如此。因其能力格外强、威信格外高，庸众必然迷信。大家要么不敢劝谏，要么劝了也没用。那时突厥、回纥相继平定，北方一片太平，参天可汗道已经建立，四夷臣服，元旦朝贡的使节经常有数百人。可以想见，这极大地满足了唐太宗的虚荣心："汉武帝穷兵三十余年，疲弊中国，所获无几；岂如今日绥之以德，使穷发之地尽为编户乎！"

唐太宗开边的成本只是低于汉武帝，并非没有成本。晚年临近，他的开边意愿越发强烈：西征龟兹，东伐高句丽。西征龟兹折损了名将郭孝恪，远征高句丽更是连吃败仗。但他不甘心，命令剑南道建造战船，准备再兴攻势。工程规模实在太大，当地工匠不够，只能雇潭州（今湖南长沙）人。过于沉重的负担，最终导致雅（今四川雅安）、邛（今四川邛崃）、眉（今四川眉山）三州的僚人造反。

唐太宗跟父亲李渊一样染有风疾。风疾是什么病，此时无法细说，反正他特别怕热。就在王玄策刚刚归来又匆匆出使的那一年，唐太宗下令将长安以南、秦岭北麓翠微山上的废宫重新整修为翠微宫，供其避暑。但刚刚落成，唐太宗便嫌地方狭小，无法安置太子和百官，又令在已经废弃的仁智宫基础上兴建玉华宫。玉华宫位于子午岭南端山谷的出口处，在今天陕西铜川市境内。唐太宗虽然下令节俭，只有他居住的宫殿用瓦覆盖，其余的全部铺草，但规模太大，"然备设太子宫、百司，苞山络野，所费已巨亿计"。而贞观之治影响深远，其主要表现之一在于政治开明。农业国家经济复苏速度缓慢，而朝代更替的战争创伤巨大。即便到了开元盛世，根据敦煌文书推算，普通百姓的负担依旧比较沉重。百姓一年辛苦所得，除去缴纳皇粮国税，也不过落个温饱。民间普遍的富庶还要等到两宋。两宋是商业社会，大唐只是农业社会，无法相提并论。

随着北方的安定，玄奘、玄策相继归来，天竺周边国家的使节也纷纷抵达长安，这个方向的热度显著提高。巂州（今四川西昌）都督刘伯英上表建议："松外诸蛮暂降复叛，请出师讨之，以通西洱、天竺之道。"

为引起大唐的重视，吐蕃曾经进攻松州，秀肌肉求公主。很多人会想当然地认为松外即是松州之外，然而，一字之差，谬以千里。松外古城在今天的四川盐边县，靠近云南。松外诸蛮指的是盐源以南到洱海地区的少数民族，主要成分为白蛮和乌蛮。诱发刘伯英此议的固然是他们降而复叛，但真正的着眼点却是通西洱、天竺之道。此后唐军果然大举出动，前往征讨。

除了宏观背景，还有具体诱因：西域天竺各国派来了许多使者，需要大唐护送并回访；他们献来诸多物品，都是中国所没有的稀罕品种，这些东西，更是多多益善。比方摩伽陀国送来的郁金香和菩提树，泥婆罗送来的菠薐菜、胡芹和浑提葱。菠薐菜即菠菜，浑提葱即洋葱，都是今天吃货们少不了的爽口品种。西域胡国产石蜜，即冰糖。大唐一直没有掌握这门工艺，只产粗砂糖即红糖，含水率较高，容易受潮融化。西域传来的石蜜都产自印度，那里工艺最为先进。这也是王玄策此行的标的。

盛世大唐，主要是文化盛世。经济、文化双双盛世，还要再等约四百年到两宋。文化盛世的大唐，当然不会只注重物质，更关键的还是文化。文化交流，语言为先：求取梵语翻译人才，也是王玄策的任务。迦没路国童子王需要的《道德经》梵语译本，匆促之间无法译出，至少这次没法带上。还有，玄奘带回来的大量佛经，仅靠他和弟子的力量也无法完成翻译。西晋以前，佛典翻译完全靠民间力量，到隋炀帝时代才有国立译场。玄奘归来后，钦定译场设立。译场虽已国家化、行政化，但译员还是特别缺乏。

在这种背景下，王玄策再度匆匆出使，势所必然。但所有这些只能解释他为什么匆匆出使，无法解释为什么会是他。

为何没再用李义表？最大的可能，是李义表必须写出完整的考察报告。从古至今，外交官都是公开的特工，负有收集相关国家信息或曰情报的责任。这是公开的秘密，大唐也不例外，朝廷对此有明确要求，《唐律》规定："诸受制出使，不返制命，辄干他事者，徒一年半。"先把报告拿出来再说别的，否则判处一年半徒刑。所以即便玄奘那样"私往天竺"的人，也得写一本《大唐西域记》。李义表作为官方使者，自然更是无可推辞，而这需要时间。

此时朝廷选择王玄策，客观上肯定是因为他表现出了足够的能力，至少李义表对他的表现足够满意；主观上则因为他有这个意愿。这个意愿可以拆解为两部分：对功名的追求，对佛教的兴趣或曰热爱。

当时王玄策毕竟没有官身，毫无疑问，他需要一顶官帽。如果没有临时职务，那么他跟朝堂基本也就没了关系。另外一点，从此后他的人生轨迹看，他对佛教已有信仰，至少是兴趣，所以他有能力也愿意再跑一趟。

遭遇攻击

右卫率府长史，这真是冥冥之中的奇怪巧合：谁也没有想到，大唐与天竺的友好交流史，竟然需要一位能征善战、能谋能断的长史。但此时此刻，我们需要抬头看看周围，将视线从玄策和玄奘身上挪开，关心一下玄照。

玄照法师是太州仙掌（今陕西华阴）人。跟玄奘一样，也是幼年出家，贞观年间巡礼天竺，在那烂陀寺留学。玄奘影响了玄策，玄策又影响了玄照，具体原因后述。就在玄策回到长安前后，玄照开始了自己的游学之旅。他沿新开通的唐蕃古道进入吐蕃，抵达逻些后求见文成公主，在其资助下，这才翻越喜马拉雅山抵达天竺。

当然，那时的玄策尚不知道玄照此人。他正着急收拾行装，准备再度出发。出发之前，他脑子里记挂着许多事，其中包括皇帝陛下的健康状况。

长期紧张的军事政治斗争极大地消耗了唐太宗的精力、体力。贞观六年（632）他不过三十三岁，正在壮年，但已经进入亚健康状态。当年他打算入住长安三百里外麟游县的九成宫。面对通直散骑常侍姚思廉的谏阻，他辩解道："朕有气疾，暑辄顿剧，往避之耳。"四年之后的贞观十年（636），他病情更重："上得疾，累年不愈。"就在王玄策作为副使首度出使那一年，即贞观十七年（643），唐太宗亲自到名医甄权家中，"视其饮食，访以药性"。甄权当时已经一百零三岁，和弟弟甄立言都精于医道及养生。唐太宗跟甄权谈得很投机，"因授朝散大夫，赐几杖衣服"。朝散大夫是从五品下阶的文散官，王玄策立下奇功之后才获得这个职位，而甄权竟是唾手可得。为什么？想来皇帝已有病急乱投医的倾向。

前面说过，崇尚道教、尊崇老子是大唐的国策。政策是最大最强的指挥棒，政府的资源倾斜自然会导致风向的变化。唐初以来，原本遮遮掩掩的炼丹活动顿时如火如荼。最迟在贞观十七年，唐太宗已经开始服用丹药。当年太子右庶子高季辅上疏议论朝政得失，唐太宗赐他石钟乳一剂："卿进药石之言，故以药石相报。"

这些事情王玄策牢牢记在心里，因为天竺也有古典医学，名曰长年方。当然，没有把握的事情，他不会声张。收拾完毕、准备充分，便率使团出发。这次他依旧没有走唐蕃古道，因要先护送大夏的使者回国。唐太宗回赠大夏国主与寺僧绫帛千余段，得先给人家送过去。

大夏国都蓝氏城在今天阿富汗北部巴里黑附近。他们很早就与我国有往来，《史记》《汉书》都有记载。张骞虽然没有亲临其国，但他的副手去过，并将该国的使者一同带回了长安。王玄策抵达大夏，完成使命，然后继续前行。

丝绸之路沿线有许多小国家，王玄策经临其国，然后带着这些国家的贡物上路。刚一进入中天竺，王玄策便接到了戒日王尸罗逸多已经溺死于恒河的消息。印度中央集权的意识很是淡漠，各方势力更像春秋时期的霸主，就看会盟时多少国家前来捧场。正因如此，尸罗逸多才显得格外难得、格外罕见。很可惜，天不假年，他突然死去又没有子嗣，威权突然消失，旧有的秩序失去约束，自然会乱。大臣阿罗那顺便自立为王。

关于阿罗那顺的资料极其有限，就连他的国名，两《唐书》和《资治通鉴》都有那伏帝、帝那伏帝和帝那伏三种说法。《册府元龟》和《金石萃编》的记载最为详尽准确，是"婆罗门帝那伏帝"国。但究竟是何种形式与程度的"自立"，也没有详细资料。到底是自立为婆罗门帝那伏帝国的国王，还是以国王的身份，僭位为戒日王朝的霸王？说是前者吧，两《唐书》和《资治通鉴》都把账直接记在中天竺头上，并说关键性战役发生在中天竺"国城"；说是后者吧，战地茶博和罗城又从未做过戒日王朝的国都。如前所述，戒日王朝成立之时，国都便迁到原先穆克里的王城曲女城。

阿罗那顺的国都，即激战战地茶博和罗城在哪儿？它其实就是华氏城，又译作波吒厘子城。这是古印度重要的中心城市，控制着恒河下游平原，孔雀王朝和笈多王朝都曾以此为都，但当时已严重衰败，阿罗那顺方能盘踞于此。西北八百公里开外的曲女城，他鞭长莫及。因为根本没有相关史料，谁也不知道穆克里与高达的具体疆界，仅从地图判断，阿罗那顺的帝那伏帝国有两种可能：一是原本属于穆克里且在其边缘地区，远离戒日王尸罗逸多的本部普西亚布蒂；二是属于高达。

只看中国史书，我们会觉得阿罗那顺的叛乱很突然，但如果对照一下地图，就会明白这不是突然而是自然。无论哪种情况，阿罗那顺都远离尸罗逸多的有效统治中心曲女城，戒日王的控制能力至此已是强弩之末。在阿罗那顺眼里，戒日王强加的统治原本就来得不明不白，而今既然戒日王已死去，那么自己出山，便是当仁不让。于是他以婆罗门帝那伏帝国国王的身份，僭越上位。他试图统治的只是原先的穆克里东部边缘或者高达的西部边缘。

两《唐书》将华氏城记载为中天竺国都并不准确，《简明中国历史地图集》沿袭两《唐书》，让我走了无数的弯路。但错误的源头在哪里呢？这个账，还真得记到王玄策头上。这就是前文所说的，对于中天竺这个称谓，没有严格把握时间与空间的重叠。但具体原因只能后面细说。

我们眼睁睁地看着王玄策带领使团，一步步地走近风险。他生性机警干练，当然不是毫无发觉，一路走一路打听阿罗那顺的性格特点。结果发现，此人的口碑很差，人心不附。这也正常，尸罗逸多的地位是真刀真枪打拼外加佛教思想浸润灌输而来的。你阿罗那顺突然出手摘桃子，大家肯定不服气。

不过这到底是别国内政，不在和平使者、佛教徒王玄策的考虑范围之内。他按照计划继续行进。王舍城外的毗布罗山西南背阴处有五百温泉，泉水似有神力。王玄策来到这里，用泉水洗头，此后五年头发洁净。但神力即便能让头发洁净五年，也无法保佑他一路平安。来到华氏城，立即遭到阿罗那顺的刁难。跟尸罗逸多的友好迥异其趣，不知是因为担心受到大唐的干涉，希望断绝彼此联系，还是因为阿罗那顺敌视佛教，王玄策跟前竟然出现了大批枪刀：阿罗那顺派兵拦截使团。

使团庞大，但卫士很少，不过三十名骑兵，自然不是对手，矢尽之后，全部被擒，包括王玄策和副使蒋师仁。身边携带的众多贡物，自然都成了对方的战利品。顺便说一句，史书中丝毫没有提及蒋师仁的具体官职和官品，我们只知道他是副使，副手就是不受重视。

那是贞观二十二年（648）。四月的天竺已很炎热，但囚禁中的王玄策并无心如汤煮的感觉。他的思考很是冷静，作为使节被擒，逃回去原本也不算什么，毕竟他只有和平使命，但这是常人思维，一个从胥吏升为县令再供职于朝堂的能吏，是不会这么想的。他决心不辱使命，他要效法陈汤和班超。傅介子斩楼兰王固然痛快，但终究是暗杀，还是堂堂正正地干一仗好。无论是陈汤假传圣旨调兵，还是班超出使途中独立决断，都是榜样。这一路的道听途说也好，深入了解也罢，让他对阿罗那顺已有充分认识。他明白此人德孤无邻，看似气势汹汹，其实是银样镴枪头。只要能调动军队前来，剿灭指日可待。

问题是他们孤悬境外，离国都长安不啻万里之遥。即便能调到雄兵，一来一往，黄花菜不也凉了吗？

当然不能指望长安。那个时刻，王玄策心里只有两个人：松赞干布，那陵提婆。既然松赞干布的兵能打到泥婆罗，那么再向前推进几百公里，理论上技术上也就没多大的难度，不过是顺水推舟的事儿。

主意已定，王玄策和蒋师仁乘夜设法逃脱，然后返身折向西北，直奔泥婆罗。

这至少已是王玄策和泥婆罗国王那陵提婆的第四次握手。尽管泥婆罗已经成为附属的附属，但要获得他们的支持，王玄策还是需要施展一些外交手腕：让小国攻击紧邻的大国，没有一点生公说法的本事肯定不行。大唐太远，而天竺就在旁边。此前向大唐贡献菠薐菜、胡芹和浑提葱，可以解释为对宗主国的宗主国自然而然的尊崇，也可以解释为其安全感不够，希望获得更多的支持。这样的国家，守成的任务肯定远重于开疆。

王玄策的干练果敢体现在哪里？第一，认定阿罗那顺可以剿灭；第二，坚信可以说服松赞干布与那陵提婆。他很清楚，说服那陵提婆的关键在于松赞干布，而他对说动松赞干布有充分信心。这就是战略眼光。

文成公主和松赞干布共同生活的时间有多长，坊间广有争议。有说十年，也有说三年。焦点在于松赞干布是否亲自到河源迎亲并现场成婚。有文献表明，文成公主从长安到逻些一共历时六年。据记载她曾在青海玉树教导当地百姓耕田种地。春种秋收，这至少需要一年的时间。但无论如何，当时她早已在逻些安居。

派谁去逻些求援？无人可派，只能王玄策自己跑一趟。没有文献记载这个细节，但可以肯定，这事儿不能委派别人。首先，身为和平使者，他并没有调兵的权限，更何况面对的还是吐蕃赞普，国王级别的人物。其次，别人无法完成这个任务——要说服松赞干布，还是需要一点儿口才的，更何况是他亲自去，还是派人传话，分量大有不同。

唐蕃古道北段是从逻些到长安，南段是从逻些经泥婆罗到天竺。从北向南走通南段的第一个汉人是玄照，从南向北走通南段的第一个汉人则是玄策。

可以想象，王玄策此行要见文成公主，很有可能还是先见的她。娘家来人不去看望远嫁的姑娘，于情于理都说不过去，更何况还有求于人。追问松赞干布和文成公主有没有爱情是犯了历史幼稚病，对松赞干布而言，文成公主不仅仅是天可汗的公主，更是优秀先进文化的表征，因而松赞干布对她可谓言听计从。她不喜欢藏人赭面（即用红色颜料抹脸）的风俗，松赞干布立即下令废除。松赞干布还脱掉毡袍，穿戴丝绸绫罗，并派子弟到长安学习《诗》《书》等中原文化。无论尺尊公主还是文成公主的和亲，对吐蕃都不仅仅是政治联姻，更是文化输入。

文成公主肯定要支持娘家人。但尽管如此，王玄策还是得展现一下口才，说服松赞干布。为什么？这是军事行动，是武化，不是文化。而松赞干布又是个有名的雄辩家。松赞干布滔滔不绝而思路清晰，认为语言的本质应当像狮子一样勇猛，兔子一样温顺，蛇一样让人印象深刻，飞箭一般锐利，中部被握住的金刚杵那样平稳。

对付这样的人，没点儿口才还真是不行。这就是王玄策此前奉命匆匆出使的第三个原因：语言表达能力强。这是对使节的基本要求。

调兵反击

王玄策的敏锐并不仅仅表现于向文成公主求援。他很清楚，即便文成公主还没抵达逻些，少了这层面子，松赞干布也一定会出兵。作为使节，他自然能深切地体会到松赞干布改革开放的力度。不仅大唐需要维持在天竺的存在感，吐蕃也需要。就在去年，唐军攻击龟兹不利，吐蕃便已派兵策应。

此前泥婆罗就是吐蕃势力范围的极限，而今情况紧急，关于阿罗那顺的情报自然只能由王玄策提供。说动吐蕃出兵不难，难度在于实力判断：毕竟要翻越喜马拉雅山，劳师远征，派兵太少打不赢，派兵太多打不起。可以想见，最终出兵一千两百人固然是松赞干布的决定，但更是王玄策的推动与判断。

吐蕃军队向来以骑兵为主，这一千两百人自然也不例外。宗主国派兵一千二，泥婆罗就近，当然要出大头——他们派出了七千骑兵。《旧唐书》和《资治通鉴》只记载了这两个国家，但其实还有一国。《新唐书》《册府元龟》和《唐会要》都记载，章求拔国也曾派兵助战。不过这个国家很小，总共只有"胜兵两千"，看起来也很落后，"无城郭"，而且"好为寇掠，商旅患之"。说是国家，其实就是个部落。他们肯出手，多半跟道义无关。

这也是王玄策干练的体现——看人下菜碟。别的天竺国家都不肯蹚这浑水，毕竟他们跟大唐只是泛泛之交，章求拔国可以动之以利，那何乐而不为？

右卫率府长史，在长安没有崭露头角，抵达天竺后，竟然当了四国联军统帅。王玄策和蒋师仁率领万人左右的多国部队，浩浩荡荡地杀了回去。

婆罗门帝那伏帝国虽已衰败，但终究是"百足之虫，死而不僵"。《大唐西域记》说曲女城"城隍坚峻，台阁相望，花林池沼，光鲜澄镜"，华氏城想来不会差到哪里去。在万里之外，指挥语言不通的多国部队，这一仗怎么打呢？

从军事角度出发，尼泊尔最令人难忘的自然是廓尔喀雇佣兵。他们手舞俗称"狗腿刀"的廓尔喀刀，所向无敌。这种反曲刀符合力学原理，廓尔喀人用之可谓如虎添翼。只是很可惜，当时廓尔喀人尚未出现，那是千年之后的事情。在当时，泥婆罗有制衡阿罗那顺的利器——战象。天竺各国的大规模杀伤性武器无非战象。他们有，泥婆罗也不缺。重甲骑兵是吐蕃的核心打击力量，人和战马都披着锁子甲，但这也是天竺的基本配置，几百年前抵御亚历山大大帝时便已使用。多国部队取胜的关键是什么？出其不意。为什么多国部队以骑兵为主，泥婆罗也没有出动象军？因为骑兵快速机动，而战象行动迟缓。

毫无疑问，这也是王玄策的决断。

阿罗那顺最大的特点，应当是缺乏见识而又狂妄自大。这是一体两面的事情，否则他既不敢僭位，更不敢攻击大唐的使者。王玄策和蒋师仁会借兵反击，对阿罗那顺肯定更是意料之外，毕竟这世上庸人多、人才少。而万人规模的多国部队，即便从泥婆罗国都算起，远征距离也有五百里之遥，沿途竟然毫无阻拦，能顺利杀到阿罗那顺的国都。这只能说明一个问题：沿途国家都讨厌阿罗那顺，没有人阻止，也没有通报。他们宁愿站大唐帝国的队。

劳师远征，利在速战。对阿罗那顺而言，这种情况下，防守是最好的选择。但阿罗那顺不肯，因他急于证明自己的合法性。为此他寄望于干净、彻底、迅速地击败对手，杀一儆百。于是他没有据城防御，耗敌锐气，而是领兵出战。

印度没有中国这样深厚的历史观念和传统，因而关于此战的国外史料不是严重缺乏，而是基本没有，所以我们只能从汉语和藏语的史料中艰苦爬梳。首先需要回答的问题是，联军的指挥权在谁手中。毫无疑问，在王玄策手中——他到底是大唐的使者。如果说他是统帅，那么吐蕃指挥官就是副统帅，尽管他们的兵力不足泥婆罗的五分之一。宗主国就是宗主国，附庸国就是附庸国。这从事后战利品的瓜分上也可以看出端倪。《旧唐书》记载，战后王玄策"获其王阿罗那顺及王妃、子等，虏男女万二千人、牛马二万余以诣阙"。这个说法肯定不准确，将阿罗那顺等头目押送到长安是肯定的，但一万两千人、两万多牛马没有。唐初的标准，上县五千户、中县两千户，王玄策曾任县令的黄水那样的下县，不过一千户。为了增加税源，政府是鼓励乃至强制分家的。如果按照每户五口人计算，这一万两千人已经超过中县的规模。按照大唐的惯例，一定会设立一个羁縻州县予以安置，但并没有。

还是《新唐书》和《资治通鉴》的记载准确。叛乱的首脑分子被拿问到长安，但跟风追随者没有。他们去向何在？梵文《龙喜记》记载得很明白：这些人和三万多牲畜，还有一百零八处城邑，都归了西藏。

等一等，一百零八处城邑归了西藏，茶博和罗城跟吐蕃邻近吗？不，它们隔着雄伟的喜马拉雅山。这婆罗门帝那伏帝国跟泥婆罗虽然可能接壤，但彼此的国都还有四百公里左右的距离。土地不是可以切下带走的蛋糕，所以城邑归西藏的说法，如果不是记载错误，就是这些城邑对吐蕃的效忠，或者说吐蕃对它们的宗主地位，很快都被炎热蒸发，化为了水汽。

但人口牛羊归吐蕃，完全符合吐蕃军队的传统。吐蕃地广人稀，物产寥寥，早期作战，士兵出发时要自备粮草甚至武器，打起仗来一切向敌军夺取。这也是他们士气和战斗力的重要来源：不好好打，赔本不说，还得饿肚子。少数民族军队这样做很正常，直到两宋期间，金兵依旧如此。

章求拔国是"打酱油"的，暂且不论。出兵最多的泥婆罗得到了什么？估计是一句热情洋溢的慰问："你们打得很棒。你们辛苦，辛苦！"然后分一点东天竺王提供的劳军物资与牲畜。股份最多，回报最少。为何？股东权益不一样。

第二个问题是，如何评估吐蕃军队的战斗力。照理应当先说数量最大的泥婆罗军队，但这方面资料阙如，且他们应当跟阿罗那顺的军队差不多，放下也无妨。

说吐蕃之前得先说匈奴。常人的印象，肯定是匈奴人作风剽悍，作战如同风卷残云。但其实不是，汉军之所以屡屡陷入被动，主要是不适应匈奴骑兵高速机动的游击战。只论单兵战斗力，汉军远远强于匈奴，尤其在他们掌握了新的冶炼技术，打造出更好的兵器之后。"明犯强汉者，虽远必诛"并非汉武帝的豪言壮语，版权在于陈汤。陈汤说过，起初五个胡兵的战斗力相当于一个汉兵，因为他们的兵器原始笨重，弓箭也不够锐利。后来匈奴学习汉军的制作技能，兵器有了进步，战力也不过三比一。就唐军和吐蕃而言，后期虽然唐军屡屡陷入被动，但也并非单兵战斗力的原因，而是大唐战略方向太多，局部无法抽调足够的兵力，而且朝廷对前线将领的牵制太多。吐蕃却没有这些问题。吐蕃与唐军作战，经常是集中优势兵力。松州之战是二十万对五万，著名的大非川之战是四十万对十余万。历史学家往往总结说集中优势兵力是吐蕃军队的特点，但只有军事家能读出吐蕃的单兵战斗力不够强，至少是不够自信。

但问题在于，吐蕃军队此刻的对手并非唐军，而是阿罗那顺。

坚决拿下

战象最能寄托网友对此战的想象。史书记载，中天竺鼎盛时有"象军六万，马军十万"，这个数据肯定不准，骑兵和战象的数量不可能如此接近。正如任何一支部队都不会装备数量相近的轻机枪和重机枪。如果中天竺有六万骑兵，战象顶多六千。而且这是整个中天竺的力量，并非阿罗那顺可以支配的力量。当时听从他的邦国数量不是很少，而是几乎没有。其战象数量未必超过泥婆罗。

不仅如此，战象不像战马那样听话，一旦发狂便不分敌友，四处践踏。当年印度抵御亚历山大大帝，那些战象受伤后发狂，反过头来也给印军造成了重大伤亡。所以重点还是要看吐蕃军队，他们在其中不是葱花、味精，而是催化剂，甚至是中流砥柱。作战是大规模的集体行动，单兵战斗力弱并不代表整个部队不能打仗。而吐蕃王朝毕竟称雄了两百年。

匈奴等游牧民族军队作战目的在于战场利益，只要活动资产，不要固定资产，局面有利一哄而上算是骁勇善战，局面不利一哄而散却不视为耻辱懦弱。但吐蕃不同，松赞干布整军经武之后，其军队虽然也要靠掠夺来补充给养，但格外强调勇敢。从马镫、鞍鞯以及衣服，都可以看出勇士的级别。最高级别的勇士穿虎皮袍，另外还有虎皮卦和虎皮裙等，一共六个等级；战败逃亡的懦夫，则要头戴狐尾。这是官方的制度化行为。所以吐蕃人以战死为荣，不喜欢自然死亡。他们马匹很多，因而即便步兵也多乘马抵达战场，然后下马作战。"每战，前队皆死，后队方进。"颇有排山倒海的力量。

吐蕃军队跟唐军还有一个明显的不同，便是他们随军携带占卜者，临事无不占卜。作战时骑兵在前，弓箭手和步兵紧随其后，占卜者佩带匕首居中。田中芳树的历史小说《天竺热风录》记述这场战事时，杜撰了王玄策采用火牛阵，被敌人冷嘲热讽的情节，但其实很有可能。因为这也是吐蕃的常用战法，不止一次地用过。当然，他们用的是牦牛。驱使负痛的牦牛奔向敌阵，士兵擂响战鼓，震撼敌胆。敌人认为火牛阵敌不过战象，却不懂作战不是纸面推敲、沙盘推演。那么多兵员集中在一起，需要足够的空间展开，也就是需要一定的作战正面。火牛阵敌不过战象，但完全可以用来对付步兵和骑兵。从史料上看，携带大量牲畜作战，本来便是吐蕃军队的传统。在此期间，牲畜应当肩负运送给养甚至直接提供给养的作用——不仅提供奶，还有肉。当然，可以肯定这次作战没有携带牦牛，原因跟没有出动象军一样。

吐蕃还有一样武器是唐军中没有的——弩炮。

何谓弩炮？从《兵器辞典》的解释看，它可以投射重达三十公斤的石弹、重箭或者长达三点五米、外包铁皮的圆木。李光弼在太原抵挡安史叛军时，命人制作了巨大的抛石机，由两百人操作。每次发射需要十五分钟到一小时准备的弩炮，操作人员规模小很多，却能投射圆木和重箭，又是抛石机不能比的。

文武分途之后，文人史官对军事要么无知，要么漠视，因而虽然史书浩如烟海，但真正有军事价值的细节却少之又少，导致很多人对古代军事行动还停留在话本小说、传奇演义的印象中。而作战是大规模的集体行动，讲究统一协调，巨大的军阵之中，个人的武功套路不顶事反误事。作战讲究以最快的方式给对方最大的杀伤，简单粗暴才有效。

王玄策随行的三十名卫士，《旧唐书》说是"矢尽"被俘，《新唐书》记载全部战死。但无论他们是被俘还是战死，都无关紧要：大唐不是作战的主力，只是首脑机关。王玄策指挥多国部队，在城外布成阵势。他们以骑兵为主，骑兵环绕两侧，极少一点步兵在中间。战象未见记载，如果有火牛阵，当然要埋伏起来。硬碰硬固然解恨，但未必经济，更未必科学。干练的王玄策早已对敌手做过周密调查。章求拔国跟敌人语言风俗相通，人人都是天然的细作。因而阿罗那顺军中的虚实，王玄策必定一清二楚。他命令部队避实击虚，先攻击对手的软肋，得手之后，再一鼓作气，连续拿下。

中文史书丝毫没有提及作战细节。梵文《龙喜记》明确指出：仅三日间，未劳用兵，即占领其京城，割印度兵首级三千。语气很是轻松。但万人规模的军队被斩首三千，伤亡比例超过三成，说明作战强度并不低。如果按照第二次世界大战之前职业军队的典范德国国防军的标准，算是已经失去战斗力，若无上级明确指示，指挥官可以选择体面而合法地投降。不过阿罗那顺所部的战斗力的确不强。这从吐蕃的兵力规模就可以得出结论：素来强调集中优势兵力的吐蕃，仅仅出兵一千两百人，很显然有他们或者王玄策的评估为依据。

首战失败，基本力量损失殆尽，阿罗那顺只身逃脱。王玄策留在华氏城安抚百姓，派蒋师仁领兵追击。阿罗那顺纠集余部，打算再贾余勇，但又被蒋师仁干脆利落地击败，他本人也当了俘虏，只有他的妻儿逃脱。蒋师仁继续追击，在乾陀卫江将他们全部抓获。

这是一次干脆彻底的奸灭战，阿罗那顺与妻儿还有一万两千多人被俘。可以肯定，这些俘虏中有许多平民，他们忠于阿罗那顺。"一人灭一国"中的一国，既不是今天的印度，也不是当年的中天竺，只是以华氏城为都城的阿罗那顺的婆罗门帝那伏帝国。而且这个国家也并没有灭掉，王玄策只是将敌对的国王一家押送长安，并没有留在当地或者扶持傀儡，推行有效统治，他和蒋师仁的使命并不包含这一项，而有意扩张的吐蕃根本无法适应当地的炎热。史书所谓"降城邑五百八十所"如果不是误记或者虚夸，应当是指王玄策此后经行的所有城邑，全部门户大开，通行无阻。这并不意外，他们能从泥婆罗长驱直入，获胜后自然可以顺利回归。

但无论如何，这是一场伟大的战役，大大强化了大唐在天竺的影响。素来讨厌阿罗那顺的东天竺王尸鸠摩"送牛马三万馈军，及弓、刀、宝璎珞"，迦没路国"献异物，并上地图，请老子像"。

献俘长安

障碍清除，王玄策和蒋师仁继续自己的使命，到摩诃菩提寺请僧人物色制作石蜜的好工匠。仓促之间，难以学到真功夫，因而他们从当地请了两名匠人、八名僧人，一同前往大唐传授技艺。中国的制糖技术最终后来居上，能够熬制出晶莹剔透的白砂糖，作为珍品流回印度。印度称白砂糖为"CINI"，意思便是"中国"。当然，大唐给予印度的不仅仅有白砂糖，还有纸。在此之前，印度不会造纸，直到这项技术经吐蕃传来。

任务完成，启程回国。随行人员除了俘虏阿罗那顺与其妻儿，还有一个长年婆罗门，名叫那罗迩娑婆寐。所谓"长年"，便是传说中的长生不老，据说那罗迩娑婆寐已经两百岁。这样的人，当然有长寿秘方。王玄策一见他便感觉如获至宝，立即决定带回长安，为唐太宗合药，让圣明天子长生不老。

拘尸那揭罗城是佛祖涅槃的地方，因而成为四大佛教圣地之一。那里的娑罗林有佛涅槃像。重游此地，王玄策吩咐临摹下佛足迹的图样，准备一同带回长安，塑造并供奉。

这次回京自然不必绕行西域。王玄策率领使团，押送俘虏，从泥婆罗直接北上，沿着西藏吉隆县的山口翻越喜马拉雅山，进入吐蕃。这条求援之路此刻再走，已经驾轻就熟。毫无疑问，尽管他不是走通这条道路的第一个汉人，却是影响最大的一个——这个使团最为庞大，此前从未有过。

贞观二十三年（649）二月，使团抵达长安。松赞干布同时遣使告捷，在他心目中，这是吐蕃的功劳。此时此刻无须细分，万里之外猛虎掏心，擒获敌方首领，就是对盛世大唐最好的注解。唐太宗龙颜大悦。他的陵墓昭陵的司马门内塑有十四个顺服或者被擒的藩王像，阿罗那顺与松赞干布同列其中。立下奇功的王玄策立即被加封为朝散大夫。史书之所以特意强调此事，有两个原因，一是从五品下阶已进入"通贵"行列，是制授官，服绯，可以佩戴银鱼袋；另一个原因是还在上升期的帝国，国家信用金贵，"无印绶，不理事"的散官作为朝廷名器，被社会普遍看重。不像中晚唐，不仅散官不值一钱，职事官品级也开始与俸禄脱钩：朝廷不按照品级，而是按照"闲剧"也就是工作繁忙程度发薪。比如从五品上的六部郎中月俸两万五千钱，但同一品级的著作郎却只有两万，因为郎中的工作更忙。甚至有时官品低的，工资反而高些。比如正九品的校书郎月俸六千，但从八品的律学博士却只有四千一百七十五。

有此官阶，王玄策的仕途理论上可以上不封顶下保底：职事官只是证明了你的才具，但光有才具也不行，还得有足够的任职资格，散官官阶就是资格证书。出使之前，他的散官官阶依旧未被提及，即便已经加封，级别也很低，很有可能是最低的将仕郎，从九品下阶。这种现象并非孤例，白居易也是。元和十年（815），他任从五品下的江州司马，元和十五年（820）转为从五品上的主客郎中，职事不过提高一阶，但散官突然从从九品下的将仕郎升为从五品下的朝散大夫。这不能埋怨朝廷工作疏忽，只能证明朝廷对散官亦即任职资格把关较严，所以散官官阶才能体现国家信用并被重视。

王玄策不仅散官官阶提高，职事官官阶也获得擢升，由正七品上阶的右卫率府长史，升为从六品上阶的左监门卫长史。十六卫宿卫皇宫，比太子十率的配置都高一格。

已入晚年的唐太宗，对自称两百岁、能合长生不老药的那罗迩娑婆寐很感兴趣，对他礼敬有加，将他安置于金飚门合药，由兵部尚书崔敦礼直接负责监督此事。那罗迩娑婆寐说印度有两种神药，一种叫畔茶法水，大山的石臼中才有，它有七种颜色，或冷或热，能销草木金铁，人手一接触立即溃烂。怎么采集呢？用骆驼骷髅舀入瓠芦。这种药一旦产生，周围立即有石象石人看护，生活在山中的人如果擅自取水，必死无疑。

另外一种神药是咀赖罗树，生于高山石崖中间的孔洞里，树形像桑，叶形如梨，树后有毒蛇守护。山高且有毒蛇，人无法接近，只能用箭射树叶；树叶飘落后，立即有群鸟衔住，此时再射鸟，方能获得。

如此神乎其神，谁听了都会一愣一愣。朝廷派人按照那罗迩娑婆寐的要求，走遍天下采取奇药异石，用来合药。但历时经年，他最终进献的神药，对唐太宗丝毫没有效果——或者说，即便有效果也是坏效果，因唐太宗很快便撒手西去。大臣们本来想把这个"神医"杀掉，但又怕四夷笑话，只好放还了事。

此事被视为王玄策的一个污点，在网络上遭遇各种讥讽嘲笑。但不只当时，即便现在，各种"神医""大师"不还是有市场吗？而且是否服食"神药"，决断在于唐太宗自己，并不在于王玄策。故而多年之后，东台侍郎（即门下侍郎）郝处俊以此为前车之鉴劝阻唐高宗时，便丝毫没有提及王玄策。

不仅如此，关于此事而对王玄策的批评，其实多是从结果倒推的人云亦云。多数人看不到这其中的积极性与必然性，这很正常，有独立思考能力的人，无论何时，总是少数。而关于这个问题，我们也暂时按下。

再荐神医

此后王玄策的名字再度出现，是在一块窑砖的铭文之上：

和籴副使、左监门卫长史王玄策

时间是贞观二十三年（649）十二月二十九日。窑砖面积有限，需要惜字如金，且非正式公文，因而没有列举他的散官与勋官官阶。以左监门卫长史的身份出任和籴副使，表面看来跟他的出使毫无关系，但其实又有内在的渊源。大唐的和籴制度在唐高祖武德年间已经出现，当时的主要目的是丰年平抑粮价、荒年以备饥馑，而贞观年间西北地区推行的和籴，已经成为变相的租税。因朝廷不断开边，"边土西举高昌、龟兹、焉耆、小勃律，北抵薛延陀故地，缘边数十州戍重兵，营田及地租不足以供军"。漕运供应京师压力已很沉重，再供应西北边防军，实在是不能承受之重。没别的办法，只能以和籴的名义，就地征粮：官家以低于市价的价格，向百姓购买粮食。

此后再也找不到王玄策的痕迹，直到八年之后的唐高宗显庆二年（657）。八年不见，他倒是升了官，当了从五品下阶的道王友。各个亲王府设有"友"一人，掌陪侍规度，下面还有从六品上阶的"文学"两名。此前不久，骆宾王便曾在道王府担任这个职务。道王李元庆是唐高祖李渊的第十六子，唐太宗李世民的异母弟，当时担任豫州刺史，官声不错。看起来王玄策并不真在道王府供职，而是依旧留在京师。在此期间，他对佛法一定更加痴迷，对方术依旧深信不疑，因而继续支持那罗迩娑婆寐。

被"放还"的那罗迩娑婆寐并未离开大唐。八年之后，他再度找到了王玄策。为什么此时此刻他又突然出现？因为此前一年，即显庆元年（656），唐高宗已派旅唐的印度僧人那提，前往南海各国采取"异药"。不仅如此，他还广征道士合炼金丹，人数不下数百。这么大的动静，那罗迩娑婆寐自然会知晓。

八年不见，那罗迩娑婆寐头发已白，容貌衰老了许多。王玄策当然清楚朝堂内外的动向，因而立即询问合药的办法究竟找到没有，而那罗迩娑婆寐自然要把胸脯拍得咚咚响。既然如此，不向上推荐就是臣子不忠。王玄策立即将那罗迩娑婆寐带入宫中，以燕王千金买马骨的典故，强烈建议唐高宗留用。唐高宗的身板也一般，虽然有点病急乱投医的意思，但他还是拒绝了王玄策的建议。

唐高宗不想长生不老吗？不，他只是不相信那罗迩娑婆寐。等王玄策带着那罗迩娑婆寐离开，他自然而然地又跟身边的大臣议论起这事儿。名将李勣时任司空，作为唐太宗专门留下来辅佐儿子的将相，李勣很赞同此举，对唐高宗说：那罗迩娑婆寐这家伙根本没有仙人的风度，看见他再入朝堂，群臣"已甚惊怪"，您知道他没用，再度放还，我们非常高兴，这很英明。

就在此事之后不久，王玄策奉命第三次出使西域，但身份不再是道王友，而是左骁卫长史。十六卫长史的品级一样，都是从六品上。职事官品级降低，未必就是贬官。因大唐官场的价值体系中，还有"清官"与"浊官"的差别。这里的"清浊"，含义跟现在完全不同，无关于廉洁程度。清官主要指需要用心用脑而非用手的职务。从某种意义上说，分野类似今天的白领与蓝领。武官、宦官和伎术官均非清官，属于"浊流""非士职"。而士职的清官以上，还有"清望官"。

从高品的浊官转为低品的清官，非但不是贬职，反倒算是擢升。道王府的"友"不算什么好职位，太子十率的配置低于宿卫皇宫的十六卫，亲王府的官员重要性自然比东宫低。骆宾王在道王府担任文学时，道王让他陈述才能，类似才艺表演，骆宾王耻于自炫，便辞不奉命，最终离职。巧合的是，王勃也曾在亲王府任职。他通过了制举的幽素科（特殊人才的选拔考试）之后，进入沛王府当了级别更低的修撰。都知道骆宾王因为一篇檄文倒了霉，其实王勃也一样：沛王李贤跟英王李显斗鸡，王勃写了一篇《檄英王鸡》助兴，高宗看到后非常生气，认为此举助长歪风，有挑拨离间之嫌，下令将王勃赶出了京都。

关于亲王府的官职，前面提到的郝处俊也是个例子。起初他在滕王府供职，后来耻于担任王府属官，竟然挂冠而去。不过他耻于在滕王府供职，不是嫌亲王府的属官名声不好听，只是嫌滕王府的属官名声不好听。滕王李元婴跟道王一样都是亲王，但名气比道王大得多。不仅仅因为王勃的千古名篇《滕王阁序》，更因为滕王这个人艺术修养极高。从小受宫廷良好教育的他"工书画，妙音律，喜蝴蝶"，《滕王蛱蝶图》乃传世之作。正因为有这样深厚的艺术修养，这才先后有了山东滕州与江西南昌的滕王阁。

只是此公格外好色。说起来这在当时算不得大毛病，但如果逼淫下属之妻，就不免令人恶心。兔子还不吃窝边草呢。最丢人的时候，有个女人用鞋把他的脸都打出了血，这才逼得他"犯罪中止"。故而滕王阁虽被王勃歌咏过，但唐高宗还是下令拆除并削夺了滕王的王爵。在这样的亲王手下供职，的确没什么荣誉感。

友与长史都不是清官，故而从友转为长史，是实实在在的贬官。王玄策为什么会被降级？应当与他再度推荐那罗迩娑婆寐有关。

司空是大唐的三公，一品官，品级比宰相都要高。当时名将李勣正以司空的名义担任宰相，得知唐高宗没有采纳王玄策的建议，他不仅向皇帝表示祝贺，还对五品官王玄策作了评价："玄策诡诳，何处即有所解。"

这家伙向来不靠谱，从来没说对过。

宰相不喜欢，难免会被贬官。但这事儿真的只有作为笑料的价值吗？未必。因为当年王玄策的期望或曰努力，一千多年后，同样也是今日生命科学领域的期望与努力。

如果说今日的人们，都关注人类永生或曰生命科学问题，都在这个领域做不懈努力，那么我们对于王玄策的嘲笑，是不是失之浅薄？

生命永存

从结果看，永生或曰延年益寿的努力虽然不免虚妄，却是一切物种的本能追求，也是生命能够留存的基本前提。"垂死挣扎"是人类发明的一个含贬义的词，但如果细究其实，那个景象也许体现的是中国传统文化中的贵生思想，一体两面而已。

故而齐威王、燕昭王和秦皇汉武相继发起大规模的入海求仙活动。何谓仙？《说文解字》曰："人在山上兒（貌），从人山。"《释名》又言："老而不死曰仙。仙，迁也，迁入山也。"这四位帝王的目标貌似在海里，其实是在山上。

蓬莱、瀛洲、方丈三座神山，传说都在茫茫渤海之中。

这些努力自然都没有成功。到了王玄策或曰唐太宗的时代，大规模的直接寻仙运动虽告终止，但炼丹服食的习惯却保留了下来。比起秦皇汉武，唐太宗的具体目标要现实得多。前者想要永生，而唐太宗强烈的需求只是祛病。这种病即是前文中的"风疾"。大唐二十一帝，至少有十一位迷恋丹药：太宗、高宗、武则天、玄宗、宪宗、穆宗、敬宗、文宗、武宗、宣宗、僖宗。丹药迷恋者中有五位身患"风疾"，连同唐高祖和唐顺宗，共有七人：高祖、太宗、高宗、顺宗、穆宗、文宗和宣宗。

何谓风疾？有证据表明是性病。据《渑水燕谈录》记载，北宋史学家刘邠"晚苦风疾，鬓眉皆落，鼻梁且断"。毛发脱落，鼻梁欲断，这不就是梅毒的症状吗？

仅从症状而言，刘邠的"风疾"更像性病。大文人苏轼也为之做了旁证。苏轼这个人性格开朗豁达，好开玩笑，曾经拿朋友开涮："大风起兮云飞扬，安得猛士兮守鼻梁。"刘邠听后非常尴尬，哭笑不得。如果不是"风流病"，很难想象苏轼会开这个玩笑。谁都知道取笑人之病不厚道，但如果你得的是"风流病"，那就完全不一样。

为什么说刘邠的"风疾"是性病？这可以从文字的来源查证。甲骨文中的"风"字，是孔雀开屏的形象。孔雀见到颜色鲜艳的东西便会展开自己的尾屏，所谓开屏，但这其实是性冲动的表现。正面展露漂亮的羽毛，背面却会露出不断开合的肛门。孔雀跟鸡一样，生殖器都在肛门里，性交时肛门相对。伏羲与女娲本为兄妹，又是中国古代神话传说中的第一对夫妻，可谓性爱与生育之神，他们姓什么呢？风。

古汉语中的"风"字，起初便包含着性意义。所以典籍中的风，除了风雨之意，还有明显的性指向。《左传》记载，齐国率领诸侯的部队讨伐蔡国，蔡军溃败后，他们继续进攻楚国。此时楚国国君派使者前去劝阻道："君处北海，寡人处南海，唯是风马牛不相及也。""风马牛不相及"是什么意思？孔颖达疏引服虔的话说："风，放也。牝牡相诱谓之风。"

风马牛就是发情的马和牛。发情的马和驴可以交配，马和牛却不能，这就是"风马牛不相及"的真实含义。楚王的表达很形象：马发情之后顶多找驴，不会找牛。您打蔡国就打蔡国，打我们楚国干吗？

为什么《诗经》中《国风》部分，收录的全是情歌——爱情与感情之歌？《毛诗序》说："风之始也，所以风天下而正夫妇也。"如果没有性指向，正什么夫妇？而《毛诗》传世以后，"风化"一词随即诞生，然后又有"风流""风月""风情"等类似的字眼。

上述七位大唐皇帝所患的风疾是性病吗？应当不是。他们的症状是风疾中最常见的症状——头痛、眩晕、抽搐、痉挛、肢体震颤、麻木、口歪眼斜、言语不利、步履不稳，甚至突然晕厥，半身不遂，乃至人事不省，属于典型的心脑血管疾病。

这七位帝王中，高祖、太宗和高宗是祖孙三代，顺宗与穆宗、宣宗是祖孙关系，穆宗与文宗是父子关系，与宣宗则为兄弟关系。彼此之间血缘很近，估计有遗传因素。

风疾是当时很常见的病症。如何治疗呢？没有特效药。即便帝王，也只能依靠孙思邈等人所炼成的丹药。

关于大唐的文章，没有李杜韩柳，再热闹也有无边的寂寞。李靖、李勣、李世民搭起的台子再高大巍峨，戏终究还是要李白、李贺、李商隐来唱。只不过当时他们还都没有诞生。不只他们，甚至初唐四杰都还不到登台的年纪。滕王招摇的时代，王勃写《滕王阁序》，卢照邻则注定要跟孙思邈结下师徒之缘。那已是咸亨四年（673），唐高宗的侍从御医孙思邈已经九十二岁（《旧唐书》记载为九十三岁），但"视听不衰，神形甚茂，可谓聪明博达不死者矣"。苦于疾病缠身的卢照邻跟他相遇于光德坊官舍。这处官舍本为鄱阳公主邑司。邑司并非公主府邸，而是为她打理封地等具体事宜的政府机构。因她未嫁而卒，邑司遂改为官舍，即政府招待所，孙思邈有在此居住的权利与待遇。

从历史上看，对孙思邈的神化有个漫长的过程。当时他被尊称为处士，即才能出众、德行高洁又不愿当官的人。宋明时期孙思邈被升格为真人，这是对神仙的称呼。到了清代，又被升格为药王。而今道教称他为孙真人，佛教则称他为药王菩萨。《旧唐书》记载，他死后"经月余，颜貌不改，举尸就木，犹若空衣，时人异之"。孙思邈自己是久病成医，他能给身患风疾的帝王提供的药品也就是丹药。

道家炼丹可能是中国古代化学科学的起源，至少火药的发明与之密切相关。从唐太宗开始，宫廷内外开始流行服食丹药。有病治病，无病养生。宫廷长期有帝王服食丹药，可见丹药有其效果。如果总是一吃就死人，别说皇帝，就是贫民也不会再用。史书上类似的有效记载不少。像唐玄宗，服食丹药但并无中毒迹象，算得上健康长寿。可惜的是，我们无法知道方剂中具体的成分与含量。

印度长年方就是在这样的大背景下传入中土的。那罗迩娑婆寐是第一人。作为印度古典医学阿输吠陀的八支之一，长年方不仅指回春术以及能够治疗一切疾病的药物，也指延缓衰老和延长寿命的一切方法。最初几乎纯以植物为主，极少使用金属与矿物。中古以后则以水银为主，与道教的炼丹颇为相似。帝王对它们表示出一定程度的信任实在无可厚非，因为代表当时医学科学最高水平的孙思邈，在《千金翼方》中也有这样的表述：

有天竺大医耆婆云：天下物类，皆是灵药。

这口气的里里外外，都满是推崇吧？

"方丈"起源

王玄策并未被真正追究，朝廷还是想发挥他熟悉西域与天竺的长处，因而令他再度出使，到娑罗林顶礼佛涅槃像并献袈裟。这自然要以大唐天子的名义，福报也是大唐天子的。

显庆二年（657），王玄策选定关内良家子六人，连同自己的儿子王令敏，一起前往西域。带着他们，自然是学习考察、培养后继的意思。一起前往的人，还有康国人僧伽跋摩。他们沿着已经开通的唐蕃古道，历经千辛万苦，抵达吐蕃的西南边界呾仓法关（今天西藏吉隆的宗喀山口），立碑勒铭纪事，然后经泥婆罗抵达天竺，到娑罗林礼佛并进献了袈裟。

佛教第二次结集的吠舍厘城附近，有大乘佛教兴起的关键人物维摩诘的故居。王玄策前去参拜时以笏量基，发现只有十笏，遂称"方丈室"。这是"方丈"一词的源起。当时很多人在印度留学，在此期间，玄策正好碰见玄照，就是文成公主资助过的那个和尚。玄照的学养已很深厚，给玄策留下了深刻印象。这样的人才，应当召回大唐，为朝廷所用，但玄照不肯同意，理由很简单：尚未学成。

任务完成，启程回国。沿途各国都热情招待大唐的使节。婆栗阇王下令上演五女戏为使团缓解疲劳。这五女戏可不是脱衣舞，而是幻术、魔术。我们印象中的印度能歌善舞，电影都有大段大段的歌舞，他们看起来很会享受，因而幻术、魔术格外发达，丝绸之路开通后便源源不断地输入中国。在佛教发展史上，幻术是起过作用的。佛图澄为向石勒传播佛教，曾经从钵中变出青莲花。鸠摩罗什为宣传戒律，也曾当众表演吞针幻术，还曾将烧成灰烬的五色绳投入水中，令其复原如初，以揭露外国道人骗钱的把戏。

经过乌仗那国时，王玄策将一片两寸多的佛顶骨舍利请了回去，献入皇宫供养。出使三年多归来，自然需要写一份详细的工作汇报。王玄策在汇报中特意提到了玄照，盛赞其德行超拔。

此时当在显庆五年（660），高宗已"苦于目眩头重，眼不能视物"，因而康国人僧伽跋摩立即奉敕前往交趾（就是王勃之父任职之处），采取灵药。这药缓不济急，百官奏事，高宗有时便请武后决断，当年十月更将政事全部委托了出去。武则天比她丈夫更加崇佛，尽管她未必有真信仰，但需要用这个姿态来抗衡自称老子后代的帝室。如果能就此赢得佛教徒的支持，自然是一举两得。此前唐高宗曾经下诏，规定"自今僧尼不得受父母及尊者礼拜，所司明有法制禁断"。龙朔二年（662），他再下《令僧道致拜父母诏》。这个规定引起了佛教徒的强烈反应，他们攀缘武则天之母荣国夫人杨氏，坚决抵制。唐高宗无奈，下令让群臣商议讨论。此时王玄策上了《议沙门不应拜俗状》，也投了反对票。

最终这道诏命被迫收回。王玄策此举并非阿附武则天，而是出自真诚的信仰。而此事刚刚平息，他便再度上路，任务是到天竺追回玄照法师。人才难得，不能长期滞留在外。当然，顺带访问诸国，也是重要目的。

这次出使有个意外的收获。王玄策的侄子智弘也在天竺，恰巧跟玄照在同一寺院学习，大家可以结伴上路。跟着官方使节回国最大的好处，是可以节省路费，沿途的驿站自然都是免费使用。

玄照在天竺游历多年，见多识广，朋友不少，其中包括一个长年婆罗门，名叫卢伽逸多。这人据说也能合长生不老药。如果没有此前的波折，王玄策很可能会将卢伽逸多一同带着，但已有教训，便未轻举妄动，只是带着玄照和智弘，于麟德二年（665）回到洛阳。

离开了佛教圣地，王玄策崇佛之心却越发浓烈。他以从西域临摹的佛菩萨像为母本，指挥匠人巧儿、张寿和宋朝，在洛阳敬爱寺塑造了佛殿内的菩萨以及树下弥勒，同时还自己出资，在龙门石窟宾阳洞西壁南下角，造弥勒像一躯。

这是王玄策在史书上最后的身影，但长生不老药的故事还没有结束。当时中印交流极为频繁，从太宗到武则天，共有六十多位高僧前往印度留学。有人返回之后推荐过卢伽逸多，唐高宗已经派人前往印度邀请。这次玄照法师再度上奏了卢伽逸多的事情，对唐高宗形成了强烈的敦促。尽管（或者可以说是因为）那提和僧伽跋摩的灵药最终都未见效，他还是令玄照赶紧前往天竺，迅速将此人带来。

玄照接到诏令，迅速上路。他沿着唐蕃古道，风尘仆仆地赶往天竺。此时大唐与吐蕃的政治蜜月早已过去，彼此关系紧张，矛盾的焦点是吐谷浑。吐蕃不时派兵攻击，直到龙朔三年（663）将之攻灭，结束了吐谷浑三百五十年的历史。因此缘故，玄照此行颇不顺利，在吐蕃境内险些丧命。好不容易抵达北天竺，途中与卢伽逸多相遇。

卢伽逸多得知玄照的来意，随即又给了他一项任务，让他到西印度的罗荼国取长年药。玄照只能带领齐州僧人师鞭、新罗僧人慧轮等人，前往罗荼国。历经四年之后，他们带着各色药品，来到那烂陀寺，正好碰到义净法师。玄照本想经泥婆罗道从吐蕃回国，但鉴于唐蕃关系紧张，这条路已经不通，他最终在途中圆寂。还好，在此期间卢伽逸多已经到达洛阳，玄照的使命算是已经完成。

总章元年（668），大唐费时两年，终于平定高句丽，而卢伽逸多的长生不老药也进献到了唐高宗跟前。唐高宗本打算服用，但东台侍郎郝处俊以唐太宗被那罗迩娑婆寐所误的例子，予以劝阻。唐高宗思来想去，到底觉得此事不靠谱，便没有服用。

请神容易送神难，派出两拨使者才把卢伽逸多请来，不服食人家的药可以，但如何安置还得费点心思。唐高宗最终决定，给他一个怀化大将军的名号。这是个三品官，也是王玄策奔波一生都未能达到的高度。由此可以看出，国家名器已经有了泛滥的苗头。

张冠李戴

还有两处模糊的背影，被人认为是王玄策。首先是李宗俊在《西域研究》杂志发表论文《唐敕使王玄策使印度事迹新探》，认为另外一个来历和去向都不明确的王名远，便是王玄策。这个王名远在《唐会要》等典籍中出现时的官身是陇州南由县令，临时职掌是吐火罗道置州县使。吐火罗各国地处丝绸之路南北两道的交会处，战略位置极其重要，先前一直在西突厥的势力范围内。显庆三年（658）大唐平定突厥阿史那贺鲁的叛乱后虽然夺回了对西域的控制权，但大食不断向东扩张，吐蕃也开始向西域渗透，当地各国压力很大。应波斯国王卑路斯的请求，大唐派王名远前往吐火罗实地考察，计划在沿途设立羁縻州县，以便强化对该地区的控制与支持。王名远仔细考察之后，将沿途所见写成《西域图志》进献朝廷，并建议在"于阗以西、波斯以东十六国，分置都督府及州八十，县一百一十，军府一百二十六"，最终获准。

李宗俊认为此王名远即是王玄策，有三个理由。首先，他们出使西域的时间接近。王名远于显庆三年（658）、龙朔元年（661）两次出使西域。其次，王玄策所著文十卷图三卷的《中天竺国行记》既被称为《王玄策行传》，也被称为《西域记》。隋唐地理志书图文并茂，但又相互独立，如果图散轶不传，只剩下文字，则称为《西域志》也顺理成章。第三，玄策与名远这两个字眼互为表里，符合古人名与字相互阐发的原则。

简而言之，就是王玄策，字名远。

在吐火罗建立羁縻州县是关乎大唐与西域关系的重要事件，王名远自然有其功勋。王玄策很熟悉西域的情况，我们也乐于将这个功勋归到他头上。但问题是，这三条理由都站不住脚。

名与字的关系、著作题目只能作为旁证，并非铁证。铁证是，王玄策第四次出使在龙朔三年（663），并非龙朔元年（661）。龙朔三年他还在洛阳参与讨论和尚究竟该不该向尊长行礼问题的朝议，这个时间很是明确。不仅如此，王名远出使西域时的职事官很清楚：陇州南由县令。这个南由县，治所在今陕西宝鸡陈仓区西北香泉镇，元和年间已经撤销合并。查《元和郡县图志》，陇州虽是上州，南由却是下县，跟黄水一个等级。王玄策第三次出使时已经是从六品上阶的左骁卫长史，怎么可能突然从六品京官变成七品外官？

衡量唐代官员，不能单看职事官官品，还要考虑到各种职位的重要程度。仅仅职事官从六品降为七品，未必就是贬官，但从京官变成外官绝对是。因大唐的国策是实内虚外，同样的品级，京官俸禄高出外官一等。中唐以后，请托求京官的太多，宰相元载招架不住，便修改规则，外官俸禄高出同等京官一大截。可尽管如此，观念根深蒂固，多数人还是不愿外任。所以说将王玄策从六品京官改任七品县令，完全没有理由，更何况史书中也没有记录。李宗俊在文中说两人出使前后职任的品级相符，显系失察。

甘肃炳灵寺石窟是重要的历史遗存和文化景观，其下寺区中段崖面第五十四龛有这样的石刻题记：

> 大唐永隆二年闰七月八日，陇右道巡察使行殿
> 中侍御史王玄策敬造阿弥陀佛一躯并二菩萨。

刻石跟砖铭一样需要文字简洁，故而没把散官、勋官和爵位等列举出来。除了漫漶不清的那个字，题记都很清楚。而那个字，有人辨认后确定为"策"，但也有人认为是"祚"，李宗俊之文便持前说，有无可能呢？

炳灵寺石窟位于甘肃永靖西南黄河北岸的小积石山峡谷中。中国最早的地理书《尚书·禹贡》中的"导河自积石"即指此山。汉晋以来，这里是丝绸之路南道的重要渡口。唐代以前由长安经河西至西域，多经渭河河谷逾鸟鼠山至狄道，再过洮河至枹罕（今甘肃临夏），由炳灵寺对面的凤林关渡过黄河，沿寺东一条崎岖的山路到鄯州，再沿湟水抵达西平（今青海西宁），在浩门川（大通河）过大斗拔谷（扁都口），进入河西走廊的重镇张掖。

多次出使的王玄策，对这一带自然无比熟悉。巡察使是朝廷临时委派出去巡察地方、考察官吏的官员。贞观年间已经设置，一般以五品以上官员充任。当时唐与吐蕃和战不定，

薛仁贵在大非川惨败，李敬玄又在青海连败两阵。当此时刻，朝廷派熟悉情况的王玄策前来巡察，完全有可能。且姓名中存在巧合，又同时崇信阿弥陀佛，也确实很像。来往此地的官员甚多，但不信佛的只立碑记事，并不刻凿佛像。

从年龄看，如果王玄策十八岁即出任胥吏，十年后流外入流出任县令，四年考满入京，到永隆二年（681）已是六十九岁。事实上，仅十年时间，不大可能流外入流直接出任七品官，起初还得从九品开始熬。故而王玄策如果活到永隆二年，至少在七十五岁开外。他多次出使，能适应高原缺氧、极寒与炎热，身体素质应当不错，活到这个岁数完全有可能。问题在于，七十五岁是不是应该退休了呢？

"七十而致仕，礼法有明文。"正因为很多人垂垂老矣依旧尸位素餐、贪恋权位，白居易才写了这首《不致仕》。这种现象确实不少，书法名家柳公权可谓代表。宣宗大中十二年（858），时任太子少师的柳公权已年满八十，还不退休。他率领百官上朝时，步行到大殿之下，力不能支，竟将皇帝尊号"圣敬文思和武光孝皇帝"误称为"光武和孝"，遭到御史弹劾，被罚一季俸禄，"世讥公权不能退身自止"。不过白居易讽刺抨击的肯定不是柳公权，那时他本人早已去世。《不致仕》的目标据称是杜牧的祖父杜佑，故而杜牧一直不喜欢白居易。

但七十岁退休并非强制性规定。《唐会要》记载："年七十以上，应致仕，若齿力未衰，亦听厘务。"什么意思？

如果身板还很硬朗，可以继续当官。贺知章退休时多大？八十五岁。

故而从年龄上无法排除刻石者是王玄策的可能性。从品级上看呢？殿中侍御史为从七品下阶，比诸卫长史这样的六品官算不算贬官？还真不是。

作为监察机构，御史台的长官为御史大夫或者御史中丞，统辖台院、殿院和察院。从六品下阶的侍御史在台院，从七品下阶的殿中侍御史在殿院，从八品下的监察御史在察院。当时政府机关也有食堂，御史台的食坐之南有横榻，名"南床"，是侍御史专席，殿中侍御史与监察御史都不得坐。侍御史称"台端""端公"，掌纠察朝仪，兼知库藏出纳及宫门内事、京畿纠察事宜的殿中侍御史称"副端"。这三院御史的品级虽然不高，但位置都很紧要，都是清要职位。《旧唐书·李素立传》的记载，可为旁证：

> 素立寻丁忧，高祖令所司夺情授以七品清要官，所司拟雍州司户参军，高祖曰："此官要而不清。"又拟秘书郎，高祖曰："此官清而不要。"遂擢授侍御史，高祖曰："此官清而复要。"

这其中的侍御史，从品级看就是殿中侍御史，因其为七品。唐高祖李渊都这么看，朝堂的风气自然也就可见一斑。虽然品级低，但他们跟五品以上职事官一样是常参官：常朝日参加朝会，每天都得睹天颜。故而由从六品下阶的长史改任从七品下阶的殿中侍御史，不仅不是贬官，反倒可以说是提拔重用。

但问题在于，三院御史都是"清官"，都是"士职"，只有"读书人"才能出任。这个"读书人"可不是看你读书不读书，而是看你或者祖上有无科举门第。如果没有，对不起，文化再高也没用。没有极端特殊的情况，王玄策不可能出任此职。

即便我们此前的定位有误，王玄策不是胥吏出身，也无法解释这个问题：从他最后一次露面的麟德二年（665）到永隆二年（681），中间经历了十六年。六品以下官员每年一次考课，经历四考后，如果都是中中的考绩，可进一阶；若有一个中上的考绩，再进一阶；有一个上下的考绩则可进两阶。下等考绩怎么办？用上等抵消。经历三四次考核，年龄那么大的常参官，官阶竟然纹丝不动，怎么可能？如果皇帝和上司喜欢你，会提拔；如果不喜欢，你肯定得回家抱孙子。

更何况这中间还有乾封泛阶现象。

乾封元年（666）正月，高宗封禅泰山之后改元乾封，同时广施特恩。十日，敕文武官三品以上赐爵一等，四品以下加一阶。在此之前，从无泛阶现象，官员进阶，皆以劳考叙进，每年一考。六品以下官员严格依照考绩由吏部和兵部决定进退，应入三品、五品者，由皇帝另下别制以进。如果没有专门的旨意，则不能进。而从此以后，泛阶变成不成文的规定，皇帝随时可能有迁官的恩赐。在此期间，劳苦功高的王玄策，品级居然原地踏步？

所以，出资在炳灵寺造佛像的不会是王玄策，至少不会是本文的主人公王玄策，顶多跟他同名。这种现象也不罕见，《寒食》诗的作者、大历十才子之一的韩翃在朝任官时，便有人跟他同名同姓。故而唐德宗御笔钦点他出任中书舍人时，吏部官员要特意询问，究竟提拔哪个韩翃。唐德宗把《寒食》诗写出来，御笔批道："与此韩翃。"

误会原因

是时候揭开谜底了，两《唐书》为何会错把华氏城当作中天竺的国都，明明应该是曲女城。

这就要说到王玄策的大作《中天竺国行记》。他虽不以文辞见长，但这本书的内容还是格外丰富。朝廷编修《西国志》时，采纳了其中的很多信息。

问题恰恰出在这里。

曲女城是中天竺戒日王朝的国都，玄奘的《大唐西域记》已有记载。但问题在于，这本书成书较早，而王玄策的《中天竺国行记》成书较晚。当王玄策将阿罗那顺窃据的华氏城记为中天竺的国都，自然会得到史官的采信。相对于《大唐西域记》，这个记载传达的信息是更新过的，作者又是事件的亲历者。

但问题在于，王玄策写到此事时，笔下的"中天竺"只是地域概念，并不包含时间信息。戒日王尸罗逸多死后，作为国家概念的中天竺已不复存在，而作为地理概念的中天竺则长期留存。正如英文单词"America"，有时指美国，有时指美洲。但此事王玄策心知肚明，习以为常，而两《唐书》的史官则浑然不觉。

还是那句话，不管王玄策击败的是哪一层面的国家，俘虏的是哪一个级别的国王，都很伟大，值得我们牢记。也只有汉、唐才会出现班超、陈汤与王玄策这种类型的英雄。

（刊于《黄河》2025 年第 1 期）

郭子仪：安富尊荣人生赢家

一

开元二十九载（741）九月丁卯（10月21日），长安城中下了第一场雪。对于这个能开梅花、可生柑橘、有茂密竹林的国际都市，这场雪真可谓突如其来，比正常年份大约提前了三十八天。这一年，恰恰是开元盛世的最后一年。当时的官方文件中，年还称为载。

此时降雪提前，未必是纯粹的偶然。新一轮气候循环必然会深度影响社会生产、百姓生活，最终关系朝局。总体而言，中国历史上有四个寒冷期：殷商到西周，东汉、三国到南北朝，北宋初年到南宋中叶，明末至清。寒冷造成的天灾人祸，逼迫北方民族南下，进而导致中原王朝的动荡。气候学家推算，唐代前期的气候总体如同朝局，温暖是基调。长安曾有十九个无雪的冬天。对低温的耐受极限分别为 -8℃ 和 -15℃的柑橘与梅花，都能在长安生长。而到了北宋，很多北方人已不认识梅花，因此引起王安石的讥诮："北人初不识，浑作杏花看。"

唐代中后期，气温也如同朝局，渐趋寒冷。气候学家为方便统计，以 800 年为界，但宇宙不可能这样配合调查。能被写作者找到的最明显的临界点，就是开元盛世的最后一年。

那一年里，四十一岁的李白在任城爱上邻家一女，与之生子曰颇黎；二十九岁的杜甫从齐赵归来，居于东都；平卢军兵马使安禄山不断贿赂使者的政治投资获得丰厚回报，被升为营州都督，充平卢军节度使，两蕃、渤海、黑水四府经略使。而四十四岁的郭子仪，正在与安禄山遥遥相对的西北军中，担任军官。

十四年后，"渔阳鼙鼓动地来"，五十八岁的郭子仪开始了自己真正的人生。这是天宝十四载（755）。关于名将的文章，从气候开始，是不是标新立异得过了头？不，其中大有缘故。

二

如果没有这场突如其来的叛乱，郭子仪恐怕只能落寞而终。因他当时刚刚离任正三品的左卫大将军、朔方节度右兵马使、九原太守，在家为母守孝。正三品在唐代是典型高官，但也仅此而已。即便复出，至多不过做一个普通的节度使。

军情紧急，郭子仪被夺情起复，以卫尉卿、摄御史中丞的身份，权充朔方节度使。原任节度使安思顺是安禄山没有血缘关系的从兄，虽然汉化程度较深，且多次报告安禄山的反叛，但需要避嫌避险，因此被征召入朝，改任户部尚书。

匆匆受命，郭子仪最紧迫的问题却不是外患，而是内忧。确切地说，是跟老战友（也是死对头）李光弼的关系。

郭李二人早期都在安思顺麾下担任牙门将，但关系很紧张，即便同桌吃饭也从不说话，除非吵架。更要命的是，安思顺最看好的是李光弼，曾有意招之为婿，并上表推荐他为节度副使、知留后事，摆明了是要让他接班。尽管李光弼无意于此，但而今忽然要听郭子仪的将令，他又怎能心安。

十天之后，诏命再来，郭子仪要迅速率军东伐赵魏。作为宿将，李光弼很清楚，战场严酷无情，随便找个理由杀掉仇人，实在是轻而易举。名将李广不就是这样杀掉了曾经冲撞过他的霸陵尉吗？李光弼自知不免，干脆自投罗网，来到节度使衙门，在堂下向郭子仪郑重施礼："我情愿一死，只求中丞赦免我的妻儿。"

郭子仪立刻走下堂来，抓住李光弼的手，流泪道："国家有难，正是用人之际，需要你我和衷共济，哪能计较个人私怨？"

英雄相对落泪，战将尽释前嫌。

内忧已除，即刻出兵。郭子仪指挥朔方军沿着黄河河套西进。他的眼睛盯着太原，叛军的眼睛也盯着太原。就在他出兵的同时，安禄山的大同军使高秀岩进犯振武军（今内蒙古和林格尔西北）。郭子仪立即派兵增援，击退高秀岩后顺势南下，攻破长城天险杀虎口（今山西右玉西北），占领静边军（今山西右玉西北右玉城）。静边军是入塞的桥头堡，位置极其重要，因而叛军的大同兵马使薛忠义赶紧领兵增援。郭子仪派李光弼、高濬、仆固怀恩和浑释之等人出战，获得全胜，史书记载"坑其骑七千"。

"坑"？这不是杀俘吗？自长平之战后，这个字眼颇为刺眼。应该承认，这其中包括杀俘，但不完全是。战后获胜者将敌方尸体堆积起来，筑成所谓的"京观"以耀武夸功，其实是隐秘的历史传统。后世的史籍沿袭着这样不成文的惯例：如果作者认为是合法地处置坏人尸体，便记录为"京观"；如果认为此举不合道义，是滥杀无辜，则记录为"坑"。史书在此用了这个字眼，其立场现在看来还需要推敲。

郭子仪派兵乘胜追击，北上围攻云中，南下攻占马邑，重新打开东陉关（今山西代县胡峪山上）。东陉关是雁门关的东口，太原的北部门户。叛乱初起时，为防止叛军南下威胁北都，这个关口被封闭。而今既已控制马邑，自然也就可以重新打开关口，恢复交通。虽然此战一直未引起史家的足够关注，却是大唐站稳脚跟的关键一战。稳定山西，唐军就有了随时东出太行截断叛军归路的可能。因而捷报传到朝廷，郭子仪立即被升为御史大夫，唐玄宗还同时向他征求将才。在他的推荐下，李光弼以魏郡（即魏州，今河北大名）太守、河北道采访使的身份，率朔方军中的一万蕃汉步骑、三千太原弓弩手，东出太行，从此开始独当一面。

李光弼进入河北后，顺利克复颜杲卿曾经守御的英雄城市常山（今河北正定）。此后史思明率领大军前来围困，郭子仪也闻讯赶来增援。两人追击史思明到博陵（今河北定州），但攻城不利。既然如此，那就只能收回拳头。而他们一后撤，史思明立即派兵尾随，不远不近地跟着。

"不怕贼偷，就怕贼惦记"，尾随的敌人如同苍蝇，令人心烦。怎么办呢？郭子仪派五百骑兵不断向叛军挑战，疲敝他们，等他们后撤，再追击，在沙河打了一场胜仗。规模虽小，但总算拍死了苍蝇，暂时可以安心睡觉。

此时叛军又来了援兵。按照通常的理解，实力对比发生变化，唐军应当采取守势，但郭子仪的决断正好相反。他认为此刻叛军必有轻敌心理，正好可以利用，于是挥兵进击。双方激战不下，郭子仪杀掉一员作战不力的将领，警示全军。这个举动极大地激发了士气，全军奋力拼杀，最终告捷。

决战发生在曲阳县东北的嘉山。郭子仪指挥李光弼、仆固怀恩、浑释之、陈回光等诸位将军，跟史思明、蔡希德和尹子奇硬碰硬，获得大捷。史思明几乎是光脚散发地逃回博陵的。郭子仪追到博陵，再度发起猛攻，但还是未能拿下。正准备调整部署，忽然接到全军回师的诏命。

为什么？因为潼关失守，哥舒翰被擒，唐玄宗逃往四川，太子李亨在灵武（今宁夏吴忠）即位为唐肃宗，但几乎是光杆司令。这个前任朔方节度大使，只能赶紧召回郭子仪和李光弼麾下的朔方军。他们俩一回去，立刻被升为同中书门下平章事，所谓"使相"，即出使在外的宰相。

三

安禄山有谋士严庄，唐肃宗则有谋士李泌。李泌虽是纯粹的白身，但"权逾宰相"。他建议派李光弼守太原，截断叛军北上迂回的道路，随时出击河北；令郭子仪占领河东，威胁两京，但并不彻底切断两京联系，让叛军在千里交通线上疲于奔命，王师以逸待劳，随时反击。

这条建议被迅速采纳，但可惜的是，最精彩的部分被抛弃。李泌建议不急于收复两京，否则叛军还会卷土重来；应当集中兵力，直接攻击范阳。河西陇右诸镇的勤王之师，以及从西域回纥各国借来的援兵，习惯寒冷气候，可从北方迂回攻击叛军的老巢。可惜唐肃宗登基程序不甚合法，急于获得足够的合法性，而要获得足够的合法性，最好的办法莫过于迅速收复两京。

至德二载（757）二月，李白还在永王李璘的军营中激情四溢地吟咏《永王东巡歌》，郭子仪则率军从洛交（今陕西富县）渡过黄河，攻击河东。河东是秦汉郡名，治所在今山西永济西南，唐代虽已先后改为蒲州和河中府，但大家依旧喜欢沿用古称，柳宗元便被称为柳河东。此地掐在两京之间，位置极为紧要。"但用东山谢安石，为君谈笑静胡沙。"

李白一定没想到——估计谁也想象不到——永王李璘败亡在即，平定天下的将是汾阳王郭子仪，而郭子仪出兵之前，早已派人潜入河东，联络好当地官员，作为内应。

叛军大将崔乾佑在蒲津战败，退入郡城，但当地官员乘夜打开城门迎接官军，崔乾佑只能逃跑。逃到安邑（今山西运城）后，队伍进城刚刚过半，大门忽又落下，伏兵四出，崔乾佑未入城，于是得以逃走。这样一来，河东平定，郭子仪的目光随即转向天险潼关。

"打虎亲兄弟，上阵父子兵"，攻击潼关，郭子仪派出了自己的次子郭旰，令他和兵马使李韶光、大将王祚一同渡河作战。唐军初战告捷，但随后叛军增兵反攻，利用地利之便扳回一局，郭旰、李韶光和王祚全部战死，部队损失过万。猛将仆固怀恩抱着马头才得以渡河逃生，算是捡回来一条命。

一个月后，叛军大将安守忠进犯河东，遭遇迎头痛击。史书记载郭子仪"斩首八千级，捕虏五千人"。数据虽有水分，却是确定无疑的胜利。而正在此时，又有紧急命令传来，令郭子仪以司空、天下兵马副元帅的身份，迅速开赴凤翔救驾。

那时安禄山已被儿子安庆绪刺杀，但叛军凶焰犹存，在武功将关内泽潞节度使王思礼击败，兵锋离唐肃宗驻跸的凤翔不过五十里，很多官员已偷偷送走妻儿，空气紧张得几乎可以点燃。郭子仪率军日夜兼程，向西增援。四月十三日，他派部将仆固怀恩、王仲昇、浑释之、李若幽在白渠留运桥（今陕西三原境内）设伏，几乎全歼进攻的叛军，这才稳住局势。

四

新官上任三把火，但副元帅收复国都的第一把火便被兜头浇灭。

郭子仪与王思礼指挥王师进屯滩水西岸，安守忠、李归仁则驻扎于长安西部的清渠。双方对峙七日，都没有攻击。时间越长，受命采取攻势的郭子仪压力也就越大。因而五月六日叛军佯装后撤时，他只能挥动进攻的令旗。九千叛军骑兵布成长蛇阵，在唐军试图中央突破时忽然向两翼展开，将唐军包围。唐军阵势大乱，迅速败下阵来，人员损失惨重，物资丢弃殆尽。

然而复国决心已定，屡败必须屡战。八月二十三日，唐肃宗郑重地劳飨诸将，再度部署反攻。他收敛神色，对郭子仪道："事之济否，在此行也！"

皇帝托付得隆重，大将回答得庄严："此行不捷，臣必死之。"

当年九月，郭子仪随同广平王李俶，率领蕃汉兵马十五万，号称二十万，反攻长安。李嗣业率领安西兵为前军，王思礼所部为后军，郭子仪统领中军，全军抵达长安城西香积寺以北的沣水东岸布下阵势。王维笔下的"古木无人径"，随即兵荒马乱。

这次胜利的两大主角，此前都有点瑕疵。

一个主角是高仙芝麾下有名的猛将李嗣业。肃宗刚在灵武即位时，征召安西兵勤王。节度使梁宰打算观望形势，李嗣业暗中应允，结果遭到段秀实的责难："天子方急，臣下乃欲晏然，公常自称大丈夫，今诚儿女耳！"李嗣业闻听醒悟，迅速率军五千奔赴朔方。行前特意跟部下割破手臂立誓，沿途绝对秋毫无犯。

开战之后，唐军用弓箭击退叛军的骑兵，步兵随即列阵攻击。逼近敌阵时，叛军猛烈反击，唐军略一退却，阵势不觉混乱，情况危急。李嗣业喊道："今天若舍不得身体，则我军必败！"他脱掉上衣，手持陌刀挺立阵前，呼喊着率军前进。等接近敌军，便奋力挥舞陌刀，大砍大杀。

陌刀是唐军最精良的主战兵器，刀柄长，刀身坚，刀锋利。李嗣业刀光闪处，叛军人马俱碎。这种气势激励了唐军，吓坏了叛军。各支部队迅速稳住阵脚，然后墙一般推进。

另外一个主角是王难得。七个月前武功之战中，友军郭英乂中箭败逃，王难得见死不救，导致王思礼全军溃败。但这一次，王难得表现迥异。为救手下的裨将，被叛军射中脸部，脸皮都耷拉了下来。他扯掉箭和脸皮，满脸带血地继续拼杀。夏侯惇拔箭吞睛，很可能是罗贯中从王难得身上获得的灵感。

唐军都这样卖命，胜利自然顺理成章。唐军斩首六万级，俘虏两万多人，还有无数的叛军跌入河中淹死。而长安一旦拿下，潼关便不再是险阻。下一个战场是崤函古道东部的重要节点陕州（今河南陕州）。过了陕州，东部一马平川，无险可守，直达大唐的东都、叛军的伪都洛阳。

安庆绪虽已弑父，但性格懦弱，大局还由安禄山的首席谋士严庄把持。严庄知道这是生死之战，因而倾巢出动，十万主力前往增援，队伍延续百里不绝。等郭子仪赶到新店（今河南陕州西），叛军已在曲沃附近依山结阵。他们向来不愿守城，习惯野战。见唐军立足未稳，立即派出轻骑骚扰。

此地北临黄河，南边是山。郭子仪早已命令回纥兵登山抄袭叛军后路，主力正面出击，但阵势没有排好，不能开战，便令两队人马将这股敌兵赶走。没过多久，叛军以加倍的兵力再来骚扰，郭子仪也再以加倍的兵力驱逐。

等列好阵势，两百叛军骑兵再度杀来，到了阵前却又不战自退。郭子仪已经做好攻击准备，不管这是不是引诱，立即传令冲锋。唐军潮水一般冲过去，从中间贯穿叛军的阵势，但叛军也有准备，顺势张开两翼，又将唐军包了饺子。

这一次唐军没有沦为饺子馅，而是化身为铁扇公主肚皮里的猴子。唐军与叛军激烈厮杀，相持不下。抄后路的回纥兵在山上遭遇叛军，发生缠斗，迟迟不能加入攻击，时间一长，正面的唐军不免略微后撤。与此同时，叛军又派出三千人马，抄袭后路。郭子仪见状，赶紧令一队回纥骑兵前往堵截。此时人踩马踏，尘土飞扬，背后策应的回纥兵也抵达战场。他们在漫天黄尘中接连射出几十箭，叛军惊叫道："回纥来了！"随即丧失斗志，迅速溃败，伏尸三十里而逃。

接到败报，安庆绪知道大势已去，赶紧逃往相州（今河南安阳）。安顿下来清点人马，只有步兵一千，骑兵三百。

十月八日，广平王李俶进入洛阳。遗憾的是，九天之前，坚守一年多的睢阳（今河南商丘）刚刚陷落，张巡、许远被俘后殉国。

两京顺利收复，虽是正牌太子但登基程序不甚合法的李亨，终于有了足够的合法性与底气。他非常高兴，对郭子仪道："虽吾之国家，实由卿再造！"

五

本文之所以要从气候变化开始，很大程度上是因为郭子仪的人生经历，乃至唐史上的重要一环——九节度围相州而惨败，原因被含糊其词地归结为极端天气沙尘暴：

> 大风忽起，吹沙拔木，天地昼晦，咫尺不相辨，两军大惊，官军溃而南，贼溃而北，弃甲仗辎重委积于路。

这次作战旷日持久，师老兵疲，具体过程的描述可以单独成篇乃至成书。简单而言，就是说当郭子仪作为后军刚刚列好阵势，准备加入最后决战时，沙尘暴从天而降，敌我双方各自溃退。言之凿凿，但前后矛盾：记载称是平局，实际却是唐军大败。

九位节度使所部各归本镇，除了李光弼和王思礼全师而退，其他诸路"诸节度各溃归本镇。士卒所过剽掠，吏不能止，旬日方定"。其中郭子仪所部损失最为惨重："战马万匹，惟存三千；甲仗十万，遗弃殆尽。"十万军中有一万骑兵，这个比例可信，数据应当也比较可靠。但还不止于此，刚刚收复的洛阳"士民惊骇，散奔山谷；留守崔圆、河南尹苏震等官吏南奔襄、邓"。官员为什么要南逃襄阳、邓州？因为郭子仪根本没有坚守东京洛阳的打算，退到洛阳北部偏东、黄河盟津（又称富平津）渡口的战略要地河阳，还是不能心安，又退到了洛阳以西百里之外的缺门山（今河南新安西）。此时收拢溃兵已得数万人马，诸将依旧如同惊弓之鸟，吵吵嚷嚷地说要退保蒲陕。如果不是都虞候张用济说蒲州、陕州一带缺粮，无法供养大军，弄不好河阳还真会被放弃。

相州之战，如果说摆在唐军面前有一千条路的话，那么至少有九百九十条通向胜利。安庆绪的残部被死死围在城中，只能龟缩防守，彻底放弃他们最擅长的野战。史思明虽然降后复叛、南下增援，但双方兵力也完全不对等。让谁承担相州之战的历史责任最为合适？肯定是人见人厌的宦官。于是都归咎于鱼朝恩，说是郭子仪与李光弼俱为元戎，难相统属，便没设主帅，让鱼朝恩作为观军容宣慰处置使，耽误了大事。

这样归因简单有效，但未免失之粗暴。首先，郭子仪本来就比李光弼官阶高、资历老，与李光弼曾有明确的上下级关系，当时还有天下兵马副元帅的身份。《旧唐书》的《史思明传》更是直言"郭子仪领九节度围相州"。其次，虽有太监监军，但通常并不干预具体指挥。那么，失败的原因到底是什么？

原因有两条。首先，从战术上说，郭子仪没有采纳李光弼提出的缠住史思明的正确建议。当时史思明攻占魏州后按兵不动，对唐军后背形成重大威胁。李光弼建议跟朔方军联手，首先进逼魏州。史思明嘉山大败的心理阴影尚未散去，必然不敢轻易出战。这样可以争取到攻占相州的大量时间。而一旦安庆绪就擒，史思明也就如同天亮后的露珠。官方史书记载是鱼朝恩不同意李光弼的建议，但成书更早的《安禄山事迹》则记载是郭子仪，郭子仪跟季广琛主张水淹相州。最终史思明南下，派出士卒伪装成唐军，拦住转运粮草者，动不动就以逾期为名杀人，而巡逻的唐军士兵不能辨别，导致后勤补给线混乱。

而最直接的败因，则是郭子仪判断失误，弃军先逃。《邠志》是这样说的：

> 史思明自称燕王。（朔方）牙前兵马使吴思礼曰："思明果反。盖蕃将也，安肯尽节于国家！"因目左武锋使仆固怀恩。怀恩色变，阴恨之。三月六日，史思明轻兵抵相州，郭公率诸军御之，战于万金驿。贼分马军并滏而西，郭公使仆固怀恩以蕃、浑马军邀击，破之。还遇吴思礼于阵，射杀之，呼曰："吴思礼阵没。"其夕，收军，郭公疑怀恩为变，遂脱

身先去。诸军相继溃于城下。

这条记载说得很明白，是郭子仪统率全军。而吴思礼因为史思明复叛，对异族的仆固怀恩表示怀疑。两人大约还有其他矛盾，故而大战当天，仆固怀恩战胜归来时，将吴思礼射死。郭子仪以为仆固怀恩真要叛变，便乘夜抛下部队先行逃跑。主帅逃跑，战局必然急转直下。这也可以解释九节度所部因何各归本镇。如果领军的是鱼朝恩，没有将令就这样率军逃跑，肯定要杀头的，但事后唐肃宗对谁都没有真正意义上的处罚。

在文人史官笔下，宦官的罪恶只能被放大。这应该是司马光采信《唐肃宗实录》中不设主帅的说法，而没有采信《邠志》中这条记载的原因。虽则如此，他到底是严谨的历史学家，还是将之收入了《资治通鉴考异》。

战后郭子仪被征召入朝，兵权给了李光弼。史书将之归因为鱼朝恩的谗毁，完全站不住脚。鱼朝恩确实专权，确实可恨，确实该杀，但在这件事上也确实比窦娥还冤。

孤证不立，还有类似的证据吗？当然有，而且就在《资治通鉴》上。如果您的《资治通鉴》开本足够大，那么几乎是在同一个页面。

朝廷下令换帅之后，反对撤往蒲陕的张用济打算武力驱逐李光弼，挽留郭子仪。当时仆固怀恩这样劝道：

> 邺城之溃，郭公先去，朝廷责帅，故罢其兵柄。

话不多，但信息量足够：郭子仪身为统帅而先行逃跑。请注意，仆固怀恩并非鱼朝恩的死党，张用济则是郭子仪的心腹，且大家都是亲历者，可见这是军中普遍承认的事实。司马光为何会允许这样前后矛盾的漏洞存在？统稿疏忽，把关不严？当然不是，他只是在隐晦地捍卫自己的史德：兄弟，我可没胡说。问题是我会写，您也得会读。

但对史学家而言，这样做毕竟会有职业风险。司马光这样的老成君子，为何要冒这样的风险？为何郭子仪所部损失惨重，而李光弼能全师而退？为何郭子仪弃军先逃还能维持部下的拥戴？原因很重要，但只能后文交代。

六

宝应元年（762），唐诗最重要的代表人物之一李白辞世，兵部侍郎严武受命节度西川。严武这次镇蜀虽只数月，依旧给幽居草堂的杜甫带去了乱世之中难得的温暖。与此同时，郭子仪被升为汾阳郡王，再度出来统兵，担任朔方、河中、北庭、潞、仪、泽、沁等州节度行营，兼兴平、定国副元帅。他之所以出山，是因为朔方诸军都统李国贞、太原节度使邓景山被部下作乱杀死，乱军眼看就要跟叛军合流。

那是乍暖还寒的二月，唐肃宗已经病重，但郭子仪坚持要面圣："老臣受命，将死于外，不见陛下，目不瞑矣。"如此诚恳的话语，自然能换得病榻之前的皇帝召见。皇帝表达信任推重，大将表白忠诚勤勉。照剧本演出完毕，郭子仪方才就任。

郭子仪抵达军中，带头作乱的王元振立即前来表功。这就是藩镇遵循的逻辑：他们若不杀死李国贞，哪有郭子仪的兵权？但谁也没想到，向来以宽厚著称的郭子仪根本不吃这一套。他脸色一板道："吾为宰相，岂受一卒之私邪！"随即下令将作乱者全部正法。

来也匆匆，去也匆匆，郭子仪这次出山时间很短，不到半年便在入京朝见时请辞，因宦官程元振嫉妒他年资高、功劳大，老说坏话。此人拥立有功，唐代宗对他言听计从，郭子仪只能顺水推舟。请辞的同时，将先前收到的诏书二十卷一千多道进奉给新皇帝，剖白心机。

这多少有点摊牌的意思。郭子仪一定感受到了空前的压力。唐代宗当然心知肚明，虽有道歉抚慰之语，没有批准辞职请求，但也没让郭子仪回到军中。双方打了个太极拳。

后来史朝义兵锋再起，朝廷也没有起用郭子仪，而用了他的老部下仆固怀恩。年底仆固怀恩平定河北，郭子仪请求将副元帅的名衔转授予他。奏章一上去，立刻得到批准。

七

剑外忽传收蓟北，初闻涕泪满衣裳。

却看妻子愁何在，漫卷诗书喜欲狂。

白日放歌须纵酒，青春作伴好还乡。

即从巴峡穿巫峡，便下襄阳向洛阳。

闻听史朝义授首，诗圣杜甫好像一下子年轻了二十岁，挥笔写成这首《闻官军收河南河北》。他一定不会知道，就连郭子仪也不会知道，首都长安会再度沦陷。这次的叛军主力是吐蕃，帮凶却是程元振。

程元振的确是一手遮天，就连吐蕃逼近凤翔、邠州（今陕西彬州）这样的紧急军情，他都敢刻意屏蔽。唐代宗几乎到了火烧眉毛的时刻，方才知晓。

这是广德元年（763）十月的事情。尽管年初史朝义已被传首京师，但大唐的朝局还是再度陷入危急。两大旧军阀刚被消灭，两个都有副元帅光环的新军阀又赫然崛起。盘踞山西的仆固怀恩已跟河东节度使辛云京开战，而李光弼也因惧怕程元振加害，迟迟不肯入朝。无奈之下，唐代宗只能再度起用郭子仪，让他以关内副元帅的名义镇守咸阳。

郭子仪投闲置散已久，身边仅剩二十名骑兵。他刚刚抵达防区，吐蕃已率领吐谷浑、党项和氐羌大军，在司竹园（陕西周至东南）渡过渭水，沿南山东进。郭子仪派判官王延昌入朝求援，竟因程元振从中作梗而未能获得召见。

唐代宗抛弃首都逃往陕州，郭子仪也只能东撤。刚刚抵达开远门，便成功地阻止了一次仓促的叛乱：射生将王献忠率领四百多名骑兵，裹挟丰王李珙等多名亲王，准备向西迎接吐蕃，双方迎头撞见。

开远门是长安西边三座城门中最北的一座，也是最繁华的一座，离国际贸易市场西市不过两坊之遥。作为丝绸之路的起点，门外竖有里程碑"立堠"，上题"西极道九千九百里"。不说万里，表示远游之人不为万里之行。天宝八载（749），门外又建"振旅亭"，专门慰劳迎接西征将士。曾在西域领兵的郭子仪，对此当然无比熟悉。他心知有异，当即呵止王献忠。王献忠不敢顶撞元勋，下马施礼道："皇帝东逃，江山无主。您贵为元帅，皇帝的废立就在于您一句话。"

郭子仪是什么反应呢？事实上，他没有立即做出反应。史书上没有记载他当时说了些什么。那些义正词严的话，都出自他的判官王延昌。郭子仪为什么没有立即开口？因为慷慨激昂从来都不是他的特点，他的特点是老成持重。郭子仪绝无可能支持反叛，但问题在于，他势单力薄，而对方人多势众。他大概根本没有想到，王献忠这家伙政治上竟如此不成熟，直接摊牌。

到底还是郭子仪的满头白发与崇高威望好使。士卒簇拥着诸王掉转马头，向东追赶皇帝，郭子仪则奔向商州。长安东南经蓝田县和蓝田关，即韩愈笔下"云横秦岭家何在，雪

261

拥蓝关马不前"中的蓝关,再过关中四关中的武关,便是商州。那里聚集的大量溃兵,是郭子仪的目标。当时副元帅身边有多少兵呢?比刚刚就任时足足飙升五成,共有骑兵三十名。

抵达蓝田,遇到元帅都虞候臧希让、凤翔节度使高升,得到士兵将近千人,多少有了点部队的样子。郭子仪判断,溃兵聚集必定作乱,商州的官员很可能已经躲藏起来,便派王延昌先去安抚,他自己暂驻蓝田,守住要点。汉代以降,无论叫青泥关、蓝田关还是峣关,这里都是兵家必争之地。

三天之后,郭子仪离开蓝田,前往商州。一路收容溃兵,连同防守武关的力量,兵力达到四千人,宝应军使张知节又率军前来会合,声势略振。郭子仪随即阅兵誓师,流泪激励将士。水与泥可以烧造陶瓷,元帅的热泪也能搅拌斗志,乌合之众随即又被锻造成了军队。

在陕州的唐代宗身边也没多少人,闻讯立即召郭子仪赶赴行在,但郭子仪没有奉诏。他判断,吐蕃深入长安,已是强弩之末,必须趁其立足未稳,迅速兵出蓝田。他只要在蓝田站稳,吐蕃便不可能东侵。

那时蓝田方向情况不明,必须先行侦察。左羽林大将军长孙全绪主动请缨,郭子仪令他率领两百名骑兵先行开动,宝应军使张知节继后。长孙全绪抵达蓝田,发现前光禄卿殷仲卿已募兵千人驻守在那里。他们互相呼应,声势更大。长孙全绪随即北出蓝田,抵达县北三十五里的韩公堆。这是官道上的重要驿站,无数官员南来北往,而那些官员都是天然的诗人，"韩公堆"三字屡屡入诗，白居易便有题赠给元稹。

却说长孙全绪抵达之后，命令部队白天擂鼓，夜晚举火，作为疑兵。殷仲卿又命两百人渡过浐河，直逼长安。吐蕃询问百姓，百姓都说郭令公（郭子仪是中书令）率领官军收复长安，声势浩大，数不清有多少人马。吐蕃信以为真，开始向城外撤退。长孙全绪命令将军王甫暗中联系长安城中的游侠少年数百人，乘夜在朱雀大街上击鼓，高喊王师已到，而殷仲卿、长孙全绪、王仲昇等人又先后率兵攻入。吐蕃余部闻听惊惧不已，迅速逃离。

就这样，沦陷十五天的首都又被郭子仪收复。而大唐以再度丢失首都的巨大代价，总算处理掉了程元振：他在贬谪途中被仇家所杀。

八

广德二年（764）六月，河中节度使衙门内气氛如同当时的天气一般沉闷，黄河的风也无法吹透。郭子仪面色凝重，听掌书记读完替他撰写的奏疏，良久不语。掌书记以为使主（幕僚对节度使的称呼）尚不满意，刚要开口，又被郭子仪制止。

郭子仪点点头，吩咐用印后迅速入函，递发朝廷。

奏疏的内容是什么？建议撤销各地的节度使，以苏民困。就从河中开始。

半年前的正月里，因仆固怀恩在山西闹得烽烟四起，几乎就要公开反叛，郭子仪的身份随即成了关内河东副元帅、朔方节度大使、河中节度使。他的大旗一树，对昔日的老部下仆固怀恩的效果自然如同釜底抽薪。鉴于仆固怀恩已带领残兵退回灵武，局面暂告平静，郭子仪不待朝廷有所动作，便主动上疏请求裁军。

这个建议当然是唐代宗乐于看到的。他随即下诏，撤销河中节度使与耀德军的建制。但郭子仪再度上表请辞副元帅时，他却没有批准，而是顺手免除了仆固怀恩的河北副元帅、朔方节度使职位，要求仆固怀恩以太保兼中书令、大宁郡王的身份入朝。仆固怀恩应该是唐代最具悲剧色彩的名将，他直接浇灭了安史之乱的最后一把火，一门四十六人死于王事，为正军法还处死了自己的儿子，最终却又陷入反叛的死亡旋涡。他的确有入朝的打算，只不过要带着回纥、吐蕃和党项所部的数万大军。

当年七月，李光弼病逝于徐州。唐代宗得到消息，赶紧调郭子仪前出奉天（今陕西乾县）。君臣相见时，唐代宗忧心忡忡，郭子仪胸有成竹："放心，绝对没事！仆固怀恩勇猛寡恩，人心不附。将士们之所以跟着南下，主要是想借机回家。他本是我的裨将，手下都是我的部曲，我平常对待他们不薄，他们怎么好意思跟我刀兵相见？"

郭子仪坐镇奉天，派儿子郭晞率军一万，增援邠州。等敌兵赶到，仆固怀恩的前锋近城挑战，部将纷纷要求出击，郭子仪却严令不许。为什么？敌兵远来，利在速战，这是军事常识。而且仆固怀恩裹挟来的旧部本无斗志，如果马上应战，只能逼迫他们血拼；而这样拖着，仆固怀恩必然夜长梦多。

最终的结果印证了郭子仪的判断。仆固怀恩的前锋一直没有动作。几天之后，吐蕃、回纥大军逼近。郭子仪率领主力乘夜在乾陵以南扎好阵势。天亮之后，吐蕃、回纥大军赶到。他们本以为唐军无备，可以乘虚而入，见郭子仪严阵以待，知道无机可乘，只得退兵。

大军劳师远征，只因为郭子仪已经摆好阵势，便不战而退，难道这是官费旅行？两《唐书》中的郭子仪传记就是这么写的。看起来是传主声威所致，其实是历史的缝隙漏下了另外一位副元帅的功劳。可以说，他以生命为代价成就了郭子仪。此人是谁？河已西副元帅、凉州都督、河西节度使杨志烈。

杨志烈本名杨预，为避唐代宗李豫之讳而改名。广德元年（763），朝廷设置河已西元帅府，希望整合西陲防御吐蕃的力量，统一指挥河西、北庭与安西三镇。这种元帅府都由亲王遥领元帅，并不到职，副元帅具体负责。仆固怀恩叛乱，杨志烈也受命增援，但他认为正面出击效果不好，不如围魏救赵。监军柏文达觉得很有道理，便率领援兵杀奔灵州大都督府和朔方节度使的驻地灵州，也就是唐肃宗即位时的灵武郡。

仆固怀恩倾巢而出，后方空虚，柏文达顺利攻破摧沙堡

（今宁夏固原西北）和灵武县，灵州眼看不保。仆固怀恩得到消息，赶紧率军回援。他是猛将，部下多是能征惯战之士，而河西兵力并不雄厚。故而他们一个夜袭立刻得手，河西兵损失惨重，只能退回凉州。见到杨志烈，柏文达痛哭失声。杨志烈劝慰道："此行虽然失败，但也有安定京师之功。士卒有点儿损失，无所谓的。"

这话安慰了监军却伤了士卒。吐蕃大军跟踪而至，发起攻击时，新败之后士气低落的部队都不肯力战，导致州城失陷。杨志烈无奈，逃到北庭征兵，被伊西庭留后周逸串通沙陀兵杀害。他这一死，不仅救援长安的功劳无人提及，就连他本人也未能入选正史的传记。而给郭子仪作传的人，则可以顺理成章地将这笔功劳悄悄记在郭子仪头上，毫无作伪的道德压力。

九

病灶未除，终究还是要发病。永泰元年（765），正月里长安城内"大雪盈尺"，九月里边境烽烟再起：仆固怀恩招引回纥、吐蕃、吐谷浑、党项、奴剌等部大军，再度东进南下，从三面包围，声势远比上一年浩大。吐蕃攻击奉天，党项直逼同州，吐谷浑和奴剌进攻盩厔（今陕西周至）。这是第一道攻击波，后面还有回纥与仆固怀恩。

这次兵乱，真正激烈的战事发生在奉天。主角儿浑瑊也是郭子仪曾经的部下，后来成长为一代名将。浑瑊跟仆固怀恩一样出自铁勒九姓，时任朔方兵马使，与讨击使白元光一起驻守奉天。吐蕃刚刚列营，他便率两百名骑兵杀入敌阵，左冲右突，刀砍枪刺，勇猛无比，吐蕃不由得向后退却。浑瑊趁机俘虏一将，而他和部下无一伤亡。等吐蕃攻城不下，他又发动夜袭，杀敌千余人。在奉天城下，浑瑊与吐蕃交战两百多次，杀敌五千多人。此后大雨不止，吐蕃无法作战，便移兵礼泉，最终掳掠数万男女后北撤。

这样一来，压力就全部转移到了泾阳的郭子仪肩上。敌众我寡，泾阳不过万余兵马，而尽管仆固怀恩已病死于途中，但吐蕃与回纥也已合流。所幸他们都想当老大，彼此不服。郭子仪严令部下不准出战，同时派人前去城西的回纥军中，劝他们与唐军联手攻击吐蕃。

从助唐平叛到兴兵侵唐，这个弯儿拐得已经够大，再对吐蕃反戈一击，他们想想都觉得头晕。其首领药葛罗道："郭令公不是已经死了吗？你说他还活着，好啊，请他过来谈谈。"

郭子仪果断决定单刀赴会。见众将都劝不住，郭晞拦住了父亲的马头："回纥是虎狼之师，大人是国家的副元帅，怎能冒这等风险！"郭子仪道："出战并无必胜把握。若败，我们父子都可能战死，国家也有巨大危险。而今我一人承担风险，成功是天下之福，不成也不过死我一人，至少可以保全家族！"说完用马鞭抽开儿子的手，疾驰而去。

郭子仪带领几个随从直奔回纥大营。回纥戒备森严，主帅药葛罗亲自引弓注矢，立于阵前。郭子仪卸去甲胄，扔掉武器，朗声问道："安乎？久同忠义，何至于是？"

各位还好吗？我们一直并肩作战，怎么会到今天的局面？你们好意思吗？

诸位酋长都曾在郭子仪麾下作战很久，彼此熟悉，惊道："真是郭令公！"立即下马围成数圈施礼。郭子仪拉住药葛罗的手道："回纥有功于大唐，大唐的回报也足够丰厚，为何突然负约，弃前功而结仇怨？仆固怀恩叛君弃母，不忠不孝。这样的人，怎么可能真心对你们好？我今天只身前来，任凭处置，但我死之后，部下必定会拼死一战！"

药葛罗连声致歉道："仆固怀恩哄骗我们，说大唐皇帝驾崩，郭令公已死，国中无主，我们这才前来。既然如此，我们怎能跟您交战！"

郭子仪道："吐蕃无道，不顾舅甥之亲，兴兵杀烧抢掠。而今他们劫掠了大量的财物，人口牛马绵延数百里，这是天赐良机啊。还有比破敌取富、重修旧好更有利的事情吗？"

从匈奴开始，北方少数民族作战的终极目的，就是财富。这话打动了药葛罗。而吐蕃闻听唐军与回纥联系频繁，立即后撤。药葛罗赶紧追击，郭子仪也派白元光率兵助阵，最终大破吐蕃，解救士女四千多人，牛马绵延数百里。当然，这些战利品都是回纥的。就像当初收复长安时的约定：士女归唐，财物归回纥。

是时候回答这个问题了：司马光为何甘冒职业风险替

郭子仪遮掩？但在此之前，必须首先回答另外一个问题，那就是为什么尽管李光弼和郭子仪并称"李郭"，李光弼排名在前，平叛的功劳也比郭子仪大，名气和历史风评反倒落后？

原因很简单：郭子仪有功不自夸，绝对听话。皇帝安排得对，愉快地坚决执行；皇帝安排得不对，疑惑着坚决执行。而李光弼晚年不肯入朝，固然有担心宦官加害的正当理由，但依旧会被视为跟朝廷离心离德。这样的人，当时的朝廷无法漠视其功，而后代朝廷只会记得其过。

因此缘故，历朝历代的皇帝与朝廷都将郭子仪树为标杆，入庙配享。官方的推动效力总是最强大的，因为历史的话语权始终在他们手中。而从民间的角度出发，郭子仪不仅官高爵显，更兼多子高寿：他享年八十有五，史书记载有八子七女，其实是八子八女。用这样的人作为信仰图腾，自然更合适。所以天官形象是有道义瑕疵的郭子仪，而不是李光弼。

这其实也解释了《资治通鉴》相关记载为何前后矛盾。

一〇

766 年十一月，长安城内"大雪平地二尺"，唐代宗下令改元大历。这个年号在文学史上最深刻的印记，便是大历十才子。诡异的是，十位才子中竟有半数生平不详，留下来的作品也很少。请勿因此质疑他们的名气，而要声讨历史的俗气——只有功名能大过历史的网眼。相形之下，才华多为身家之累。另外五位，卢纶、韩翃、钱起、司空曙、李端的名篇可为例证。李端听起来并不怎么熟悉，但"欲得周郎顾，时时误拂弦"，恐怕没几个人好意思承认未曾听说。能留下这等句子，自不辱没才子二字。

李端曾经给郭子仪的第六个儿子写了一首诗——《赠郭驸马》：

> 青春都尉最风流，二十功成便拜侯。
> 金距斗鸡过上苑，玉鞭骑马出长楸。
> 熏香荀令偏怜少，傅粉何郎不解愁。
> 日暮吹箫杨柳陌，路人遥指凤凰楼。

在灿烂的唐诗星河中，这首诗黯淡无比，却写出了郭暧的春风得意。永泰元年（765），郭子仪第一次挡住仆固怀恩招引的吐蕃、回纥后，朝廷无官可赏，便将升平公主嫁给了他十三岁的儿子郭暧。此后郭暧与升平公主的女儿又生出了唐穆宗。可以肯定，当时郭暧寸功未立，煊赫都来自郭子仪的荫庇。他跟升平公主一样，基本都是所谓的官二代。这样的人，严格说起来尚未成年，自然都会有点小脾气。我们这才得以看到各种剧目各个流派的戏剧《打金枝》。

某日小两口吵架，郭暧说："你仗着你爸爸是皇帝是吧？我爸爸还不稀罕当皇帝呢！"

当时公主下嫁，公婆拜她，她是不答礼的。公主下嫁完全如庶民家人礼，还得到唐德宗建中元年（780）。估计升平公主气派不小，将夫婿惹恼。可驸马恼，公主更恼，立即进宫告御状。按照道理，驸马说了大不敬的话，杀头并不为过，但唐代宗涵养极好，对于曾经帮助过他的人，无论功臣还是叛将权宦，事情从不做绝：李辅国专权该杀，他只是派人暗杀，依旧厚葬；程元振该杀，他只是流放；鱼朝恩该杀，他杀掉后说是自缢，依旧赠官；仆固怀恩公开反叛，他一直坚持说仆固怀恩只是被手下所误，不肯将其从凌烟阁除名，所以《旧唐书》里，仆固怀恩并没有被归入《叛臣传》。

对于郭子仪，唐代宗自然更能优容，因而对女儿道："这是实话。若子仪想当皇帝，天下岂是汝家所有？"随即劝令公主归家，好生侍奉丈夫与公婆。

不事稼穑的公主、驸马在长安生闲气，持重谋国的副元帅在干吗呢？在河中府种地。

永泰以后，郭子仪长期驻扎河中府。那时战乱频仍，民不聊生。军队虽由国家财政强力支持，但也经常陷入乏粮的窘境，由此导致的兵变时有发生。既然局面已经平静，郭子仪便率先动手，自耕田地百亩。汾阳王已经行动，将校们哪好意思落后，而士卒不待命令，也纷纷仿效。那一年里，河中野无旷土，军有余粮。

恰在此时，郭子仪听说了这事儿。比起儿子的浑话，皇帝平静的话更令他畏惧。大是大非，岂能怠慢，郭子仪立即囚禁郭暧，进宫请罪。唐代宗对郭子仪颇为尊重，从不直呼其名，而称之为大臣。而今亲家相对，他的态度更加亲切，语气轻描淡写："鄙谚有之：'不痴不聋，不作家翁。'儿女子闺房之言，何足听也！"

小两口闺房吵架话赶话，有啥了不起的？我们如果不能装聋作哑，亲家翁的关系，还怎么处？虽则如此，郭子仪还是将郭暧打了几十棍。容忍是皇家的大度，责罚则是臣子的态度。

一一

创业难，守业更难。郭子仪马上封王的过程已交代清楚，但又是如何保住的呢？对朝廷绝对恭顺、不恋兵权还不够，还有诸多生存之道。这首先又要提到一个寒冷的冬天。

那是大历二年（767）。这一年对郭子仪而言之所以寒冷，不仅仅因为十一月里长安城"纷雾如雪，草木冰"，更因为十二月四日，他父亲的坟墓被盗掘。虽出自太原郭氏，但郭子仪的籍贯却是华州郑县（今陕西渭南华州区），其父自然也葬在那里。

当时郭子仪正辗转泾阳、奉天抵御吐蕃。在前线浴血抗敌的副元帅被挖了祖坟，这当然是大事，但蹊跷的是，官府组织查访缉拿，竟然没有结果。

谁干的呢？很多人指向权宦鱼朝恩。当时宰相元载、权宦鱼朝恩和大将郭子仪，可谓三足鼎立。有人认为，鱼朝恩嫉妒郭子仪的盖世功勋，为破坏风水，挖了他的祖坟。

祖坟被挖却找不到责任人，大将岂能容忍？朝堂上忧心忡忡。君臣见面时，唐代宗深表遗憾关切，但郭子仪竟没有丝毫责难，只有满怀自责，甚至真诚落泪道："臣久将兵，不能禁暴，军士多发人冢。今日及此，乃天谴，非人事也。"

被人挖了祖坟，郭子仪痛恨不痛恨？当然痛恨。为什么不追究？因为可能牵扯到鱼朝恩，而鱼朝恩背后还站着唐代宗。

郭子仪不仅不跟鱼朝恩较劲，也不在元载和鱼朝恩之间站队。根据皇帝的命令，鱼朝恩、元载和郭子仪经常在一起喝酒，一顿酒席三十万。鱼朝恩以助代宗之母章敬太后冥福的名义，在他受赐的田庄上建了章敬寺。某日他邀请郭子仪来此同游，没喊元载，元载担心他们结盟，便派人悄悄告诉郭子仪，说鱼朝恩要暗害他。左右建议带三百甲士，但郭子仪连连摇头说："我，国之大臣，彼无天子之命，安敢害我！若受命而来，汝曹欲何为！"

郭子仪只带着几名家僮前去赴约。鱼朝恩大惊，因这大大低于他这个级别的官员应有的待遇，本能地询问原因。郭子仪直言相告，最后道："恐烦公经营耳。"

世上没有纯粹的绝对的坏人，再坏的人也有被感动的时候，比方那个时刻的鱼朝恩。他抚膺捧手，落泪叹道："非公长者，能无疑乎！"

有此曲折，他们之间的恩怨，自可暂时了结。

<h1 style="text-align:center">一二</h1>

还有一个疑惑始终萦绕心头。郭子仪似乎很会带兵，但军纪并不严。用史书上的原话，是"权任既重，功名复大，性宽大，政令颇不肃"。这样的军队，哪来的战斗力？

郭子仪对家人的约束倒是很严格。如果说责打郭暧主要是做姿态，那么下面这则记载，足以说明他的真实态度。

大历三年（768），长安城"六月伏日，寒"。当年郭子仪之姜南阳夫人的乳母之子，因犯军中不许无故跑马的禁令而被都虞候下令杖杀，郭子仪的儿子们立即向父亲告状，控诉都虞候蛮横，要求惩罚。郭子仪很生气，将他们全部轰走，次日还对僚佐叹道："我的儿子都是当奴才的料！不欣赏父亲的都虞候，只怜惜母亲的乳母之子。这种人，不是奴才是什么！"

但郭子仪治军不严也有明确记载，而且还是文学家柳河东的手笔——《段太尉逸事状》。主角是段秀实。

郭子仪之子郭晞驻扎邠州期间，士兵横行不法，糜烂地方，但节度使白孝德敢怒而不敢言。段秀实闻听，不惜引火烧身，要求代理白孝德的都虞候，执掌军法。此后郭晞部下十七人进街市抢酒，砸坏酒器不说，还刺伤卖酒的老者。段秀实将他们全部抓住，市场门前随即挂出十七颗人头。郭军大怒，纷纷披甲持枪，内乱一触即发。白孝德惊慌失措，段秀实镇定自若。他辞掉白孝德派出的几十名护卫，又解下佩刀，挑一个又老又跛的士兵牵马，去郭晞营中解决问题。

冤有头，债有主，愤怒的士兵立即涌了上来，顶盔罩甲，枪明刀寒，杀气腾腾。段秀实微微一笑："杀一老卒，何甲也？吾戴吾头来矣！"士兵们被其气势慑服，也就没敢造次。等见到郭晞，段秀实道："副元帅勋塞天地，当务始终。今尚书恣卒为暴，暴且乱。乱天子边，欲谁归罪？罪且及副元帅。今邠人恶子弟以货窜名军籍中，杀害人，如是不止，几日不大乱？大乱由尚书出，人皆曰尚书倚副元帅，不戢士。然则郭氏功名，其与存者几何？"

尚书是郭晞当时的官衔。郭晞不是糊涂人，立即喝退士卒，向段秀实谢罪。事已至此，段秀实还不肯罢休，非要在郭晞军中吃饭住宿，令牵马的老兵次日再来。那一夜郭晞和衣而卧，段秀实倒睡得安稳，不仅仅因为有警卫击刁斗保护，更因为他早已将生死置之度外。从此以后，邠州秩序井然，百姓安居乐业。

郭晞原谅了段秀实，但又不得不派出警卫，专门敲打刁斗提供特别保护，可见他自己对士兵会不会冲动报复都没有把握，日常军纪严不严，也就不必再说。可以想见，史书上记载的宦官对郭子仪的"谗毁"，除了弃军先逃，肯定还包括这些。

但问题在于，这样的将军，为什么能打胜仗？

这让我想起两个晚清人物。一个是李莲英，他曾经说过，只要你让我的针能过得去，我一定让你的线过得去。凡事互留余地。另外一个是曾国藩。他起兵之初，军纪非常严格，自己不贪功贪财，也严格要求部下这样，但后来此路不通，只能改弦更张：严于律己，宽以待人。自己依旧清廉自守，但对部下贪功劫财睁只眼闭只眼，结果胜仗越来越多。

当时因为规章严格而导致的兵变，时有发生。朔方诸军都统李国贞与太原节度使邓景山被杀，原因就在于此。他们虽然死于国事，但朝廷并不认同，视为抚御失宜。对朝廷而言，法度只是维护朝廷的工具。如果一味维护法度将危及朝廷，那就只能暂时舍弃法度。换句话说，不只以匈奴为首的少数民族军队作战受利益驱动，当时的唐军多少也是如此。利益是历史车轮前进必需的润滑油。但儒家出身的史官，对此总是羞羞答答。

郭子仪则心知肚明，只要不直接危及军队和战事，他都能过得去。这大概也是田承嗣与李灵曜那样的叛将都对他毕恭毕敬的原因。田承嗣占据魏博骄纵不法，不把朝廷放在眼里，但当郭子仪遣使过去时，他却指着膝盖道："这个膝盖很久没向人下拜了，今天拜一拜郭令公。"随即向西跪拜。李灵曜割据汴州时，不管公私财物经过，一律扣押，但遇到郭子仪的财物经过，他非但不扣，还命人押送。

为什么？一定是郭子仪总让他们的针过去，所以他们也让郭子仪的线过去。即便仆固怀恩、李怀光、浑瑊这样的名将，

"虽贵为王公，常颐指役使，趋走于前，家人亦以仆隶视之"。

话说回来，这也是朝廷格外警惕郭子仪的原因。这样宽厚的将领，威望甚高，振臂一呼便响应云集，不得不防。

行文至此，兵败相州后，为何李光弼全师而退，而郭子仪丢盔弃甲的问题，也就有了答案。

能打胜仗的未必就是最好的军队。最好的军队，不但要善于打胜仗，更要善于打败仗：战败之后不慌乱不溃散，有序撤退，并迅速恢复建制。而做到这一点，只能靠严格乃至严酷的军纪约束。李光弼能做到，但郭子仪不能。当然，也可能是不愿。而他在相州弃军先逃，部下之所以依旧拥戴，甚至不惜以武力挽回，无非因为那只是偶然事件，并非常态，而那些将士自己有时也难免如此。他们是以常人的心态，原谅容忍一种常人的行为。他们跟郭子仪一样趴在战壕里摸爬滚打，而不是掐腰站在史书之外的道德制高点上。站着的人有一个优势，那就是说话不腰疼。

说到底，这世上没有几个人，真正喜欢严格的不讲情面的上司。

一三

大历十四年（779）五月，唐代宗驾崩。其子唐德宗上台伊始，便解决了郭子仪。因为他的目标实在太显眼：司徒、兼中书令、河中尹、灵州大都督、单于镇北大都护充关内河东副元帅、朔方节度、关内支度盐池六城水运大使、押诸蕃部落、管内及河阳等道观察使。

对于一个八十二岁的老将而言，这些职务委实太多。唐代宗便想将郭子仪召回朝廷，一直未能决断，唐德宗自然要快刀斩乱麻。任何一位新皇帝，对几朝元老都会有本能的警觉。未必是怀疑他们的忠诚，主要是老人不如新人好使唤。最极端的例子，就是赵孝成王以赵括取代廉颇。

郭子仪被加以"尚父"的尊号，进太尉，仍兼中书令，食邑加到两千户，担任代宗的山陵使，名义是主持修建皇陵。对一般人而言，这是剥夺实权，但郭子仪无所谓。他先前不恋栈，而今老了但绝不老糊涂，像往常那样，接到诏书即刻就道。

回到朝堂的汾阳王很有意思，府中生活非常奢侈，尽管他曾在河中自耕百亩。这种奢侈，既是他宽大性格的体现，同时也是自保策略。他那个级别的官员，很多奢侈都不是奢侈。他的树已经足够高大，不想更加突出。与此同时，府邸宽阔深远，但不设门禁，任人自由出入。他的部属很多，经常有人拜谒或者辞行，每当此时，他的妻女都不避讳。唯独御史大夫卢杞过来，郭子仪会屏退闲人。为什么？因为卢杞相貌丑陋，跟李辅国可有一比，并且同样面丑心毒。郭子仪担心身边人看见会本能地嗤笑，惹怒卢杞，引来灾祸。而卢杞害人的确是史书有名，书法家颜真卿实际就死于他的借刀杀人。

外面来人，内室不避。有一次郭子仪的夫人和女儿正在梳妆打扮，外面来了客人，发现她们让郭子仪递毛巾倒水，像使唤下人一样。郭子仪的儿子个个官高爵显，觉得这样不成体统，但郭子仪自有主张："尔曹固非所料。且吾马食官粟者五百匹，官饩者一千人，进无所往，退无所据。向使崇垣扃户，不通内外，一怨将起，构以不臣，其有贪功害能之徒成就其事，则九族齑粉，噬脐莫追。今荡荡无间，四门洞开，虽谗毁欲兴，无所加也！"

阳光是最好的杀毒剂，透明意味着无私。但这个道理，很多人不明白，或者，不敢明白。

在武将群像中，郭子仪的行为类似儒家，但又不像李光弼那样有著述。他一定是个宽厚实在的老好人，有主意，没脾气，对舞文弄墨不感兴趣。故而尽管如此显赫，却始终没有招引一流文人入幕。高适辅佐哥舒翰，岑参辅佐封常清，杜甫追随严武，李白追随永王李璘，都留下了优美的篇章。甚至李师道邀请张籍不成，也导致名句流传，汾阳王却偏偏没有。唯一值得一提的是，李白写过这首《汾阳王赞》：

忠武英声振德威，恩光荡荡古今稀。

八男受爵黄金印，七婿封官碧紫薇。

半壁宫花歌宴罢，满床牙笏肃朝归。

应知积庆源流远，自有云礽拜锁闱。

郭子仪受封为郡王那一年年底，李白死于宣城。所以这首诗几乎可以算是诗仙的绝笔。两人应当并无交集。《警世通言》的《李谪仙醉草吓蛮书》中，关于李白早年救郭子仪，晚年又被郭子仪所救的说法，应当是小说家言。此诗颇为一般，甚至还不如李端那首。看来即便对郭子仪这样的名将，一味歌功颂德的命题作文也不好写，哪怕他是诗仙。

　　建中二年（781），八十五岁的郭子仪病逝。此后不久，唐德宗秋末出猎，感到寒冷，认为"九月犹衫，二月而袍"不合时令，打算修改穿衣的规定。李杜、王孟、高岑已逝，元白、韩柳尚幼，温李未生。大唐的朝局与天气，是无可挽回地凉了。

（刊于《作品》2022 年第 11 期）

李光弼：
只身即长城

一

人的一生似有诸多定数，常常不经意间便一语成谶。名将李光弼（708—764）便是如此。这位营州柳城（今辽宁朝阳市西南）的契丹族将领，在史书上首次亮相时的言行便预示了其最终的命运。

这是天宝六载（747）的事情。那一年里，唐玄宗下令各地推荐"通一艺"者赴试于长安，但包括大诗人杜甫和散文家元结在内，无人入选，因李林甫要上奏庆贺"野无遗贤"。杜甫因此命运黯淡，对李光弼有知遇之恩的猛将王忠嗣也同时走了下坡路。最先意识到这一点的，便是李光弼。

当时李光弼在王忠嗣手下担任河西兵马使、充赤水军使。这个赤水可不是今天耳熟能详的贵州赤水河，而在甘肃武威城内。也就是说，他已经独当一面，指挥赤水军。他感觉很是奇怪，王忠嗣已发布作战命令，准备策应董延光进攻石堡城，但大战在即，竟没有犒赏士卒激励士气。

石堡城位于青海省湟源县哈城东石城山，是湟水流域的军事要地，遏控唐与吐蕃的边界，双方已在此拉锯多年。尽管多次战胜吐蕃，王忠嗣依旧强烈反对必然会造成重大伤亡的仰攻。可他说得再多也没用，唐玄宗受董延光的蛊惑，非打不可。

李光弼立即以商议军情的名义，来找金紫光禄大夫、节度使王忠嗣："我知道大夫爱惜士卒，不赞同董延光的计谋。而今接受诏命，派数万士卒征讨，却没有发布赏格，怎么能调动起斗志？大夫的财帛充满府库，难道还舍不得万段的赏赐，以杜绝流言谗毁？如果此战不胜，肯定要归罪于大夫啊。"

王忠嗣出身于太原王氏，其父王海宾与吐蕃作战阵亡，他被唐玄宗收养于宫中，跟李亨一同长大。作为安边名将，他战功赫赫，创造了同时节度河东、朔方、河西与陇右四镇的纪录，郭子仪、李光弼、哥舒翰和李晟这些名将都得益于他的提拔重用。而对李光弼，他尤其青眼有加，虽是部属，却按照宿将的礼节对待，甚至视为接班人："它日得我兵者，光弼也。"

王忠嗣当然懂得李光弼的担忧，但内心格外坦然："李将军，我决心已定。我平生之望，难道是富贵吗？争石堡一城，得之不足以制敌，不得无害于国，我怎能以数万士卒的性命，来换取一个官位？即便陛下责怪，让我降职回朝，担任金吾羽林将军这样的侍卫，或者贬到黔中当个长史、司马、别驾之类的闲官，我也心甘情愿。当然，你说这话，是对我的爱护。"

李光弼深施一礼道："大夫行事有古人风，非我所能及。"

不以牺牲士卒性命为代价打政治仗，是职业军人的职业操守。李光弼深受感染。可以想象，多年之后他不肯贸然反攻洛阳，跟这件事有一脉相承的内在关系。而他看似礼貌性的泛泛夸奖的语句，最终证明并非社交辞令，而是由衷之言，足以预示历史命运。

如果说被上级待以宿将之礼还不算什么的话，被前辈强招女婿，是不是就有点意思？

李光弼的妻子也出自太原王氏。王氏去世之后，朔方节度使安思顺很想招李光弼为婿，便奏请让他担任节度副使、知留后事。但不知何故，李光弼不愿让年长十三岁的前辈成为自己的老丈人，竟托病辞官。名将哥舒翰跟李光弼年龄相仿，彼此又有多年的袍泽之情，而且很讨厌安思顺，便上表请调李光弼。涉事双方都是功勋累累的边将，唐玄宗不想伤任何一方的面子，怎么办呢？征召李光弼入朝，缓冲一下。

二

李光弼与郭子仪，本来已像两片枯叶，即将掉落，而恰在此时，一阵风吹来，将他们吹上云霄。

这阵风当然是胡风、朔风、叛乱之风。起初吹来时，李光弼不由得心惊肉跳。因为郭子仪要以御史中丞的身份当他的顶头上司朔方节度使，还要领着他出征赵魏。这世上没有比上司在战场上借机杀个仇人下级更方便的事情。

怎么办呢？李光弼的选择是以攻为守，主动摊牌。

李光弼来到节度使衙门，严格地以下级礼节在堂前下拜，对郭子仪道："我情愿一死，只求中丞赦免我的妻儿。"郭子仪立即走下堂来，拉住李光弼的手说："国家有难，正是用人之际，需要你我和衷共济，哪能计较个人私怨？"

这事儿很见双方的性格：郭子仪宅心仁厚，李光弼主动灵活。郭子仪素来宽厚，李光弼肯定明白。他的摊牌当然不能说是小人之心，更多的是防人之心。貌似告饶服软，其实自信满满，预期积极。尽管如此，他还是很谨慎，希望"卤汤罐下挂面——有言（盐）在先"。

郭子仪说到做到，不仅没找李光弼的麻烦，还隆重向唐玄宗推荐李光弼。于是天宝十五载（756）三月，山西稳定之后，李光弼得以魏郡太守、河北道采访使的名义，挥师东出太行，抵达常山。

汉武帝确定五岳制度后，明代以前，历代帝王一直在今河北曲阳与涞源之间的大茂山祭祀恒山。因避汉文帝刘恒的讳，改恒山为常山。这便是常山郡与恒州得名的由来。此前颜杲卿誓不从贼，响应其从弟平原太守颜真卿的号召，在此跟叛军激战六日，终因寡不敌众而城破身死，由此催生了天下三大行书之一的《祭侄文稿》。当时史思明的主力被饶阳牢牢拖住一个多月，各郡只有守兵三千，杂以胡兵。闻听李

285

光弼大军赶到，常山的团练士卒立即杀掉胡兵，拿住史思明的堂弟史思义，开城投降。

进入常山，李光弼的感觉就像进入人间地狱，风中都飘着死亡气息。他下令释放颜杲卿和袁履谦的家眷，隆重祭奠阵亡的官员将士，以收复人心，激励士气。大家都认为他会拿史思义祭旗，但他没有。不仅不杀，反倒下令松绑，礼遇非常，真心请教破敌之策，态度就像当年的韩信对待李左车。

李光弼道："你罪当死，但你久经战阵，你看我这些军队，能否打败史思明？请你为我好生谋划，如果计谋可取，当不杀你。"

史思义道："您的军队远道而来，士马疲惫，猝遇叛军，恐抵挡不住。不如率军入城，早为备御，先看情况，然后出战。胡骑虽然精锐，但难以持久，一旦战况不利，气沮心离，便可设法谋取。史思明此时在饶阳，离此地不过两百里，昨晚已送羽书，其先锋明早即可到达，其后必是大军，请您多留意。"

李光弼随即命令部队入城防御。这真是采纳了史思义的意见吗？未必。顶多是不谋而合。但他宁愿做出全盘接纳的姿态。这是此后招降猛将高庭晖的前奏。次日一早，史思明的先锋果然抵达，不久主力也相继杀到，共有两万多骑兵。李光弼令五千步兵出东门迎战，但叛军极为嚣张，将城门死死堵住。李光弼命令五百弩手从城上齐射，叛军这才略微退却。此后千名弩手分为四队，不断施放强弩，叛军抵挡不住，只能后撤。五千官军随即开出郡城，布成枪阵，呈掎角之势，夹着滹沱河跟叛军对峙。史思明派骑兵攻击，李光弼就用箭雨伺候。

大军久屯坚城之下，兵家大忌。但史思明仗着周围还有援军，有恃无恐。只是他等待的援军，也是李光弼的目标。李光弼早已安排好探子，随时探听消息。得知史思明的援军抵达九门县（今河北石家庄藁城区九门回族乡。蔺相如曾在此筑城，有九门），立即派出数千轻骑，隐蔽接敌，趁叛军吃饭时突然袭击，几乎将之全歼。

无论如何，李光弼一支孤军深陷河北，肯定无力消灭叛军。双方对峙月余，唐军草料极度缺乏。到周围征集草料的士兵经常遭遇袭击，军中平均几十匹马只有两束草，甚至到了将草席和垫子铡碎喂马的程度。郭子仪得到消息，率军两万前来增援。两人合兵，实力大增，在九门城南大败史思明，趁势收复十余座县城，进围赵郡（今河北赵县）。史思明抵挡不住，又从赵郡逃往博陵。

李光弼麾下虽是王师，但大乱之中还是有人浑水摸鱼。收复赵郡后，不少士兵趁乱抢劫民财。而当他们大包小包地准备回营时，抬头一看，不觉魂飞魄散：主帅李光弼端坐在谯门，恰似镇邪天神。

谁敢触犯李光弼的军法？他们只能悄悄转身，将财物送还。

已升为范阳（今北京城西南）大都督府长史、范阳节度使的李光弼跟郭子仪随即挥师北上博陵。离范阳越近，叛军的抵抗自然越发强烈。唐军攻坚不利，便收回拳头，暂时后撤。史思明感觉有机可乘，派兵一路尾随，沿途不断有叛军加入，势力越来越大。

郭子仪、李光弼率军退到恒阳（今河北曲阳境内），深沟高垒，与叛军对峙。他们采取"贼来则守，去则追之，昼则耀兵，夜斫其营"的方法，疲敝叛军。等叛军的士气消耗大半，五月二十九日，他们在曲阳东部的门户要地嘉山列阵攻击，获得大捷："斩首万计，生擒四千。"史思明狼狈坠马，最终几乎是光脚散发地逃回博陵。消息传开，河北十余郡归顺，范阳跟中原的联系随即被切断，局面一片生动。而就在此时，他们忽然接到全军班师、回归朔方的诏命。

三

因唐玄宗仓促奔蜀，曾遥领朔方节度大使的太子李亨在灵武匆匆即位，但身边无人，自然要召回朔方军。至德元载（756）八月，李光弼与郭子仪回到灵武，都被升为尚书、同中书门下平章事，成为"使相"，即出使在外的宰相，因还要带兵打仗。李光弼的战区是唐王朝的龙兴之地和北都——太原。这是白衣山人李泌的主意。此人极有传奇色彩，不仅为大唐贡献了平叛方略，还为历史贡献了"小友"这个词汇。史上首位"小友"，便是张九龄眼中的他。

那时的李泌虽是白身，但"权逾宰相"。他智谋过人，坚信叛军是乌合之众，不出两年必败，建议派李光弼守太原，隔绝叛军北上迂回的道路，随时东出太行；令郭子仪取河东，威胁两京叛军的联系但并不彻底切断，让他们西救长安，北守范阳，在数千里的交通线上疲于奔命。一句话，战略防御，但又是攻势防御，不急于决战。

李泌的建议多被唐肃宗采纳，偏偏精华被无端抛弃，否则必然会改写历史。其精华是令西兵绕道北方攻击范阳，而不直接收复两京。安西、河西、陇右的援兵，向西域回纥各国借的兵，都不耐酷热，更适应北方的天气。不仅如此，正面出击虽可收复两京，但叛军必定会卷土重来。这样只能旷日持久，不如打蛇七寸。很多时候，快即是慢，慢才是快。

唐肃宗之所以急于收复两京，表面原因是不愿舍近求远，其实是仓促登基的他要尽快确立合法性，而最大的合法性莫如迅速收复两京。没办法，皇帝已经拍板，即便错了也只能这么干。

朔方军的主力由郭子仪带走，李光弼带领五千河北团练武装，以太原尹、北都留守兼河东节度使的身份赴任。河东节度使统辖四军三州一守捉共五万五千人马，节度使原本由安禄山兼任，但他从未来过。叛乱发生后，继任节度使王承业无所作为，也不出兵救援颜杲卿，幕府中的侍御史崔众受命主持军务。这个侍御史只是崔众的职事官，他在军中的具体职务不详，我们只知道他骄纵无礼，纵容士兵全副武装地进入王承业的府衙嬉戏。李光弼听说此事非常生气。而今他抵达太原，崔众前来迎接，依旧无礼：两人的仪仗相遇时，崔众竟不回避，导致旌旗彼此混杂；见面后对李光弼也只是长揖，且不及时交付兵权。

李光弼大怒，立即下令将崔众拿下，准备杀头。

为什么？崔众此举全然不合礼法。李光弼是从一品的公爵，且有使相、尚书和御史大夫的兼职，从六品下阶的侍御史路遇时应当回避，见面时应当参拜，而不是简单地长揖。更何况，他还不肯立即交付兵权。

朝廷哪知道这些曲折，还下诏提升崔众为御史中丞。这个御史中丞应当不是回朝实任，而是以此名义继续留在太原军中。按照当时的制度，仅以侍御史的名义在军中不可能有很高的级别，顶多也就是节度判官之类。而今升他为御史中丞，很有可能给予副使的名义。

宦官手持诏书，追问崔众的下落。李光弼不急不忙，徐徐道："崔众犯法，已被我逮捕。"宦官道："可诏命升他为御史中丞。"李光弼盯住宦官道："是吗？我本来不过要杀一个侍御史。如果宣诏升他为御史中丞，那我只能杀一个御史中丞；如果升他为宰相，那我就要杀一个宰相！"

节度使斩钉截铁，侍御史人头落地，新任河东军统帅由此威名远扬。而这份威名，正是以少胜多的太原保卫战的坚实基础。

然而上述种种并非李光弼坚持要杀崔众的全部原因。另外至少还有一半的原因，只能暂且按下。

四

至德二载（757），各地烽烟四起。李白跟老友高适敌对，张巡、许远死守睢阳，郭子仪兴兵河东。而在太原的李光弼，等到了博陵故人史思明。

河东镇编制虽有五万五千人马，但本来就是安禄山的防区，士卒多被裹挟而去。李光弼此来只带着河北的团练士卒五千人，加上太原守军，总共不满万数，而史思明麾下则有数万精兵。怎么办？军中一片恐慌，纷纷建议筑墙。

这是常人的本能反应。问题是，李光弼并非常人。他连连摇头说："太原城方圆四十里。叛军到了眼前再去修墙，不是白白地疲惫我的士卒吗？"

等等，方圆四十里，太原真有那么大吗？这个数目还真不虚。作为北都，太原规模不小，尽管赶不上长安。不过那时宏伟已非荣耀，而是压力。怎么办呢？第一步当然是筑城。这个筑城并非建一座城市，也不是加筑城墙，而是构筑各种各样彼此配合的防御工事。这是一门大学问。抗战期间的衡阳保卫战之所以能坚持四十七天，最终将日本内阁拖垮，守将方先觉善于构筑野战工事，起了关键作用。李光弼的太原也是如此，他下令军民一起动手，在城外挖出无数的壕沟。有了这些障碍，叛军骑兵再多也无法驰骋，而唐军可以据此防守，节节抵抗。他还命令修建巨大的抛石车，每辆车用两百人拉拽，发射出去的石头威力如何，尽可想象。

但这都是作战定式，并非手筋。李光弼的手筋是什么？地道战。

壕沟再多，抛石再密，叛军最终还是会攻到城下，用攻城器具飞楼运载士兵接近城墙。眼看一座座飞楼逼近，箭雨密集射来，叛军已爬上来跟守军厮杀，突然间那些飞楼一座座倾斜、倒塌，叛军从上面摔落于地，跌得鬼哭狼嚎。怎么回事？李光弼早已令人挖好地道通向城外。他们将飞楼的底部掏空，让主帅李光弼在城楼看风景。

李光弼在城楼看风景，史思明要在城下看戏。他在弓弩的射程之外布置戏台，叫人唱戏取乐，戏词呢，自然是辱骂大唐皇帝。叛军听得哈哈大笑，唐军看得两眼冒火，但李光弼脸上只有冷笑。突然之间，剧情反转，许多唐军从地下冒出来，刀光闪过，看客人头落地，演员全部被俘。

无论如何，终究是敌强我弱，太原处于被动防守状态。因而接到李光弼投降的消息，史思明毫不意外，兴高采烈地派部队受降。但抵达约定地点后，叛军等待出城投降的唐军就像等待戈多。正焦急呢，呼啦啦一阵闷响，叛军全部跌入深坑。此时无数唐军从四面杀来，瓮中捉鳖，一网打尽。

李光弼和太原守军从此获得一个外号——"地藏菩萨"。史思明走路都要小心翼翼，查看地面。他本以为太原指日可下，不意结局如此，斗志大去。恰在此时，安庆绪刺杀了眼睛已瞎、暴怒无常的安禄山，命令史思明返回范阳，留下蔡希德继续攻击太原。如此一来，敌我态势逆转，李光弼抓住时机，率领主力出城决战，将蔡希德彻底击败，史书记载斩首七万级。李光弼随即被升为司空。司空、司徒、太尉，是唐代的三公，跟亲王一样，都是正一品。

五十多天的激战期间，李光弼一直住在城楼上一处用布幔临时围出的简单居所。即便经过府衙，也没进去一步。一般事务怎么办呢，完全不管吗？还真是这样。因为他有个强力助手王缙担任太原府少尹。王缙在历史上名气不大，但他有个哥哥叫王维。这哥俩联手创造了"作家"这个字眼。当年求王缙写墓志碑铭、送润笔的人络绎不绝，不免会打扰到隔壁的王维。尽管哥俩感情很深，王维还是不胜其烦。某日有人误叩其门，王维不耐烦地指指弟弟的方向道：

"大作家在那里！"

五

至德二载（757）夏秋之间，郭子仪是最闪亮的将星，他率军收复了两京。但远在太原的李光弼几乎就要建立与之并列的功勋，虽然隔着太行山，他还是只差一步就要解决史思明。他对史思明走了两步棋——招降、暗杀。

史思明回到范阳后招降纳叛，势力不断坐大。从两京和内地劫运回来的珍玩财宝，耀了他的眼，迷了他的心。恰在此时，安庆绪几乎是单枪匹马地逃到相州。安庆绪本来便缺乏见识，苟延残喘期间依旧宴饮无度、不恤政务，根本无力制止谋臣高尚等人的争权夺利，更兼听信谗言，擅杀大将蔡希德，内部裂缝越来越明显。

安家能叛李，姓史的为什么就不能叛安自立？

信任与怀疑都是双向的。你喜欢谁，他未必能察觉，但你不喜欢谁，他多半能迅速感知，尤其当相看两厌时。当安庆绪派"宰相"阿史那承庆、大将安守忠和李立节前往河北州郡调集兵马、伺机除掉史思明时，双方终于图穷匕见。在节度判官薛仁智的劝说下，史思明将阿史那承庆囚禁起来，杀掉了安守忠和李立节。

李光弼立刻捕捉到了这个动态，这是大将的基本功。他没有犹豫，立刻派衙官前往招降。史思明顺水推舟，奉表以所辖十三郡八万兵之众归降，同时联络伪河东节度使高秀岩一同归降。唐肃宗喜出望外，加封史思明为归义郡王、范阳长史、御史大夫、河北节度使。为什么封他为河北节度使？因为安庆绪盘踞的相州属于河北道。朝廷的意思，是要他们火并。

砍过一刀后，哪怕伤口愈合，终究还是会留下巨大的疤痕。史思明与安庆绪都无法互信，跟李光弼又如何能完全无猜。短暂的政治蜜月不到半年，关系便抵达冰点，于是李光弼便有了第二步棋——暗杀：鉴于史思明跟叛军眉来眼去、藕断丝连，李光弼判断他会复叛，便向朝廷建议用乌承恩为内应，将之暗中除掉。

乌承恩是羌族的将门子弟，与族弟乌承玼都从平卢先锋起家，作战勇敢，号称"辕门二龙"。其父乌知义曾任平卢军使，是安禄山与史思明的上司。叛乱初起时，乌承恩身为信都（今河北冀州）太守，势单力薄，史思明兵临城下，乌承恩不得已投降。因曾受其父的恩惠，史思明对乌承恩既热情又信任，把臂饮酒。李光弼的计策是派乌承恩与一个宦官前去范阳传旨宣慰，伺机下手。乌承恩随即以河北节度副大使的秘密身份，携带赐给阿史那承庆的铁券上路。

遗憾的是，乌承恩一到范阳便引起了怀疑：他身穿破衣甚至是女装，进入军营试图游说军将，很快便遭到军将的揭发。史思明接到报告，便在宦官李思敬宣诏过后，留乌承恩在馆舍住下。这个馆舍，就是当时的招待所，迎来送往之处。史思明事先安排两人伏在床下，同时令乌承恩留在范阳的小儿子前来给父亲问安。

世界上最大的爱，无过于父母对子女的爱。暗杀史思明的事情，乌承恩自然不能瞒着儿子。只是他们的交谈虽然私密，却不知道床下有耳。事已至此，无可抵赖。史思明搜查他们的行囊，赐给阿史那承庆的铁券、李光弼给乌承恩的文牒赫然在目。另外还有一份黑名单，事成之后，名单上的人都要处死。毫无疑问，都是史思明的心腹。

史思明出自昭武九姓中的史国，他身材瘦削，须发稀少，双肩上耸，驼背凸眼，完全是洋人面貌。史思明责问乌承恩说："我哪里对不起你，你竟做出这样的事情？"

乌承恩只能将锅甩给李光弼："我有罪！这都是李光弼的计谋，陛下并不知道。"

胡人也懂得做戏，戏演得越好，越能找到合法性和正义感，以便裹挟士卒。史思明随即召集官吏百姓，向西大哭："臣一片赤心不负国，何至于要杀臣？"随即将乌承恩父子以及同党两百多人全部打死。只有乌承玭事先逃走，捡了一条命。

乌承恩会甩锅，唐肃宗当然更会。既然史思明没有杀掉宦官李思敬，这戏就还有得演。他派人宣慰道："有这等事？我跟李光弼都不知道啊。肯定是乌承恩自作主张。你把他杀掉，很好！很好！正合我意！"

双方都愿意做戏，原本未必要撕破脸皮。偏偏此时此刻，一份严厉惩处陷贼官的公文传到范阳，史思明再度受到强烈刺激。

长安迅速陷落，一大批官员未能及时逃跑，被迫出任伪职。其中最著名的，便是李光弼助手王缙之兄王维。而今两京收复，自然要秋后算账。王缙立即上表请求以官职为兄赎罪。作为太原战役的功臣，他的意见朝廷自然要考虑，王维于是获得宽大处理。但追随永王李璘的李白，就没有那么幸运，要长流夜郎。当然，名单上的诗人再多，史思明也看不见。他看到的是宰相陈希烈要被处死。陈希烈只是被迫出任伪职，史思明他们可是造反干将。

众叛将立即炸锅："大夫何不起兵杀掉李光弼，以谢河北百姓？陛下若不袒护李光弼，您也就可以心安了。否则终究是祸患。"史思明点点头发稀少的脑袋，命令耿仁智和张不矜修表上书："请诛光弼以谢河北。若不从臣请，臣则自领兵往太原诛光弼。"

奏疏修好，递给史思明看过，即可用印入函。但最后关头耿仁智利用职权之便，将那些不臣之语全部删掉。史思明得知后本已下令将两人斩首，但考虑到耿仁智虽是归唐的重要推手，毕竟跟随自己多年，心里一软，又将他召了回来："我任用你三十年，今天的事，可不是我负你。"

耿仁智如果想要活命，此时只需顺坡下驴，但他没有，而是朗声道："人生固有一死，须存忠节。今大夫纳邪说，为反逆之计，纵延旬月，不如早死，请速加斧钺。"

从结果看，这次行动完全失败。张耒这样评论道：

> 李光弼提孤军与安、史健贼百斗百胜，其治军行兵，风采出郭子仪之右。而当时诸将皆望风服子仪如敬君父，而光弼之在彭城，诸将已不为使。子仪能使吐蕃谓父，而史思明乃上书请诛光弼，大抵光弼之实不及子仪之名，子仪安坐而有余，光弼驰骋而不足。"

张耒的评论似乎很有道理，但其实是书生之见。不说李光弼，宰相张镐甚至从一开始就反对招降史思明，认为他是诈降。他还同时提醒朝廷，汴滑节度使许叔冀可能叛变。但因为没有宦官支持，他被唐肃宗视为"不切事机"，丢了宰相职位，而事实证明他说得没错。张镐此人我们不能忘怀，他营救过杜甫和李白，最解气的是为"七绝圣手"王昌龄报了血仇。亳州刺史闾丘晓妒才，枉杀了途经亳州的王昌龄。张镐担任河南节度使时，令闾丘晓增援睢阳，但闾丘晓畏敌如虎，迟迟不动，导致睢阳城破，张巡、许远等人殉国。张镐秋后算账，决定两罪并罚，将他杖杀。闾丘晓哀求道："我家有老母，需要奉养，请饶我一命！"张镐质问道："王昌龄的父母，谁来奉养？"闾丘晓哑口无言。

回过头来再说李光弼。回纥曾经在郭子仪手下征战多次，的确与郭子仪有血与火的战斗情谊，而李光弼与史思明一直是战场上的对头。此外，瞎子也能看出来安庆绪已是汪洋大海中的一叶扁舟，先行剪除他相当于顺流直下，难道李光弼就不明白？他为什么会冒着即便成功也是师出无名的风险暗杀史思明，且不考虑这样可能会逼迫安庆绪集团困兽犹斗、负隅顽抗？

如此简单的军事常识，李光弼岂能不懂？之所以如此安排，毫无疑问是因为在他看来安庆绪已无足轻重，而史思明则上升为头号敌人。最终虽然证明这个判断远比张未精准，但依旧遗憾地埋下了兵败相州的前因。

六

这是乾元元年（758）九月的事情。朝廷召集九位节度使围剿安庆绪，最终铸成战史有名的败仗。

就当时的情形而言，唐军占尽天时、地利、人和。安庆绪屡战屡败，被团团包围在相州，完全放弃最擅长的野战，只能龟缩防守。因而杜甫闻听消息，兴奋地写成《洗兵马》：

> 中兴诸将收山东，捷书日报清昼同。
> 河广传闻一苇过，胡危命在破竹中。
> 祗残邺城不日得，独任朔方无限功。
> ……
> 成王功大心转小，郭相谋深古来少。
> 司徒清鉴悬明镜，尚书气与秋天杳。
> 二三豪俊为时出，整顿乾坤济时了。
> ……

不只杜甫，一定有无数人相信"胡危命在破竹中"，因这九位节度使都是当时的名将，除郭相（郭子仪）、司徒（李光弼）、尚书（王思礼）之外，还有猛将李嗣业（最终因箭伤发作死于城下）、鲁炅（因中箭逃跑与军纪问题而自杀，气节高洁）。

诗人满怀乐观,名将却忧心忡忡。这位名将不是别人,正是九节度中最后加入战场的李光弼。一开始河东军只有兵马使薛兼训所部参战,因旷日持久,李光弼也带领主力前来。那时安庆绪虽是瓮中之鳖,但史思明已再竖叛旗,南下攻占魏州,离相州不过数日的距离。虽然几个月前,安庆绪困兽犹斗,用史书上没有明确说明的奇计将李光弼和关内泽潞节度使、高句丽人王思礼击败,但李光弼很清楚,真正的劲敌是史思明。他强烈建议,战斗力最强的朔方军和加入战场最晚的河东军联手,进逼史思明,其余部队继续包围相州。他坚信嘉山失败在先、太原不利在后,史思明内心的失败阴影浓重,不敢轻易接战。即便出战,也很好对付。在此期间,其余部队可顺势将安庆绪拿下。但是很遗憾,直接统领朔方军的副元帅郭子仪不同意。他跟郑蔡节度使季广琛都主张仿效曹操对付袁尚的办法,水淹相州,而观军容使鱼朝恩附议。

围点打援是军队常用的战术。如果不将援敌解决,进攻的一方很可能会被包饺子,这是军事常识。郭子仪与李光弼之所以意见不同,是因为他们除了对史思明与安庆绪谁的威胁最大看法不一,还对如何执行朝命各有所见。可以肯定,朝廷希望首先将安庆绪消灭,毕竟他僭称帝号,而史思明只是自称大燕圣王。但问题在于,将在外,不由帅,郭子仪完全可以自由决断,而向来比李光弼更听话的他,自然而然却又非常遗憾地没有自由决断。

气温升高,春天降临,相州周围的花草日渐繁盛,李光弼心头的忧虑也更加茂密。史思明已经率军南下，在相州五十里外扎营。在每个营寨设置三百面大鼓不停敲击，遥相威胁，同时派五百骑兵不断骚扰唐军。只骚扰，不接战。另有叛军使用官军的服装旗号，随意拦截运送军粮的队伍，动不动就以逾期为名杀人，而巡查的官军不能有效地制止，弄得人心惶惶。本来就是天下粮荒，后勤补给因此更加困难，大军士气跌至冰点。而在与史思明决战的最后关头，郭子仪又误判部下仆固怀恩叛变，弃军先逃，雪崩随即到来。

这是一次真正的溃败。郭子仪逃跑得最早最快，损失也最为惨重。九位节度使中，只有李光弼和王思礼所部全师而退。李光弼的带兵能力再度闪闪发光。对于真正的名将而言，能打胜仗不算什么，难得的是能打败仗：战败之后部队不溃散不混乱，能保持建制完整，交替掩护撤退。因此缘故，他接替郭子仪也就顺理成章。李光弼随即受命以副元帅、朔方节度使的身份知诸节度行营。各镇节度使都有明确的防区，平叛部队离开防区，冠以行营的名义，其实都是主力。

李光弼跟朔方军有千丝万缕的联系，接替指挥自然而然。但尽管如此，交接之间还是有些故事——有将领人头落地。朔方军普遍惧怕李光弼的严格，留恋郭子仪的宽纵，士卒们落泪下跪，拦住传令的宦官以挽留郭子仪。郭子仪骗他们道："不要阻拦，我还不走，只是给中使践行。"等越过包围圈，即跃马而去。

郭子仪败退时，一度打算退保蒲陕，经部将张用济劝说才留在河阳。但李光弼认为这还不够，必须守住汜水，加大防御纵深。他率领五百河东军士经汜水乘夜驰入东都后，便檄召驻扎河阳的朔方左厢兵马使张用济，也就是主张坚守河阳的那个将军。河阳三城中的南北两城朽毁严重，也是张用济督率所部修葺一新的，这才有了此后李光弼的坚固阵地。那时的李光弼并不知道，他这一纸命令将在无意间消弭一场阴谋：张用济打算武力驱逐他，已让所部披挂整齐，召集诸将商议。张用济说："我们朔方军又不是叛军，乘夜进入军营，什么意思？"

乘夜进入军营，的确很有讲究，因夜晚军队戒备松懈。当初刘邦第一次夺取韩信的几万部队时，虽是晨起入营，但时间很早，跟夜入军营效果一样，韩信尚未起床。乘夜进入，显然有防备心理。

都知兵马使仆固怀恩和右武锋使康元宝都反对武力驱逐李光弼，认为这是造反，会连累郭子仪。张用济无奈，只得单骑应召。经此波折，他未能按时到达，李光弼毫不犹豫，立即下令斩首。朔方军军纪废弛，人人心知肚明。新败之后，要想收复人心士气，必须发出最强烈的信号，立起最明显的标杆，重整军纪。不打勤的不打懒的，专打不长眼的。张用济碰上，活该他倒霉。就像当年巴顿将军在医院掌掴伤情不明（其实是心理崩溃）的士兵。李光弼此举虽然整肃了军纪，但可能也造成了士卒的逃亡。当时朔方军已经收容聚集起数万军兵，但在随后的河阳之战中，却只剩下两万人马。胡三省注《资治通鉴》时认为，有大量士卒因畏惧军纪而逃亡。

杀掉张用济，李光弼又召见猛将仆固怀恩。等他过来，李光弼客气很多。见礼落座，相对叙话，气氛融洽。而正在此时，军士报告："蕃浑五百骑至矣。"

当时各支部队中都有胡人，朔方军这样的边防军尤其如此。吐蕃与吐谷浑的五百骑兵一直由仆固怀恩指挥，是朔方军中的精锐。他们此时赶来，显然是仆固怀恩留了一手，因而李光弼闻讯变色，紧紧盯住仆固怀恩，仆固怀恩赶紧出来，假意责怪道："不是叫你们别跟着吗，为何不听？"

既然不是反水动武，李光弼也就放了心："部队追随将领，也没什么错。"随即命令赐给这些骑兵牛肉和酒。

这个细节虽然微小，却可视为仆固怀恩最终叛乱的草蛇灰线。而别人对史思明的误判连累李光弼导致的惨败，后面还会再度上演。

七

李光弼的基本判断没错，史思明才是头号敌人。史思明杀掉安庆绪自立后卷土重来，兵分四路，直指汴州（今河南开封）。围相州的九节度之一，汴滑节度使许叔冀，也就是张镐提醒皇帝可能叛变的那个人，虽红口白牙地答应李光弼坚守十五天，却没有信守诺言，初战失败便投靠史思明，大唐随即再度陷入生死危机。汴州有运河沟通江淮，如果江南的财赋之地不保，江山只能易主。而史思明率领主力拿下郑州之后，东都洛阳也已进入其有效射程。

李光弼与东都留守韦陟商讨军情，韦陟跟郭子仪一样建议退兵陕州。李光弼连连摇头说："两军相当，贵进忌退。无故弃地五百里，只能让敌兵更加嚣张。不如移兵河阳，北与泽潞相接，进退自如，表里相应，用兵便可如猿使臂。"

东都留守要撤到陕州，他的助手判官韦损却力主坚守洛阳。李光弼道："要守东都，汜水、崿岭、龙门都要守。你是兵马判官，你觉得我们兵力够吗，能守住吗？"

为拱卫京师，东汉时期在洛阳周围设立八个关口，置八关都尉。八关中名气最大的当然是最古老的函谷关。汜水除了著名的虎牢关，还有这八关中的旋门关。龙门一带是伊阙关，大秦名将白起成名的舞台。崿岭名气虽然不大，但也很重要，位于如今登封市东南的山中，又称鄂岭坂或鄂坂、崿岅，有八关中的镮辕关。李光弼建议退守的河阳方向，有八关中的孟津关和小平津关。河阳是洛阳的盔甲，大军驻扎河阳，洛阳如在掌中，只看你合掌与否。

韦损再无话说。李光弼随即下令军民撤离，油、铁等战略物资全部运走，只留下空城一座。军民撤光，他亲率五百骑兵殿后。当时叛军的前锋游兵已经抵达东门外的石桥附近，形势紧张，一触即发。部将请示李光弼道："是从城北绕行，还是从石桥撤离？"李光弼道："当然要走石桥！"他声音不高，但语气坚定。

天黑以后，李光弼率军排成严整的队形，举着火把，缓缓经石桥向东北方向撤往河阳。叛军尾随其后，但始终没敢造次。

河阳是极其重要的黄河渡口。北魏时期在河两岸与河中洲上各筑城一座，此后城池朽坏，而今的南北两城都是张用济督率所部增补修建的，李光弼正好受惠。当年十月，激战爆发，最先登场的主角儿，是此前名不见经传的安西胡人白孝德。

"四镇富精锐，摧锋皆绝伦。"这是杜甫对安西四镇雄兵的观感。作为龟兹王族白氏后裔，白孝德是跟随镇西（即安西四镇）北庭行营节度使李嗣业勤王而来的，当时只是裨将。叛军逼近河阳后，派猛将刘龙仙到城下挑战。刘龙仙抬起右脚放在马脖子上，高声谩骂李光弼。

十月的河阳，河风吹得战旗猎猎作响。红色的盔缨不时飘过面前，让李光弼坚毅的神色更富于战斗气质。他回顾左右道："谁能为我取此贼首级？"

猛将见猛将，不免技痒。仆固怀恩率先请战，李光弼摇了摇头道："这不是大将的事。"随即有人推荐白孝德。李光弼将白孝德喊来，上下打量一番，问他需要多少兵。得到无须一兵的回答后，李光弼道："将军勇武，令人感佩！但首战关乎士气，必须先声夺人，不可轻敌！"尽管这个过程比武侠小说更像武侠小说，但终究不是武侠小说。上阵杀敌，需要的是身手敏捷力气大，花哨的套路并不顶事。集团作战尤其如此。

白孝德拱手施礼道："既然如此，请派五十骑兵出垒门作为后援，并请大军擂鼓助战，壮我士气。"李光弼拍拍白孝德的后背说："好！"

白孝德随即怀挟两矛，拍马而出。他刚刚走出营垒，仆固怀恩立即向李光弼致贺："此行必克。"李光弼道："尚未交锋，何以得知？"仆固怀恩道："他揽辔安然，信心十足，必定得胜！"

刘龙仙见白孝德单人独马，更加托大。等白孝德靠近，他准备交锋，却被白孝德摇手示意暂停，不禁有点糊涂。白孝德走到十步开外，刘龙仙依旧谩骂不止。白孝德怒目问道："叛贼认识我吗？"刘龙仙道："你是谁？"白孝德道："我乃安西白孝德！"刘龙仙骂道："什么猪狗！"白孝德突然高呼一声，挥矛跃马奋进。此时战鼓如黄河涛声一般在河阳城头响起，士卒们打开嗓门，用尽全身的力气呐喊助威。五十名骑兵也迅速冲来，卷起阵阵扬尘。刘龙仙来不及发箭，调转马头就跑。等他跑上河堤，白孝德的长矛也已赶到他的心脏，他的首级随即被带回河阳。

这一段与史书原文基本一致。文字可谓精彩，性格可谓独特，但演义成分依然明显。手持双矛，在马上是无法作战的。马镫普及之后，骑兵的重要性大大提高，从先前的"打酱油"角色一跃而升为核心突击力量，靠的是人马一体的高速机动性与冲击能力。手持一根矛冲锋尚要调动全身力量抵御强大的反作用力，再加一支矛，比六个指头抓痒的效果还要坏，更何况文中还有"斩首"字样。斩首必须用刀，恐怕还要下马，如何可能？

历朝历代的史官都是文人。文武分途之后，各自的专业壁垒越发明显，故而史书中有大量的演义成分。正如费正清等海外汉学家在《古代中国的战争之道》中所言："儒生掌握了军事历史的书写，将军事史降低到寓言和传奇的层次。"安史之乱这样大规模的战事，两《唐书》和《资治通鉴》中很少见到专业性的战术与作战细节，只有这样的传奇，不能不说是个遗憾。

这样也好，历史因此更加好看。

八

初战失败丢失的士气，必须找回来。从哪里找？既然人不中用，那就用马。

史思明挑选千匹良马，每天在南岸的河水中洗浴，一拨一拨地循环往复，以示马多。这对唐军产生了极大的心理压力。叛军的骑兵比例的确远高于王师，而骑兵巨大的冲击力量，步兵无法抵挡。如何挫败叛军的气势？军事家李光弼有动物学家的办法。他命令挑选五百匹母马，一旦叛军的战马出现在南岸，便把母马赶到河边，而将马驹全部留在城中。母亲恋子是动物的本能。这些母马不断嘶鸣，对叛军的战马

307

形成巨大的诱惑，它们相继渡水而来，拦都拦不住。

战马可是战略物资。赔了战马比赔了夫人更要命。史思明大怒，派出数百艘战船，前面以火船开路，打算烧毁浮桥。这座浮桥不仅可以控制黄河航运，还连接着河阳三城。郭子仪败退至此时，曾经将之破坏，以免敌兵南渡，而今已被修复。李光弼命令准备许多长杆，固定在巨木之上，前面装着铁叉，用毡裹住。叛军的火船被铁叉挡住，无法前进，只能原地自焚。等战船开到，又成为城中抛石机的目标，全部被砸得稀烂。

无论前方的抗敌事迹多离奇，也无法抵消后方百姓的巨大压力，杜甫还得椎心泣血地写作三吏三别："急应河阳役，犹得备晨炊。"粮饷物资供应就像动脉，史思明与李光弼都看在眼里。史思明派兵前出河清（今河南孟州西南），李光弼立即率军赶往野水渡（河南济源与孟津之间的渡口）抵御，但傍晚时分又返回河阳，只留下部将雍希颢带兵千人驻守营栅。

临走之前，李光弼郑重交代道："高庭晖、李日越、喻文景，都有万夫不当之勇，史思明必定会派其中一人前来劫营。不管谁来，你都坚守不战。他们如果投降，立即带来见我。"说完随即拍马而去。

知道猛将要来劫营，你提前溜掉倒也罢了，还说他们可能投降，这算怎么回事？雍希颢与众将面面相觑，甚至窃笑。只是他们没有笑到最后，笑到最后的是李光弼。次日凌晨，李日越果然率领五百精兵前来劫营。

李日越开到后，见雍希颢领着士卒在壕沟与营栅后面吟啸不止，感觉很是奇怪，问道："司空在吗？"

"昨晚已经离开。"

"你们有多少兵？谁统领？"

"有兵千人，雍希颢统领。"

李日越接到的命令是拿不住李光弼就不要回去。眼下即便攻破营栅捉住雍希颢，回去也是个死。他思来想去，决定归顺朝廷。李光弼大喜，对他格外优待，最终高庭晖也果然来投。

老实讲，段子手都不敢这么写，而这竟是正史原文。

部将明白了主帅的神勇，却不明白因何神勇。李光弼看看众将，轻描淡写地说："人之常情嘛。史思明恨不得堵住我野战解决，闻听我领兵出外，必派猛将劫营。那些将领抓不到我，回去没法交代，只能投降。而高庭晖的才智勇气超过李日越，知道李日越受宠，怎能不来争宠？毕竟归正是康庄大道。"

李日越和高庭晖后来在唐军中带兵，但结局悬殊：吐蕃入寇时，泾州（今甘肃泾川北）刺史高庭晖投降，等吐蕃败退，他试图向东逃跑，在潼关被李日越擒杀。

九

损兵折将的史思明只得正面强攻河阳。河阳三城中，南城最接近叛军，受到的压力最大，李光弼将这个任务交给了李抱玉。李抱玉本名安重璋，粟特族，不愿跟安禄山同姓，遂因战功被赐姓改名，后来成长为中唐名将，"兼三节度、三副元帅"。李光弼问道："将军能为我守南城吗？以两天为期。"李抱玉道："两天之后呢？"李光弼道："两天后如果救兵不到，你可随意处置。"

李抱玉答应下来，加紧备战。起初叛军攻势正猛，忽然接到城中的信息："军粮已经吃光。请不要攻击，我们明天投降。"叛军大喜，立即停止攻击。而李抱玉趁机指挥士卒，加紧修缮工事、整理器具，同时埋伏下一支奇兵。天亮之后，叛军等来的不是投降，而是请战，不觉怒气冲冲，立即再兴攻势。此时奇兵出来，与守军配合，将叛军打得稀里哗啦。

南城攻打不下，史思明的伪丞相周挚转而进攻中城。此处河中有一沙洲，名曰中潬，城池建筑其上，也叫中潬城。李光弼亲自镇守于此。对于守城，他深有心得，命令在城外设置栅栏，环以宽深各两丈的堑壕，严阵以待。

镇西北庭节度使李嗣业在相州因箭伤发作殉国之后，原定的接班人段秀实在外调集粮草战马，羌族猛将荔非元礼随即以御史中丞的身份继任。他受命率领劲卒，防守中潬城周围的附属设施羊马城。李光弼在城东北树起小红旗，观望周挚的军队。周挚依仗人多势众，带领木鹅等攻城器具直逼城下。叛军兵分八路，填平堑壕，破坏栅栏，而荔非元礼竟然视若无睹。李光弼赶紧派人询问原因："贼兵越壕，中丞按兵不动，为什么？"

大敌当前，荔非元礼竟还有心情跟上司猜谜："司空想战呢，还是想守？"得到李光弼想战的回复，这才揭开谜底："既然司空要战，贼兵替我们填平壕沟，为什么要阻止？"

叛军抵达跟前，荔非元礼引兵出战。他将叛军击退几百步后，感觉他们的阵势依旧完整强劲，还不到硬拼的时候，便引兵后退。李光弼大怒，立即派人召回荔非元礼，打算以军法处置。荔非元礼反问使者道："作战正急，这时候召我回去干吗？"

使者往还的空隙里，部队已经休整完毕。荔非元礼召集部将道："刚才司空派人召我，要对我执行军法。战死青史留名，可不能因违犯军纪而被杀！"随即下马持刀，瞪大眼睛，怒吼着向前猛冲。

荔非元礼统率的都是西北猛士，白孝德算是其中的代表。用杜甫的话说，就是"北庭送壮士，貔虎数尤多"。此刻主将身先士卒，将士们自然也不会作壁上观。他们蜂拥向前，奋力砍杀，一人能对付好几个敌人，瞬间斩杀贼兵数百。遗憾的是，荔非元礼虽然作战勇猛，但最终因贪暴导致部下作乱而被杀死。乱兵推举白孝德接替，获得朝廷的认可。

话题回归战场，气势遭遇毁灭性打击，周挚只能放弃中城，转向北城。北城有两座城，正式称谓是北中城。李光弼闻讯，也立即赶了过去。他登上城楼，仔细观察叛军情势，显得信心十足："贼兵虽多，但喧嚣而不整齐，没什么可怕的。

中午之前，一定为诸位破敌！"随即命令诸将分头出战。到了中午，战事依然呈胶着状态。李光弼又召集诸将问道："敌人哪里的阵势最为坚强？"左右答道："西北隅。"李光弼随即命令爱将郝廷玉前往攻击。郝廷玉道："我的部下都是步兵，希望您能派给我五百骑兵！"李光弼给了郝廷玉三百名骑兵，然后又命令吐蕃族将领论惟贞攻击敌阵次坚的东南方向。论惟贞请求三百名骑兵，得到了二百。

置之死地而后生，对郝廷玉和论惟贞的减兵策略，便是如此。

李光弼道："你们都看我的旗帜作战。如果旗帜挥动缓慢，你们可以随机应变；如果旗帜急速地上下挥动三次，那就必须全军齐发，冒死前进。稍有退却，立即处斩！"说完将一把匕首插入靴中："我身为三公，不可被俘。万一作战失败，我一定自杀，不让诸君独死于阵前！"

郝廷玉率领部队奋勇冲锋，但叛军阵势强大，一时未能得手。郝廷玉的战马中箭，不觉后退。李光弼惊道："如果郝廷玉败退，那就彻底完了！"随即命令使者去取郝廷玉的首级。郝廷玉对使者道："是战马中了箭，不是战败后退。"说完随即更换战马，整理队伍，再行冲击。仆固怀恩和他的儿子仆固玚略微后撤，李光弼又令使者去取他们父子的首级。两人遥遥看见使者骑马扬刀而来，二话不说，立即率兵杀入敌阵。

就这样，李光弼在城头猛烈摇旗，将军们在城下冒死冲击，叛军抵挡不住，终于败下阵来。最终唐军斩首千余级，生俘五百人，另有一千多叛军溺水而死。周挚侥幸逃命，但叛军大将徐璜玉被郝廷玉生擒，另一叛将安太清逃到了怀州（今河南沁阳）。

此时史思明还不知道北城已经战败，还在攻击南城。李光弼将俘虏带到河边向对岸展示，史思明才退去。

秋天是收获的季节。李光弼在河阳的这个收获，为大唐帝国再度赢得喘息之机。

一〇

上元二年（761），天空出现日食，白日可见大星。依然饥荒，物价高涨，斗米千钱，人相食。王维结束了六十一年的人生，葬于辋川；五十岁的杜甫居于草堂，生计多艰，苦吟《茅屋为秋风所破歌》。而这一年，李光弼终于体会到了当年老上司王忠嗣所承受的压力——如何拒绝一场政治仗。他像王忠嗣那样多次明确反对打政治仗，但这份原本价值连城甚至倾国的专业意见，碰到政治竟一钱不值。

史思明窃据东都，自然是唐肃宗的心病。史思明在河阳与怀州连续被李光弼击败，导致轻敌情绪蔓延于朝堂。有人认为洛中叛军都是燕人，久戍思归，上下离心，如果攻击，一定能破。驻扎陕州的观军容使鱼朝恩信以为真，多次建议反攻。虽然李光弼竭力反对轻视史思明，认为远未到决战的时机，但他的话本来就未必比鱼朝恩有效，更何况还有仆固怀恩添油加醋。

仆固怀恩当时已升为朔方节度副使。他长期担任先锋，作战英勇，部下都是蕃、浑劲兵，因而战功赫赫，两年前已经晋升大宁郡王，封王的时间比他的两位上司郭子仪和李光弼都要早。尽管当时爵位大幅贬值，但依旧能看出其功劳之多。此人有个特点，勇猛但又刚愎自用，可以说性格简单。居功自傲，不把律法放在眼里。郭子仪宽厚，对他向来网开一面，以便临阵倚重，但李光弼严厉，对谁都不客气，河阳之战期间好险将他父子一同正法。他儿子仆固玚强占降将安太清的老婆，李光弼派兵射死七个人，才将她夺走送还安太清。因此缘故，仆固怀恩对李光弼既畏惧又厌恶，便附会鱼朝恩，说是可战。

唐肃宗信任的宦官说能打，一线先锋也说能打，既然如此，那就打吧。于是宦官相继于道，都是从长安过来督促李光弼出兵的。

诏命不可违，李光弼只得留下已升为郑陈节度使的李抱玉守河阳，自己与仆固怀恩率领朔方军，连同鱼朝恩以及神策军节度使卫伯玉，再度反攻洛阳。

生于苏杭，葬于北邙，是那时显贵的人生目标。洛阳北部的邙山据说是风水宝地，很多达官贵人葬身于此。当年二月二十三日，刚刚返青的邙山之下，布满了官军。李光弼命令部队凭险结阵，仆固怀恩却将阵势列于平原。李光弼道：“依险列阵则进退自如，在平原列阵，一旦不利就会全军覆没。史思明不可轻视！"随即命令移军于险处。

但仆固怀恩不肯听从。

理由也可以想象，仆固怀恩部下多是骑兵，而骑兵利于平原作战。然而史思明乘唐军阵势未定，便迅猛攻击，结果立刻得手，数千唐军当场阵亡，军资器械全部丢弃。李光弼无法立足，与仆固怀恩渡河退到闻喜，鱼朝恩与卫伯玉则退回陕州。李抱玉得到消息，知道河阳已成孤军，再也没有坚守的信心，也弃城而逃。这样一来，河阳与怀州全部陷落，收复东都的立足点全部丧失。幸亏史思明的儿子史朝义无意中帮了大唐帝国一把。他效仿安庆绪，杀掉了残暴的父亲而自立，此后又在老窝范阳展开一轮清洗。若非如此，潼关都将面临威胁。

战后李光弼奉诏入朝，上表请罪。这样的责任朝廷当然不好意思让他承担。他先降为开府仪同三司、侍中，领河中节度使，很快又以河南副元帅、太尉兼侍中的身份，都统河南、淮南东西、山南东、荆南、江南西、浙江东西八道行营节度，出镇临淮（今江苏泗洪东南，盱眙对岸）。当时天下共有十五道，李光弼管辖八道。而之所以命令他出镇临淮，很大程度上是要保护财赋之地。在此之前，淮西节度副使刘展被逼反，渡淮拿下广陵，分兵略地，江淮大乱。淮南东道节度使邓景山以"金帛子女相约"，请驻扎任城的平卢都知兵马使田神功前去助战。田神功如约破敌后，在广陵大肆抢掠，挖掘坟墓，杀害了许多波斯胡商，还长期逗留。尚衡、殷仲卿在兖州、郓州相互攻击，来瑱不听诏令，坚持留在襄阳，朝廷忧心忡忡。

那时李光弼已经生病，但接到诏命还是立即出发。消息传开，谁最高兴？大诗人李白。当时他正流落江淮，闻听消息，顿觉眼前一亮，决定前去追随李光弼，作为人生最后的龙门一跃。但很是可惜，他的身板已不复当年，途中生病，不得不返回金陵。怅恨之下，写诗一首，以表达"亚夫未见顾，剧孟阻先行。天夺壮士心，长吁别吴京"的怅憾。名满天下的大诗人当时一定不会知道，他的生命只剩下一年光景。

李光弼挥师南下，迅速攻克许州（今河南许昌），然后抵达徐州。消息传开，田神功立即回到河南，尚衡、殷仲卿与来瑱也相继入朝。只是按下葫芦浮起瓢，台州人袁晁又举兵起事。尽管当年江淮人相食，但朝廷依旧要追缴八年的欠租。这也不能完全责怪朝廷无道，连年战乱，必然会有大量的消耗。而即便如此，也经常会有军中缺粮导致的兵变发生。却说袁晁，本当鞭打欠税的百姓，但于心不忍，最终被人抽了鞭子。他一怒之下，举兵反抗，结果旗帜一竖，饥民云集，声势瞬间浩大，甚至建立了年号"宝胜"。事情发生在李光弼的防区，他自然有责任平息。而袁晁的势力再大，也抵不过李光弼麾下的正规军。在此期间，仆固怀恩收复洛阳，一路追击史朝义，直到他兵败自杀。

一一

广德元年（763）十月，徐州一片肃杀。副元帅府衙内官员群集，但阒无人声。就连判官张傪都紧皱眉头，不发一言。大家的目光都盯着李光弼。

这可真是奇怪。李光弼只管军旅大事，日常事务完全委托张傪处理。张傪精于政务，处理得井井有条，李光弼向来信任倚重，手下将领请示机宜，都让张傪一同商讨。日常生活中，他与张傪对等行礼，张傪拜，他答拜，为此还惊了田神功。

为什么？田神功起自偏裨，属官都是先前的部曲，已经习惯受他们的参拜。升为节度使后，为前任节度判官刘位留了位，让他继续担任判官，平常也坦然受其参拜。后来见李光弼与张傪对等行礼，很是奇怪，回去便询问刘位。刘位道："判官幕客，使主无受拜之礼。"判官、掌书记这些都是幕宾，节度使是主人。这是主宾关系，非上下级关系。田神功大惊，立即对各位幕宾一一行礼致歉。

读到这里，当初李光弼坚持要杀崔众的另外一半原因，也就水落石出了。从礼节上说，崔众是王承业的客人，客人怎能羞辱主人？

话题再回到广德元年（763）十月的徐州副元帅府。有什么样的麻烦，能同时难住精明的判官张傪和机敏的副元帅李光弼呢？吐蕃侵入长安，唐代宗逃往陕州，紧急征召李光弼勤王，但李光弼迟疑不决。

317

君父有难，照理不能犹豫。但问题在于，宦官专权到了丧心病狂的程度。李辅国之后又出了个程元振。程元振拥立有功，一手遮天。宰相裴冕他能贬出去；名将来瑱平叛勇猛，号称"来嚼铁"，但入朝之后也被谗害致死；同华节度使李怀让更是忧惧自杀。仆固怀恩盘踞汾州（治今山西汾阳），随时可能反叛，同样有宦官误导的因素。前车已覆，天下藩镇谁敢出头？一旦入朝，弄不好就会碰上削藩的当头一刀。故而唐代宗下诏勤王四十天后，还无人奉诏。

这应当是李光弼一生中最重大的决定。只是当年他对王忠嗣说"大夫行事有古人风，非我所能及"时，答案已经预先埋下。唐玄宗对王忠嗣有养育之恩，且朝堂虽有权奸，但至少表面繁荣正规。李光弼眼前的情势，完全不可同日而语。且唐代宗即位之后，他跟唐代宗连面都没见过。思来想去，他率军走走停停，观望不前。此举直接影响了他的历史定位。战功少的郭子仪能被历代帝王祭祀而他不能，其实都在于这个瞬间的抉择。尽管"君子不立于危墙之下"是儒家古训，但问题在于，唐儒并非宋儒，更非明儒清儒。

这次危机因郭子仪出山而持续时间很短。已将功勋名将仆固怀恩激变，唐代宗可不想在李光弼身上重演，便任命他为东都留守，观察其态度。李光弼当然不傻，他以久等诏书不到，要返回徐州收取租税作为脱身的借口。虽则如此，唐代宗依旧没有怪罪，令郭子仪将李光弼的母亲从河中府送到长安好生奉养，并厚待李光弼的异母弟李光进，让他掌管禁军。

那已是广德二年（764）的事情。当年七月十四日，将星陨落，李光弼病逝，享年五十七岁。史书记载，起初田神功等部将对他敬服有加、不敢仰视，而拒绝入朝之后，部将们态度大变，导致他愧恨成疾。这当然是鬼话。田神功的确是第一个起兵勤王的，他因此完全可能对李光弼有看法，但也仅仅是他这样未被宦官视为目标的小虾米而已。绝大多数藩镇肯定理解，李光弼的病也不可能与愧恨有关。名将不敢入朝哪里是名将的耻辱，明明是朝廷的耻辱。不仅如此，勤王积极也不能说明什么。参与围相州的董秦后来被赐名李忠臣，担任淮西节度使。永泰元年（765），仆固怀恩纠集吐蕃、回纥进犯，京师戒严，朝廷紧急召集各地藩镇勤王，正在打马球的李忠臣接到诏书，立即下令出发。监军大将道："军队出征，应当选择吉日。"李忠臣道："父母遇到强盗打劫，还能挑选好日子再去解救吗？"当天便出了兵。可尽管如此，泾原兵变时他还是归顺了伪帝朱泚，最终被处死。

无论如何，李光弼"中兴战功第一"的荣誉始终未去，发黄的军事史也一直牢牢地记着鲜活的他。遗憾的是，他的著作《将律》《统军灵辖秘策》及《李临淮武记》都未能流传下来。宋代的晁公武读过《李临淮武记》，他在《郡斋读书志》中记载，此书共一百零二章，最后有这样一段话：

吕望智廓而远，孙武思幽而密，黄石宽而重断，吴起严而贵勇，墨翟守而无攻，老聃胜而不美，今择其精要，杂以愚识，为一家之书。

内容令人遐思，颇耐寻味。尽管有人认为此书是张伦的手笔，但毫无疑问，即便如此也能体现李光弼高明深邃的军事思想，价值极高。只可惜后辈如我者福薄，无缘焚香净手，展卷拜读。

（刊于《作品》2022年第9期）

仆固怀恩：凌烟阁功臣的叛乱

一

　　家族内有四十六人死于国难，为正军纪还杀了自己的儿子。当这样一位战功赫赫、满身伤痕的将军被迫走上反叛的道路，内心是怎样孤愤与痛楚，我们不得而知。唯一可以确定的是，读到这段历史时，我的手指微微发抖，内心隐隐作痛。我痛惜的倒不只是这个人，还有创造了辉煌文化的大唐。

　　此人是谁？说到他之前，得先说说铁勒这个古代北方游牧民族。汉称"丁零"。后音变为"狄历""敕勒""铁勒"等。因所用车轮高大，亦称"高车"。这些称呼之间有一脉相承的关系，但因为时间久远，不断融合演变，又不能绝对等同。唐初漠北铁勒诸部中，以薛延陀与回纥最为强大，此后薛延陀被大唐攻灭，属下九部落归降，这就是所谓的"铁勒九姓"。朝廷设立"六府七州"，将他们安置在同族的回纥地区，予以羁縻。这其中就包括金微都督府的仆骨部。

本文传主就是铁勒九姓中仆骨部的世袭都督仆骨怀恩，被史书讹作"仆固怀恩"。仆骨部人跟回纥人都是铁勒人。因回纥后来建立汗国、长期存在，而铁勒的名称逐渐淡化，说他们都是回纥人也没有错，反正彼此的语言风俗完全一样。这种与生俱来的密切联系，既成就了仆固怀恩的功勋，也导致了他最终的败亡。他浇灭了安史之乱的最后一丝火，画像排在郭子仪、李光弼之前供奉于凌烟阁，又很快进入了《叛臣传》。

二

特殊身份造就特殊秉性。仆固怀恩勇猛善战，非常熟悉边疆游牧民族的情况，在朔方节度使王忠嗣和安思顺麾下都受到重用，因而升官很快。

古代官员往往都有很长的头衔，看着令人眼晕，唐代也是如此。但如果能掌握规律，也就不会糊涂。大唐官员的头衔，遵循散官、职事官、勋官和爵位的顺序。散官又称阶官，共二十九阶，仅有品级，无印绶，不理事，分文武两类。职事官才是如今人们都能理解的、真正意义上的官。勋官不分文武，可以累加，衡量单位是"转"，总共十二等。《木兰辞》中的"策勋十二转"等级最高，相当于正二品。勋官可以授予平民，但若未能升入散官，则只能享受官员最基本的特权。比如法律禁止白丁重婚，但勋官可以纳妾；直系亲属享有部分司法豁免权。

　　总体而言，勋官体现功劳，散官反映资历，职事官则代表才具。职事官一定有散官官阶，但反过来未必。职事官随时可能解除，但散官品级只上不下，除非犯法。

　　藩镇虽存在已久，但节度使及其麾下将领的军职，比如仆固怀恩的朔方左武锋使，依旧算是临时差遣，没有品级，必须有一个正式的职事官头衔以秩品级、寄俸禄。安史之乱前，仆固怀恩的职事官已升为正三品的左领军大将军同正员，文散官则升为正二品的特进。

　　战乱一起，仆固怀恩便跟随朔方节度使郭子仪出征山西。河东镇本来是安禄山的防区，但当时大部分地区并未跟随反叛。如果叛军南下占领太原，局面必然不可收拾。而一旦唐军有效控制山西，则可以随时南下支援中原，或者东出太行收复河北，让叛军"路遥归梦难成"。

　　这次战役的关键之战发生于静边军。静边军是入塞的桥头堡，唐军攻占后，叛军的大同兵马使薛忠义立即前来争夺。仆固怀恩与李光弼等人并肩作战，奋力拼杀于背度山下。激战之中，仆固怀恩将薛忠义的儿子生擒，最终获得全胜，消灭叛军七千人，山西的局势方告稳定。从此以后，他带领以吐蕃与吐谷浑为主的骑兵，经常充当先锋。从山西到河北，云中、马邑、常山、赵郡、沙河、嘉山，郭子仪与李光弼的每一个荣耀，都有他的汗马功劳。

　　此后仆固怀恩跟随郭子仪，从河北回军灵武拱卫新君唐肃宗。刚刚抵达，他便受命护送敦煌王李承寀出使回纥，借兵平叛。他的身份虽是随从，却是功能强大的情感黏合剂。这次出使很成功，磨延啜可汗将可敦的妹妹嫁给李承寀，与之结成"打断骨头还连着筋"的连襟。磨延啜可汗不但派使者一同到灵武求亲，还答应立即出兵解决朝廷的燃眉之急——同罗对行在的直接威胁。

同罗部的阿史那从礼起初追随安禄山叛乱，然后又率五千骑兵逃出长安，纠集河曲九府与六胡州部落数万人马，逼近行在。宰相房琯率军在陈涛斜（今陕西咸阳东部）惨败之后，硕果仅存的朔方军成为朝廷倚重的根本。朔方节度使郭子仪奉命与磨延啜可汗夹击同罗，导致仆固怀恩刚跟同胞结束和谈又得内战（同罗也是铁勒九姓之一）。

这是仆固怀恩最令人心动的一战，发生在至德元载（756）冬天。交战双方都是铁勒人或曰回纥人，一样勇武，一样精于骑射，因而战斗格外激烈。骑兵排成阵势，彼此冲击。士卒骑在马上，双脚踩紧马镫，双手握紧长矛，人马一体，高速冲向敌阵。惨叫声中，鲜血四溅，对手中枪落马，自己也险些被强大的反作用力拽落于地。一轮冲击不成，再来一轮，直到一方意志摇移，阵势松动。

惨烈的厮杀过后，仆固怀恩的儿子仆固玢战败，陷于敌阵，只得投降。不过他在敌营并没有逗留很久，很快便又拔营而归。杀不杀他呢？毕竟用重刑维持战场纪律，是当时军中的惯用手段。但那个年代的少数民族降而复叛、叛而又降，都是常态，安史之乱期间尤其如此。因而这事儿可大可小，发生在亲儿子身上，尤其可以原谅。仆固怀恩原谅儿子了吗？没有。他召集部众，将仆固玢当场处斩。将士们一见，都觉得双腿发软，因而号令一响，便不要命地冲锋刺砍，最终在黄河沿岸击溃同罗叛军，收服大量部众，缴获许多牛马骆驼与军械。

三

可以想见，这是一场极其艰苦的作战，否则仆固怀恩不必杀掉儿子。但是很快，他自己的性命也遭遇直接威胁。虽说每次作战都是玩儿命，但这次还真不一样，就连郭子仪的儿子郭旰都当场战死。

那是至德二载（757）二月的事情。在此之前，仆固怀恩刚刚跟随郭子仪平定河东。河东是秦汉时的称谓，唐时已改为蒲州或者河中府，但人们还是喜欢沿用古称，这样显得有文化。河东位于两京之间，重要性可见一斑。拿下河东没费太大的力气，因郭子仪的前期铺垫工作很充分，已联络诸多官员作为内应。在河东站稳脚跟之后，郭子仪将目光转向了潼关。

潼关是黄河边上一块突然隆起的高地，四周都是悬崖绝壁。不仅如此，南部还有一条天然的深沟，名曰禁沟。这条沟有十五公里长，深达百米，宽度不到二十米。沟东沟西见面容易，拉话也不难，但就是不能握手交战。要想正面攻击，这条沟就够你爬的，所以潼关逐渐取代函谷关，成为关中对外防御的要塞。郭子仪深知此战关键，因而尽遣精锐，他的儿子郭旰、兵马使李韶光、大将王祚、猛将仆固怀恩都在军中。他们率领一万多人，渡过渭水，发起攻击。

精兵强将，初战告捷，唐军杀敌五百多人。但是很快，叛军又来了大批援军。唐军依仗地形优势猛烈反击，战事极度炽烈。苦战两日，郭旰等大败，李韶光和王祚相继战死。仆固怀恩抵挡不住，不断败退。等退到渭河边上，仓促之间找不到渡船，只得策马入河。

仆固怀恩下了马，抓住马鬃，慢慢向对岸游去。"春江水暖"只是鸭的感觉，对人而言，二月的渭水依旧冰冷刺骨，不过到底还是比被刀砍箭射舒服。仆固怀恩逃到对岸，收拾散卒，点检人马，发现部队已损失大半。

四

跟随郭子仪经过白渠之捷和清渠之败，仆固怀恩终于迎来露脸之战，收复长安。这一仗仆固怀恩打得跟李嗣业一样漂亮，在广平王李俶（后改名豫）跟前露了脸，而李俶后来成了唐代宗。唐代宗之"代"，是避李世民之"世"的结果，跟明代宗之"代"完全不是一码事。

当时回纥太子叶护已率四千骑兵前来助战。从南蛮、大食各国借来的兵马也已赶到。唐肃宗随即任命长子李俶为元帅，郭子仪为副帅，统领蕃汉兵马十五万，号称二十万，反攻长安。"谁家的孩子谁抱走"，回纥兵可以说是仆固怀恩借来的，铁勒人指挥铁勒人可谓自然而然，他随即受命指挥这支精锐部队。

大战爆发于香积寺以北。唐军在南面背靠一个斜坡，向北布好阵势，与叛军对峙，有一点居高临下的态势。虽然叛军的屡次攻击都被击退，但随着唐军前锋的不断倒下，后续部队自动向前填补，全军逐渐离开斜坡，彻底失去原本就很微弱的地利。此时埋伏于左边的叛军准备发起突袭。仆固怀恩发现以后，立即率领回纥骑兵杀将过去。叛军遭遇突然打击，不觉一阵慌乱。但他们很快就稳下阵势，与回纥骑兵肉搏。仆固怀恩身先士卒，奋勇拼杀，刚刚加入战场的回纥骑兵士气旺盛，立功心切，战斗格外积极，最终将叛军解决。

这只是偏师之间的战斗，并非最终决战。叛将李归仁挑战，应战的唐军追到叛军的大阵之前遭遇强力反击，不觉一阵后退。生死存亡关头，著名的陌刀猛将李嗣业赤膊上阵，王难得拔掉面部的箭时带下来脸皮，依旧奋力拼杀。仆固怀恩的勇猛不亚于李嗣业与王难得，他率军冲击叛军大阵，久攻不下，杀得兴起，脱去沉重的盔甲，手持长矛冲向敌阵，接连戳死十几个叛军，终于松动叛军阵势，而李嗣业率领陌刀大军排成一面墙，像推土机一般杀来。唐军士气大振，不要命地冲，不要命地砍，终于将叛军击退。

军阵一旦混乱退却，战败便无法避免。所谓"兵败如山倒"，描述的便是阵势混乱的那个瞬间。唐军排山倒海一般追击砍杀，叛军丢盔卸甲，尸横遍野，几乎将水渠截断。

天色向晚，叛军败退，唐军鸣金。仆固怀恩听到收兵的号令，急得不行，赶紧越过指挥系统，直接向元帅请战。他对元帅广平王李俶道："叛军经此大败，一定会弃城逃走。请给我两百精壮骑兵，我把李归仁、田乾真、安守忠、张通儒捆回来交给殿下！"

仆固怀恩本来便指挥朔方军中的蕃浑骑兵，回纥骑兵也由他引导联络，怎么还要两百精壮骑兵呢？难道他麾下的骑兵都不够精壮？当然不是。之所以如此，是因为收兵号令已经发布，没有特别将令，谁都不能擅自动兵。

李俶一直生活在皇宫享受盛世太平，哪有如仆固怀恩一般对战场的敏锐嗅觉？虽然这一仗唐军大捷，但李俶内心对叛军的士气与战斗力依然高估，甚至不乏恐惧。他不相信叛军会就此逃跑，还想着明天整顿部队再战，因而对仆固怀恩支支吾吾："将军拼杀一天，已很疲劳。天明以后，再战不迟。"仆固怀恩听了这话，更加焦急地说道："李归仁、安守忠都是有名的猛将，突然将他们击败，这是上天给我们的机会啊，怎能轻易放过？万一他们得到增援，卷土重来，必定会成为我们的心腹大患！兵贵神速，岂能等到明天！"

但无论怎么说，李俶也不肯同意。仆固怀恩回到营房，思来想去，还是不死心，只是争取四五次都未能成功。天亮以后，果然有探子报告，叛军已弃城而逃。

无法得知仆固怀恩当时的心境，他的遗憾与痛惜必定难以言说。他生性沉默寡言，话不多，但说出来便如刀似枪。那天夜里他连续四五次向元帅进言，几乎是他平生的最高纪录。好在他的计谋虽未被采纳，错失军机，但也给未来的皇帝留下了深刻印象。

如果说收复长安的战地是香积寺，那么收复洛阳的战地更远，在陕州西部的新店。仆固怀恩的本部人马以及回纥骑兵依旧是主要的突击力量。毕竟步兵难以抵挡骑兵巨大的冲击力。新店虽然离洛阳还有两百里之遥，但由此向东一马平川，无险可守。因而弑父自立的安庆绪尽遣精锐，拼死一战，战事极度炽烈，回纥部队的战马损失极大，战后不得不派人先行回去调集马匹。

回纥骑兵的战损可以折射出仆固怀恩的战功。因而洛阳收复之后，他的文散官被升到顶格——从一品的开府仪同三司，职事官被升为从三品的鸿胪卿同正员，军职升为同节度副使，不久后进爵丰国公，食实封二百户。鸿胪卿此前曾被称为"典客"和"大行令"，掌管四方蛮夷的有关事务，可以说是古代的外交官。仆固怀恩出任此职可谓顺理成章。此前他的左领军大将军同正员虽已是正三品，但那是武职，而鸿胪卿则是标准的文官，至于食邑，如果没有"食实封"字眼，就完全是个名义，无论王爵还是公爵。仆固怀恩不同，两百农户每年的租税都将是他的固定收益。

五

从天宝三载（744）到至德三载（758），大唐年号称"载"而不称"年"。很多史家没有注意到这个细节，但它真实存在。为什么要这样改，史书没有记载原因，但应该与大唐的国号有关。大唐的"唐"来自上古唐尧之"唐"。《尔雅·释天》云："载，岁也。夏曰岁，商曰祀，周曰年，唐虞曰载。"邢昺疏曰："《白虎通》云：'王者受命而改正朔者，明易姓，示不相袭也。明受之于天，不受之于人。'"也就是说，唐虞本来是称"载"的，但周特意改为"年"，表示互不关联，受命于天。唐玄宗不满意，便又改为"载"。而唐肃宗坐稳江山后，再度将至德三载改为乾元元年，就像他把唐玄宗从"州"改的"郡"，又改回"州"那样。

这个不被人注意的细节似乎只是孔乙己口中"回"字的几种写法。但从这一年开始，仆固怀恩慢慢从配角朝主角爬升，他逐渐有了影响历史的力量。之所以如此，是因为他与回纥的联系越来越紧密，手下又将增添新的回纥兵马。

安庆绪虽然孤军败逃至相州，但困兽犹斗，力量依旧不可小觑，曾以"奇计"大败名将李光弼和王思礼。要将安庆绪彻底剿灭，还少不了突击力量——回纥骑兵。因而乾元元年（758）七月，唐肃宗册封回纥可汗为英武威远毗伽可汗，并不惜血本，没将宗室子女封为公主冒充，而将自己的亲生女儿宁国公主嫁给他为妻。

汉中王李瑀为册礼使，跟随宁国公主前往回纥。抵达回纥牙帐后，可汗穿赭黄袍戴胡帽，端坐榻上，仪卫盛大。李瑀等人立在帐外，昂首不拜。可汗道："我与你们大唐天子是两国之君，君臣有礼，你等为何不拜？"

李瑀是史上有名的知音，如果历史记载准确，那么他的听力远比周郎敏锐，曾经隔空听出笛音出自太常寺的乐人。这一点也许可以瞎蒙，但认定人家是躺着吹的，可就不可能是瞎蒙。因而可汗的弦外之音，他捕捉得无比精准："先前大唐与诸国通婚，都以宗室女为公主。当今天子因可汗助唐讨叛有功，故以亲生女嫁与可汗，恩礼隆重。您好意思以子婿的身份傲视妇翁，安坐榻上受册命吗？"

磨延啜可汗对大唐可谓友好，出兵助唐其实是他主动伸出的橄榄枝。虽然当初有约定，收复两京后"土地士庶归唐，金帛子女归回纥"，但经广平王李俶劝说，叶护太子并未洗劫长安，在东都收到罗锦万匹后行为也算克制。只是磨延啜可汗到底是一国之君，总会本能地维护国家尊严。第一次出兵围剿同罗后跟郭子仪会师于呼延谷（今内蒙古包头北昆都仑河口）时，便坚持让他先拜回纥的大旗狼纛，然后才正式会面。不过他到底是听劝的，既然人家说得在理，他便采纳，立即起身受册命，次日便立公主为可敦。

一位公主换来三千精锐骑兵，依旧由仆固怀恩引导联络，讨伐安庆绪。

六

回纥生力军加入之后，郭子仪等七位节度使的二十万蕃汉兵马随即兵发相州。此后朝廷又令河东节度使李光弼、关内泽潞节度使王思礼所部前往助战。这就是九节度围相州。

跟随郭子仪最先抵达战场的仆固怀恩，一定想不到此战最终会是个惨败的结局。"土门壁甚坚，杏园度亦难。"那时杜甫还没写出《垂老别》，骑着高头大马的仆固怀恩从杏园（今河南卫辉东南）渡过黄河时，内心充满自信。毕竟史思明已经归顺，虽因暗杀事件跟朝廷关系紧张，但尚未撕破脸皮。这样一来，安庆绪看起来就是网中之鱼，要擒获他只是时间问题。

唐军抵达获嘉，遭遇叛将安太清。唐军士气旺盛，迅速将之击败，俘虏五百，斩首四千，然后顺势追击到卫州（今河南卫辉）。此时淮西节度使鲁炅、郑蔡节度使季广琛、河南节度使崔光远、镇西北庭节度使李嗣业率军赶到，而安庆绪也倾巢而出，带领七万主力从相州前来增援。

第一仗怎么打？郭子仪采取诱敌深入的战法。他在营垒中埋伏下众多的强弩，然后跟叛军开战，假意败逃。等叛军追到跟前，无数弩手突然出现，强弩连发，箭雨密集，叛军像麦子一般被大片割倒。唐军趁势反击，将叛军杀得大败，俘虏了安庆绪的弟弟安庆和，进而拿下卫州，进逼相州。与此同时，汴滑节度使许叔冀、平卢都知兵马使董秦和关内泽潞节度使王思礼相继赶到。李光弼抵达时间最晚，但先期派出的兵马使薛兼训也已抵达战场。名将云集，战局对唐军格外有利。

相州西南大约十五里有个地方，名叫愁思冈。当年曹植深受魏文帝曹丕忌恨，经常在此悲吟，遂有其名。乾元元年（758）冬天，冬日的寒风吹过仆固怀恩的面庞与战刀，发出悲吟的不再是曹植，而是安庆绪。他连吃败仗，前后损失三万人，只能丢盔卸甲逃进相州，以所谓的帝位为诱饵，向史思明求援。

当史思明终于撕破脸皮，率军十三万南下时，战局随即发生逆转。而关键性的诱发因素，谁也无法预料，竟然会是一直充当先锋、勇猛无敌的仆固怀恩。

史思明南下攻占魏州，对唐军遥遥张开血盆大口。此时应当如何谋划战局？资格最老的郭子仪与李光弼发生了分歧。李光弼判断，史思明是想让唐军与安庆绪两败俱伤，等唐军师老兵疲，再南下摘桃。他强烈主张河东军与朔方军联手进逼魏州，这样史思明必然不敢轻易出战，其余部队则可趁此机会，解决安庆绪。一旦安庆绪败亡，史思明也就没有了号召力。

这个计策虽好，但朔方军的统帅郭子仪不同意。他跟李广琛都主张先解决安庆绪，用曹操当年对付袁尚的办法——水淹。观军容使鱼朝恩也同意此计。唐军在城外构筑两道营垒，挖出三条壕沟，然后引水灌城。相州虽然已成泽国，安庆绪却还是死扛着不肯投降。部下士卒即便想归正，也无法出城，就这样双方耗着，唐军师老兵疲，史思明杀到跟前。

七

史思明的大军在相州五十里外扎营，每个营寨设置三百面大鼓，不时敲响，遥遥威胁。同时令各营每天派出五百精锐骑兵到相州骚扰，唐军一旦出战，立即退走。就这样昼夜不停，疲惫官军。

当时天下饥荒，大军云集，粮饷供应本来就极为困难。从江淮或者并汾地区来的运粮舟车络绎不绝，经常遭到叛军的劫掠。他们伪装成官军，拦住运粮使者，动不动就以逾期为名杀人，搞得人心惶惶。碰到舟车聚集，干脆纵火焚烧。他们自有标记辨认，而巡逻的官军士卒却无法有效识别。弄到最后，唐军不仅粮草供应困难，就是每天生火做饭的木头都不够用。师老兵疲，士气耗散，大家虽然都没逃跑，但内心已经认定失败，都在等待崩溃的到来，而史思明果然约期决战。

乾元二年（759）三月六日，官军步骑六十万在洹水以北布下阵势，史思明亲率五万精兵前来挑战。叛军先后跟李光弼和王思礼、鲁炅所部交战，彼此伤亡相当，但叛军士气高昂，继续进攻郭子仪的朔方军，双方在万金驿（今河南安阳市柏庄镇内）碰了头。

人人痛恨史思明，有人连带着开始怀疑异族人，甚至怀疑到仆固怀恩这样战功赫赫的将领身上。其实盛世大唐胸襟开阔，官方文书中常见"蕃汉将领"字样，"汉"字还排在后面。当时军中的异族将领也很普遍，像李光弼是契丹族，王思礼是高句丽族，谁也没什么话说。但问题在于，仆固怀恩有两点不同：

首先，他一直成建制地带领异族部队蕃浑骑兵，还经常联络指挥增援的回纥骑兵，这些人的纪律向来不好。

其次就要说到他的为人。仆固怀恩的性格就像他的战刀，藏在匣里看不见，一旦出鞘不只寒光凛凛，甚至鲜血四溅。他平常话不多，反应看似不快，但刚决犯上。只要不合意，哪怕是顶头上司，他也会直接怼回去。话不出口便罢，出口必然噎死人。而且战功多，不把军纪放在眼里，时常会干点不法勾当。对于这样的人，同僚的反应会呈两个极端：要么烦死，要么爱死。

不好意思，牙前兵马使吴思礼偏偏属于前者。史思明公开竖起叛旗南下时，他当众说道："思明果反。盖蕃将也，安肯尽节于国家！"

这话说给谁听呢？吴思礼的眼睛牢牢地盯着仆固怀恩。仆固怀恩闻听色变，虽未当场发作，但这个账已经记在心里。跟史思明决战的同时，他也要跟吴思礼作最后的了断。接到出战将令的那个瞬间，他便下定了决心。

当时史思明派骑兵沿着滏阳河向西攻击，意欲包抄唐军。

郭子仪见状，立即命令仆固怀恩率领蕃浑骑兵前去迎战。仆固怀恩等的就是这一刻。他渴望的是决战、厮杀，而不是劳而无功的包围。他指挥所部奋力拼杀，顺利将叛军击退。收兵回营途中，经过吴思礼所部的军阵，二话不说，弯弓搭箭将他射死，同时高喊道："吴思礼战死了！"

这举动吓坏了很多人，其中包括向来宽容骄纵他的郭子仪。郭子仪以为他真的要反水，当天夜里弃军而逃。当然，久经战阵的郭子仪作此决定，是对战局通盘衡量的结果，此事并非决定性因素，只是诱因。官史记载的飞沙走石的沙尘暴，所起的作用应当有限，因为天气是敌我双方共同面临的客观条件。

多米诺骨牌顺势倾倒，唐军自相践踏，死伤无数。史书上这样的字眼轻松平常，只有诗人能发掘其中的沉痛：

听妇前致词，三男邺城戍。一男附书至，二男新战死。

——《石壕吏》

相州即邺郡。据《彰德府志》记载，战后"陆长源、薛嵩收遗骸作大冢掩之，……曰万人冢"。具体位置在安阳县城"北十里，南北斜长五里"处。据说直到明代，还能看出大体模样。埋在其中的人，都是杜甫诗中的主人公，包括仆固怀恩麾下的将士。

八

安庆绪这只煮得半熟的鸭子又凌空飞掉，六十万大军崩溃，当然需要有人负责。资历最老、最先抵达战场的副元帅郭子仪弃军先逃，难辞其咎，朝廷解除了他的兵权，由李光弼取代，而李光弼的河东节度使职位，则由王思礼接替。

对于仆固怀恩而言，这当然不是个好消息。郭子仪带兵宽纵而李光弼军纪严格。这世上没有几个人真正喜欢严格的上司。人们都喜欢隔着纸面，赞颂跟自己没有直接关系的统帅。可尽管如此，当首先被李光弼召见的左厢兵马使张用济命令所部披挂整齐，准备武力驱逐李光弼时，仆固怀恩还是表示了反对："邺城之溃，郭公先去，朝廷责帅，故罢其兵柄。今逐李公而强请之，是反也，其可乎！"右武锋使康元宝也认为这样只能让朝廷猜疑甚至族诛郭子仪，张用济这才作罢。

张用济应召逾期，李光弼毫不犹豫地将之处斩后，又檄召仆固怀恩。面对这道赶赴洛阳的命令，仆固怀恩不觉头皮发麻。那时他已由左武锋使升为都知兵马使。节度使麾下的将领大体分为四个系统，分别由都知兵马使、都虞候、都押衙和都教练使统领，往往还分为左右。他们都带兵，但各有侧重。都虞候执法，类似宪兵，张用济此前便是都虞候；都押衙侧重护卫；都教练则人人都能领会。

毫无疑问，都知兵马使职位更加重要。李光弼杀掉张用济后立即召见仆固怀恩，傻子也知道是要敲山震虎。朔方镇下辖的三受降城和安北、单于两都护府，主要都是蕃军编制，成分相对复杂。胡人凶猛能战，但往往不守纪律，这不是秘密。怎么办呢？仆固怀恩不敢犹豫，立即执行命令，但提前做了准备——安排五百蕃浑骑兵紧紧地跟在后边。他拜见李光弼后刚刚落座，席不暇暖，部队也已经赶到。当然，立即有人报告主帅李光弼。

仆固怀恩盯着李光弼，见他闻讯变色，内心不觉一阵得意。说到底，你也有几分惧我嘛。他立即起身出营，假意责怪部将："不是叫你们别跟着吗，为何不听？"

已经杀掉一将，当然不能再杀一将。李光弼见不是动武，也转过脑筋："部队追随将领，也没什么错。"随即下令赐给这些骑兵牛肉和酒。

初见便暗含这样的刀光剑影，这对仆固怀恩的最终命运是个巨大的隐喻。

河阳之战是李光弼的经典战役，其中自然也包含着仆固怀恩和他儿子仆固玚的功劳。而在此之前，仆固怀恩已经进爵为大宁郡王，比郭子仪的汾阳郡王、李光弼的临淮郡王都早。因府库空虚，朝廷拿不出赏钱，官位也不够用，只能以爵赏功。诸将出征时都带着大量的空名告身，上自开府、特进、列卿、大将军，下至中郎、郎将，临阵可随意填写姓名。告身是古代授官的凭信，上面盖有"尚书吏部告身之印"，武官则用兵部印。没过多久，一张大将军告身便贱得只能换一顿酒喝。最后出现了应募入军的人都穿着高官的金紫色衣服的局面。所以各军的指挥系统只看军职大小，并不参考官品爵位。

就仆固怀恩而言，郡王的爵位是他用自己的性命和敌人的脑袋从战场上夺回来的，货真价实。而他的功劳越大越多，跟李光弼便越有离心离德的感觉。为什么？因为李光弼实在严格，丝毫不留情面。激战河阳期间，仆固怀恩父子略一退却，便看见李光弼派出的执法使者手持明晃晃的大刀杀奔而来，要取他们的脑袋。要不是他们动作快，立即反身杀入敌阵，结果还真是难说。

九

而导致仆固怀恩跟李光弼直接冲突的诱因颇为俗气，竟是女人。

从乾元二年（759）冬到上元元年（760）冬，一年多的时间内，仆固怀恩父子跟随李光弼征战河阳与怀州，先后取得大捷，守住河阳，拿下怀州，生擒叛将安太清。安太清这人能打仗，脑子也很灵活，关键时刻绝不站错队。史思明要杀安庆绪，他立即配合；而今被李光弼擒获，也立即投降，毫无心理障碍。

问题在于他老婆太漂亮，被仆固场看上。仆固场跟他父亲一样作战勇猛，每逢战事都能冲锋陷阵，号称"斗将"。这样的人力比多旺盛，好色在所难免。仆固场立即将安太清的老婆劫持到手，再也不肯丢。在郭子仪旗下，这点小毛病看在能战的分上无所谓，但李光弼眼里揉不得沙子，毕竟安太清已经投降。他立即命令仆固玚把人家老婆送回去，但仆固玚硬是舍不得，抗命不遵，派士卒把她看护起来。李光弼大怒，派骑兵武装来取，射死七个人，方才如愿。

这事对仆固怀恩是个巨大的刺激，他觉得好像被人扇了一巴掌。在他看来，安太清的老婆也是贼，自己的儿子则是功臣。再说被射死的那七个人，可都是官军。他奈何不了李光弼，但这个账一直牢记在心。怎么报复呢？打败仗。

上元二年（761）春天，仆固怀恩与鱼朝恩联手，逼迫李光弼打了一场他不愿打的仗，反击洛阳。李光弼坚持认为反击时机不到，不可轻视史思明，但观军容使鱼朝恩态度乐观，他对朝廷的影响力更大。而关键时刻，仆固怀恩也投了鱼朝恩的赞成票。这一上一下，把李光弼做成了夹心饼干，他不打也得打。

《资治通鉴》记载，仆固怀恩此举是对李光弼的报复。大军在邙山下结阵时，他将阵势布置在平原地带，李光弼不同意，要求他凭险结阵，免得抵挡不住敌军冲击而溃退，但仆固怀恩没有执行。可以想见，仆固怀恩的理由也很充分：他的部队以骑兵为主，骑兵当然要布置在平原，这样才能最大限度地发挥驰突冲击的力量。《旧唐书》无此细节，而将他列入《叛臣传》的《新唐书》则直言他"不用令以覆王师"。从朝廷的处理结果看，他们也认同这个匪夷所思的细节的存在，所以仆固怀恩事后被解除兵权，入朝担任工部尚书，而李光弼依旧在前线带兵，先领河中节度使，后来以河南副元帅的身份，都统河南、淮南东西、山南东、荆南、江南西、浙江东西八道行营节度，出镇临淮。

有一个问题：仆固怀恩父子接连抗命不遵，李光弼为什么没有把他们杀掉？我想唯一的原因，应当是他们的势力已经足够强大，李光弼投鼠忌器，担心激起变故。

仆固怀恩的工部尚书依旧是个名义，他自己视为"宿卫"。都城生活照理安闲舒适，不像前线那样紧张激烈，他的感觉却有点生不如死。他本来就不习惯，更何况还有明显的处分意味。后来他向唐代宗"撒娇"或者抗议时，不好意思将这一年多的闲散生活归咎于唐肃宗，只能说成是权宦李辅国的迫害，"几至破家"。估计李辅国等人勒索了他不少。还好，唐代宗即位不久，便让他回到军中，担任他的老上司郭子仪的副手。

仆固怀恩再度崭露头角，依旧是他的回纥同胞提供的机遇。那是宝应元年（762）秋天，回纥可汗在弑父自立的史朝义的诱惑下，以为大唐遭遇新丧，国中无主，打算南下捞一票。恰巧唐代宗派中使过去修好，希望再度借兵。英武可汗磨延啜死后，因其长子叶护太子已被论罪处死，其少子即位为登里可汗。登里可汗率军到达李益诗中"月如霜"的三受降城，见沿途州县残破，开始轻视大唐，辱慢使者。唐代宗闻听，决定立即起用仆固怀恩。为什么？因为仆固怀恩是登里可汗的老丈人。根据唐肃宗的安排，仆固怀恩的闺女此前已嫁给登里可汗。

当时仆固怀恩驻扎在汾州，而回纥大军已经抵达忻州以南。与同族敌对，无论作恶与否，都会被人异样看待，因而仆固怀恩竭力推辞。唐代宗赐他丹书铁券，一再督促他出发。丹书铁券是帝王对臣子的许诺与誓言，仆固怀恩只能动身。

老丈人见了女婿，还有什么话好说的呢？登里可汗立即决定不打唐军，改打叛军。

回纥大军给仆固怀恩增添了无数的砝码。朝廷立即决定，以雍王李适（即后来的唐德宗）为天下兵马元帅，仆固怀恩以同中书门下平章事（即宰相）的身份为副元帅，率领诸节度所部，围剿洛阳的史朝义。仆固怀恩与回纥左杀为先锋，陕西节度使郭英义、观军容使鱼朝恩殿后。雍王留驻大本营陕州。

闻听消息，史朝义立即召集诸将商议。阿史那承庆建议后撤："若只有汉军，可以放心接战；但他们还带着回纥兵，锋锐不可抵挡，应当退守河阳，暂且回避。"

史朝义没有采纳。双方随即在洛阳北部开战。官军抵达横水（今河南洛阳孟津区横水镇）后，数万叛军立起坚固的营栅试图阻挡。仆固怀恩在西原布下阵势，然后令骁骑连同回纥骑兵，从南山前出到叛军营栅的东北，表里合击，大破叛军。史朝义得到报告，立即赶来增援，在昭觉寺排起阵势。营垒如山，旗甲耀日。官军突然袭击，叛军岿然不动。鱼朝恩派五百射生手抵达阵前，下马释放弩箭，叛军死伤惨重，但阵势依旧不动。

单纯防御的阵势，外面可以用马车作为屏障，甚至立起栅栏。但作战的阵势外面只能用步兵巨大的盾牌防卫，后面布置长枪和弓箭。镇西节度使马璘见状高喊道："事急矣！"身先士卒，单骑冲锋，接连夺下叛军两面盾牌，杀入敌阵之中。后续部队沿着这道口子冲击，终于将叛军的阵势击破，斩首一万六千级，俘虏四千六百人，另有三万二千人投降。此后双方又在石榴园、老君庙连战两场，官军连战连捷，叛军人踩马踏，尸体塞满尚书谷。

眼看力量消耗殆尽，史朝义只得向北逃窜。仆固怀恩趁势收复洛阳，同时派仆固玚和北庭朔方兵马使高辅成率军一万跟踪追击。他将女婿登里可汗在河阳安置妥当，也挥师北上。他的追击颇为凶狠，不断地踢叛军的屁股，顺势拿下郑州、汴州、滑州（今河南滑县），抵达卫州后再次大破史朝义。此时田承嗣、李进超、李达卢三叛将率军赶到，聚集起四万人马，隔河与官军对峙。仆固玚迅速率军渡河发起攻击，叛军已成惊弓之鸟，再度溃败。

史朝义再度站稳脚跟，是在临清。他指挥拼凑起来的三万人马，渡河来战。仆固玚令高彦崇、浑瑊、李光逸率兵设伏，半渡而击，获胜后又追击到三百里外的下博（今河北深州市东南）。这次史思明不再渡河，索性孤注一掷、背水结阵。正巧，回纥骑兵适时赶到，官军气势越发高昂。仆固玚脱下盔甲，纵马驰突，引导全军奋勇攻击，叛军大败，尸体几乎壅塞了河流。

史朝义败退到莫州（今河北任丘北鄚州镇）后，河南副元帅都知兵马使薛兼训、兵马使郝廷玉和兖郓节度使辛云京也率部赶到。史朝义和田承嗣多次挑战，但都被击败。当此时刻，即便瞎子也能清楚地看到结局，史朝义却不肯面对现实。田承嗣劝他赶回幽州督促李怀仙出兵救援，田承嗣自己留下来坚守莫州，可保无虞。史朝义道："既然如此，我全家百余口人就托付给你了。"田承嗣泣涕落泪，满口答应，而等史朝义一走，立即将史朝义的母亲、妻小献与官军。

史朝义对李怀仙怀抱最后的希望，却不知道他早已跟宦官骆奉先达成协议。眼前是紧闭的城门，背后是遥遥的追兵，紧急之下，史朝义有何话说？他只能责怪守将李抱忠不顾君臣之义。他竟能责人以君臣之义！这个所谓的"大燕帝国"，安庆绪杀安禄山，史思明杀安庆绪，史朝义又杀了史思明。不是儿子弑父，就是以下犯上，最后关头，竟然还能责人以君臣之义！

李抱忠当然不吃这一套："天不助燕，唐室复兴，我已归顺大唐，哪能再行反复！"

史朝义道："田承嗣大军尚且屯驻莫州。我们调兵南下救援，尚可一战，还能翻盘！"

李抱忠道："别傻了好不好？田承嗣肯定早已归顺，否则官军怎么会追击至此？"

史朝义如梦初醒。梦醒之后，也就只能哀求："我从早晨到现在，水米未进。难道就不能请我吃顿饭吗？"这个要求李抱忠当然答应。他派人在城东设食，好歹让史朝义吃了顿饱饭。饭后范阳部属都拜辞而去，史朝义涕泣之余，率领数百胡骑向东逃奔广阳（今北京城西南隅），遭到拒绝后又打算投奔奚或者契丹，但走到温泉栅（今河北滦州市西北榛子镇东北）被追兵赶上。这些追兵不是仆固玚派的，而是李怀仙派的。仆固玚将这个任务交给李怀仙，李怀仙只能心领神会，好好表现。等史朝义在林中自缢，李怀仙将他的脑袋砍下，传递到了长安。

这是仆固怀恩人生的巅峰，高光时刻，他的勋劳与气势将两位名将上司完全遮蔽。尽管李光弼扫清叛军外围，同时镇压台州的袁晁起事，是极其有力的策应，功劳并不小。当时郭子仪闲散于朝堂，宝应元年（762）末，史朝义尚未授首时，他便上表声称仆固怀恩平定河朔，居功至伟，要求将副元帅的名分让给仆固怀恩，立即得到批准。

副元帅是军职的极致。郭子仪和李光弼似乎都有过元帅的短暂名分，但这个名分委实要不得。郭子仪的元帅名分很快便被剥夺，李光弼则迅速辞让给了亲王。此刻刚刚履新的河北副元帅又立下不世之功，升为尚书左仆射兼中书令，仆固怀恩内心的狂喜与得意可知。尤其是当薛嵩、张忠志（后被赐名李宝臣）、李怀仙、田承嗣这样骁勇的叛将，都恭恭敬敬地在他马前跪拜磕头的时候，"昔日龌龊不足夸，今朝放荡思无涯"。哈哈。

连续三任朔方节度使中，如果说郭子仪坦荡无私、李光弼谨严自保，那么仆固怀恩的私心杂念就要丰富许多。一个可以用打败仗来报复上司的将领，一个向来居功自傲的将领，当然希望源源不断地继续获得战功。而鸟尽弓藏，傻子都知道。如果叛将彻底顺服，全部剿灭，自己和儿子的一身勇武还有何用，还能从哪里获得战功与尊重？不行，这绝对不行。

仆固怀恩立即上表保奏薛嵩等人可用。最先联系李怀仙的监军骆奉先也表示支持。结果安史之乱虽然平定，但藩镇林立，尤其是河朔三镇长期半独立的局面，由此成为定局。

一一

借兵回纥的成本极其高昂。早在陕州合兵之初，雍王李适率领几十个僚属会见可汗，登里可汗便责怪他不拜舞。李适的随从药子昂认为根据礼仪不应当如此。回纥将军车鼻说可汗既与天子约为兄弟，那么可汗就是雍王的叔父，怎能不拜舞？药子昂等人坚持说中国储君没有向外国可汗拜舞的道理，且太上皇和先帝尚未出殡，不应舞蹈。最终结果是以雍王李适年少无知为由遣回营去了事，并将李适随从人人鞭打一百。这是真正的抽打，毫不留情，随从中魏琚、韦少华次日死去。

此时的大唐不是彼时的大唐，登里可汗也不是磨延啜可汗。实力衰弱，还有什么好说的呢？

这次收复东都后，回纥肆意劫掠，杀害百姓万数，大火持续了十几天。朔方军和神策军也将洛阳、郑汴等地视为贼境，回纥所过之处犹如蝗虫飞临，房屋空洞，百姓只能身穿纸衣。

不仅回纥兵，逗留在都城的回纥使者也无法无天，有司不敢干涉，观感风评极差。而今战事已平，大家都像送瘟神一样盼着他们赶紧滚蛋。朝廷随即命令仆固怀恩护送登里可汗归国。尽管仆固怀恩跟着，回纥兵依旧一路走一路抢，强盗本色不变。途经郑陈泽潞节度使李抱玉的防区时，李抱玉要派人负责沿途的接待，但无人敢接这个差事，只有赵城（今山西洪洞赵城镇东北）县尉马燧主动请缨。回纥快到时，马燧派人给其统帅送去厚礼，让他约束部下。那人是个收礼就办事的家伙，答应得很是痛快："谁敢违反，你就杀了他！"随即授予令旗。

马燧从牢中取出一个死刑犯作为侍从。此人犯了小过，马燧立即下令斩首。回纥兵相顾失色，过境时老老实实。李抱玉闻听此事，感觉颇为奇特，便召见马燧。马燧道："我与回纥交流很多，探听到实际情况。仆固怀恩恃功骄横，他儿子仆固玚好勇而轻率。如今内树田承嗣、李宝臣、李怀仙、薛嵩四帅，外交回纥，一定有并吞河东泽潞之意，应当严加戒备。"

这番话说到了李抱玉的心坎上，他也怀疑仆固怀恩。叛将薛嵩是名将薛仁贵的孙子。去年冬天，他以相卫四州向李

348

抱玉投降，尚未改名为李宝臣的张忠志也以赵恒深定易五州向河东节度使辛云京投降。李抱玉与辛云京受降之后，已派人进入其军营接管，薛嵩等人也已接受替代，但没过多久，仆固怀恩却命令他们复位。李抱玉和辛云京都因此怀疑仆固怀恩有二心，已各自表奏朝廷。而今马燧的话，更加坚定了李抱玉的判断。

李抱玉的防区沿途都有人招待。他按照惯例劳军，且向仆固怀恩赠以币马，仆固怀恩当然也有还礼。可进入河东节度使辛云京的防区，就像进入了敌占区，无人理睬。

辛云京的防区临近回纥。别人畏惧回纥，但他向来把回纥当作异族对待，态度强硬。而今回纥大军经过，还有他早就怀疑的仆固怀恩的朔方精兵。如果他们彼此联手拿下太原，不就是假道灭虢的翻版吗？不行，绝对不行！

辛云京下令紧闭城门，对他们丝毫不理。仆固怀恩大为光火：先前告我黑状也就罢了，而今我办的是朝廷公事，且关系外交，你竟敢给我吃闭门羹？我堂堂河北副元帅、尚书左仆射、中书令的面子朝哪儿搁？几千回纥同胞，还有我的可汗女婿，连同数万朔方大军，可都看着呢。

连上司都敢顶回去的仆固怀恩，哪里咽得下这口气？这员倔强的老将，一定要争个是非曲直。按照道理，送走回纥，他就该率领朔方大军向西回到朔方镇，但他没有。他命令主力屯驻于先前的出发地汾州，令裨将李光逸守祁县，李怀光占据晋州，张如岳驻扎沁州（今山西沁源），自己带领部分人马送走

349

登里可汗后，再度掉头南下，一定要跟辛云京争个是非曲直。

仆固怀恩此时盘踞的地点很有意思，跨着河东节度使、泽潞节度使与河中节度使的防区。从态势上看，随时可以北进太原或者南下泽潞。对此辛云京与李抱玉感触必定很深。

宦官骆奉先监护仆固怀恩，也就是所谓的监军。他到太原办事时见过辛云京，从辛云京手上得到了许多财宝，以及仆固怀恩即将串通回纥造反的指控。虽已跟仆固怀恩结为兄弟，收过他许多礼，但骆奉先此刻依旧将信将疑，经过仆固怀恩的大营时不免要询问此事，而仆固怀恩自然要提出反指控。当时仆固怀恩的母亲和妻子都在军中。他老母亲责备骆奉先道："您既然跟我儿子结为兄弟，为何还要亲近相信辛云京？不过这些不高兴的事情就让它过去，今后你们要和好如初。"

仆固怀恩大摆酒宴，热情招待骆奉先。酒酣耳热之际，还按照回纥的礼节，起舞娱宾。骆奉先倒也不是只进不出，也按照礼节拿出许多财物酬谢。仆固怀恩正要回礼，骆奉先却要告辞。次日就是端午，仆固怀恩极力挽留骆奉先过完节再走。他留客留得格外实诚，令部下将骆奉先的马藏了起来。

投辖攀辕，是实诚留客的极致。东汉的陈遵留客喝酒时，会把客人的车辖投入水井，你再着急也走不成，非得留下来喝个高兴。那时的仆固怀恩也就是陈遵。他格外希望获得骆奉先的信任与支持，结果适得其反。

半夜里，骆奉先对自己的随从道："刚开始责备我，现在又把我的马藏了起来。很明显，这是要对我动手啊。"随即翻墙逃走。这就是怀疑的力量，正负效应都会同步放大。

仆固怀恩大惊，赶紧派人送回马匹，但裂痕已经无法愈合。骆奉先回到京城便上奏指控。李抱玉也说仆固怀恩送他礼物，意图收买联络。还有鱼朝恩也说仆固怀恩坏话。这很大程度上是对回纥厌恶的传导。此前登里可汗驻扎河阳，而鱼朝恩屯兵陈留（今河南开封祥符区陈留镇），彼此距离不远，都是掳掠高手，相看两厌。

仆固怀恩当然要反击。他上书请诛辛云京、骆奉先。双方都是功臣，唐代宗只能和稀泥，而这种态度对仆固怀恩最为不利。他受到的是最严重的指控，却始终无法洗雪。三人成虎事多有，更何况指控他的人中，有四个位高权重、功劳赫赫，其中还包括两个要命的宦官。

无奈之下，仆固怀恩上表剖白心机，表功"撒娇"的同时，指责皇帝听信谗言，枉杀猛将来瑱，又不公开他的罪行。这是干吗？直到此时，他还没忘记怼怼皇帝。

仆固怀恩立有大功，更关键的是身边有最精锐的朔方雄兵，唐代宗当然不能激化矛盾。他命令宰相裴遵庆前往汾州，宣慰安抚。

两人相见，仆固怀恩显露出了赤子的一面。本为胡人，更兼出身行伍，这样的人往往性格直率，没那么多弯弯绕绕。这员老将跪听宣旨后，竟顺势抱住裴遵庆的腿号啕大哭。裴遵庆好言劝慰，极力宣喻皇帝的信任、朝廷的恩德，劝他入朝。的确，只有跟皇帝面对面，才能彻底化解心结。

仆固怀恩爽快地表示同意。但最后关头，其部将范志诚竭力反对，说嫌隙已成，入朝必有不测，并举猛将来瑱作为例子。平叛过程中，来瑱作战勇猛，人称"来嚼铁"，战功赫赫，只因宦官谗言，入朝后遭贬，途中被不明不白地赐死。为什么？唐代宗像他父亲一样优宠宦官。宦官封王侯、统领军队不说，鱼朝恩甚至可以到国子监讲学。斯文扫地，无过于此。大事这样，小事也这样。宦官出使索要收受礼品，他不仅不禁止，反倒鼓励。某日他派宦官到一个妃子那里办事，等宦官回来，特意问宦官收了多少礼，得知数目后很不高兴，认为丢了皇帝的脸面。所以宦官即便到宰相那里出使也要收礼。宰相办公室叫政事堂，那里长期存放大量财物备用。来瑱之死以及淮西节度副使刘展之乱，都是宦官谗言的结果。

仆固怀恩真诚的眼泪能洗雪裴遵庆对他的怀疑，却无法洗去他自己对朝廷（主要是对宦官）的怀疑。闻听这话，他立即从剖白的激情中退却，陷入冷静，拒绝入朝。裴遵庆劝他送一个儿子到长安，他本来已经答应，也因范志诚的反对而作罢。很有可能这是他最后最大的错误选择，但这个错误无法苛责，从头来过，也未必能改。

为什么这么说？因为在前线带兵的将领基本上都会这么选择。就在他逗留汾州、威胁太原期间，宦官程元振隐瞒吐蕃入寇的"负能量"消息，导致长安再度失陷，唐代宗逃到了陕州。朝廷征召各地节度使勤王，四十天无人奉诏，包括李光弼。诸位将领都怕入朝后没有好果子吃。看到这里，谁还能责备仆固怀恩当时的选择？

一二

在汹汹朝议或者自己想象的汹汹朝议中，仆固怀恩终于开始了实质性的举动，与河东都将李竭诚密谋，打算里应外合夺取太原。辛云京察觉后杀掉了李竭诚，仆固怀恩便令儿子仆固玚正面攻击，辛云京大败。

那时郭子仪刚刚击退吐蕃、收复长安，朝廷又派他以关内河东副元帅的身份担任朔方节度大使、河中节度使，对仆固怀恩釜底抽薪。消息传开，朔方军纷纷归奔郭子仪。仆固玚围攻榆次，十几天未能攻克，便从祁县征调人马。援兵抵达后，仆固玚焦躁之下，责怪他们行动迟缓，鞭打军将，引起众怒。当天夜里，他被人砍了脑袋。

众叛亲离。不仅手下的军将，就连老母亲都强烈反对仆固怀恩。当仆固怀恩把儿子的死讯禀报给母亲时，遭遇痛骂："国家待你不薄，我叫你不要造反，你不听，现在我都要受连累！"仆固怀恩无言以对，起身离去，他母亲持刀追着骂道："我要为国杀贼，取你的心肝以谢全军！"

仆固怀恩攻击太原的行为肯定有违法度，但推敲情理，绝非真正意义上的反叛。他攻打的不是太原城，只是辛云京。他急于报仇出气。在他眼里辛云京是罪魁祸首，只有将此公解决，才能出掉恶气。而鱼朝恩也好，骆奉先也罢，他够不着，也惹不起。他私心要多重有多重，但反意要多淡就有多淡。即便写文章都需要起承转合酝酿一番，更何况必定要搭上整个家族性命的造反。

当时藩镇之间互相攻击，并非没有先例。如果仆固怀恩得手，基本上可以说毫无问题。朝廷只能视为大将级别的孩子打架。可问题在于他未能得手，惨败之后还成了孤家寡人。此时此刻，不是反叛也是反叛，货真价实、铁板钉钉、白纸黑字。

再没有别的办法，仆固怀恩只能带领三百多个死党渡河逃回朔方。这其中当然不包括他的老娘。唐代宗得知消息，将仆固怀恩的老娘接到长安，厚养厚葬。

郭子仪的弟弟朔方节度副使郭幼贤死后，朔方镇的防务由节度留后浑释之负责。他也是铁勒人，儿子浑瑊当时还叫浑日进，在仆固怀恩麾下作战。接到仆固怀恩即将全军归镇的消息，浑释之判断他们是溃败归来，有心拒绝，但外甥张韶表示反对："也许他幡然悔悟呢。率军归镇，怎能闭门不纳！"浑释之犹豫不决而仆固怀恩动作神速，很快便抵达城下，浑释之只得开门。

回过头来，张韶便向仆固怀恩告密，浑释之旋即被杀，部众交给张韶统领。没过多久，仆固怀恩疑神疑鬼，心说舅舅他都能出卖，还能忠于我吗？于是又找个借口杖杀了张韶。

被人怀疑叛乱而终于叛乱的孤独老人，心病越来越严重。

仆固怀恩到底是仆固怀恩，很快身边又聚集起不少人，声势再起。恶气没出，死不瞑目。因而当年十月，他招诱回纥、吐蕃部众南下，大张旗鼓地祭奠来瑱墓，自序中说"俱遭放逐"，表达委屈。部队渡过泾河后，遭遇邠宁节度使白孝德的迎头痛击。邠宁镇是几年前才从朔方镇中分出来的，很多军兵将领都是仆固怀恩的部属。因而他战败之后，伤心落泪："先前他们都是我的人，而今却帮别人打我！"

一年之后，仆固怀恩又做了出气的最后努力，纠集异族再度南下。这次吐蕃、回纥、党项、奴剌、吐谷浑全部上阵，声势极大，京师震动，长安戒严。但郭子仪单骑见回纥，签订泾阳之盟，将他们的联盟瓦解。走在最后面的仆固怀恩还没到达前线，便病死于途中，传奇经历遂告终结。

唐代宗始终没将仆固怀恩视为叛臣贼子。他在凌烟阁排名第一且力压郭子仪、李光弼两位老上级的画像也没有被取下。这不仅仅与收复长安之前那个傍晚他连续四五次请战有关，很大程度上也是因为他的女婿的存在。直到四年后的大历四年（769），唐代宗还将仆固怀恩的幼女封为崇徽公主，下嫁回纥。但唐德宗上台之后，语气自然会有不同。时间越久，后世对仆固怀恩的评价也就越低。直到《新唐书》将他列入《叛臣传》。

天狼星与将星闪耀的年代，文曲星与诗星不免黯淡。在仆固怀恩病死前，李白、王维先后辞世，贫困潦倒的杜甫还剩下最后五年，而韩愈、白居易与柳宗元都未出生。时人可能不觉，可后人如我辈再想，那日子是何等苍凉？

（刊于《山西文学》2022 年第 5 期）